河南博物院学术文库

U0503035

豫西南鄂西北地区龙山晚期至二里头时代考古学文化研究

王　琼　著

郑州大学出版社

图书在版编目(CIP)数据

豫西南鄂西北地区龙山晚期至二里头时代考古学文化研究／王琼著. — 郑州：郑州大学出版社, 2023. 7

（河南博物院学术文库）

ISBN 978-7-5645-9505-0

Ⅰ. ①豫… Ⅱ. ①王… Ⅲ. ①二里头文化 - 研究 Ⅳ. ①K871.34

中国国家版本馆 CIP 数据核字(2023)第 032362 号

豫西南鄂西北地区龙山晚期至二里头时代考古学文化研究

YUXINAN EXIBEI DIQU LONGSHAN WANQI ZHI ERLITOU SHIDAI KAOGUXUE WENHUA YANJIU

策划编辑	孙理达	封面设计	孙文恒
责任编辑	张 华	版式设计	孙文恒
责任校对	樊建伟	责任监制	李瑞卿

出版发行	郑州大学出版社	地 址	郑州市大学路 40 号(450052)
出 版 人	孙保营	网 址	http://www.zzup.cn
经 销	全国新华书店	发行电话	0371-66966070
印 刷	河南瑞之光印刷股份有限公司		
开 本	710 mm×1 010 mm 1 / 16		
印 张	13	字 数	219 千字
版 次	2023 年 7 月第 1 版	印 次	2023 年 7 月第 1 次印刷

书 号	ISBN 978-7-5645-9505-0	定 价	166.00 元
审 图 号	GS(2023)891 号		

序

　　河南博物院自 1927 年创建以来,始终秉承"发扬固有文化、提倡学术研究、增长民众知识、促进社会文明"的建院宗旨,把科学研究放在业务工作的重要位置。20 世纪 30 年代,河南博物院前身河南博物馆在建馆初期,即重视藏品搜集,先后接收了古物保存委员会所存文物,包括 1923 年新郑出土的春秋青铜器、洛阳等地的历代石刻碑帖等,大大丰富和提高了博物馆藏品的数量和质量。同时博物馆主动进行了几次田野发掘,获得了大量的出土文物。中华人民共和国成立后,在党和政府的关怀支持下,河南博物院积极开展文物征集工作,通过收购、捐赠、发掘、拣选、调拨等,丰富充实院藏数量。目前院藏文物有 17 万余件(套)。

　　利用藏品,结合博物馆特色进行多领域、深层次的科学研究,是河南博物院科研工作的重心。1927 年本馆建立后,随着馆藏文物的增多,学术研究工作显得尤为重要。1930 年底,关百益先生接任馆长职务,同时成立研究部,使本馆科学研究步入正轨。中华人民共和国成立后,随着博物馆事业的迅速发展,学术研究也逐步走向深入。1991 年本馆成立了专门负责学术研究的组织机构—学术委员会,为学术研究工作的发展与繁荣提供了便利条件。1997 年河南博物院新馆落成以来,明确提出了"科研兴院"的战略。为提高本院在国内外博物馆界的知名度和学术地位,加快科研成果转化,院学术委员会制定了中长期科研发展规划,制定相关科研管理条例,营造了浓厚的学术氛围。

　　"河南博物院学术文库"收录的图书侧重于对中原考古、历史、文化等的研究。文库图书从策划、撰稿至出版,均经院学术委员会评审通过。著作的出版得到我院科研人才项目培养资金的资助支持。入选的学术著作,为我院科研人员学术成果的直接展示,也是作者对自身学术研究的深层回顾与总结。我们也希望在进一步发扬我院固有的学术传统基础上,围绕中原历史与文化,扩展学术视野,加强与国内外学术界的交流与合作,为共同推动中国博物馆事业发展、服务中原文化建设担负起我们应尽的职责。

前　言

　　豫西南鄂西北地区是指河南省西南部及湖北省西北部区域,其地貌条件中,东部为南阳盆地和襄宜平原,西部为低山地,其间分布有汉水和丹江冲积形成的小块山间谷地和冲积平原。该地区位于中原、江汉两大文化区的交汇地带,长期以来就是华夏集团和苗蛮集团激烈交锋的前沿阵地,因此也形成了独特的考古学文化面貌和发展序列。多年来,学术界对该地区的考古学文化进行了一些有益的探讨,为深入研究龙山晚期至二里头时代考古学文化奠定了良好的基础。本书在前人研究的基础上,结合近年来新发现的考古材料,运用考古地层学、类型学、文化因素分析法及聚落考古等方法,并结合文献学的相关材料,对豫西南鄂西北地区龙山晚期至二里头时代的考古学文化面貌、区域内不同时期聚落的形态变迁以及与周邻地区文化的互动等问题进行综合研究。

　　本书建立了豫西南鄂西北地区龙山晚期至二里头时代考古学文化的时空框架体系,认为该地区龙山晚期的考古学文化属性为王湾三期文化,可分为两期三段,大致相当于中原地区王湾三期文化的晚期。该地区王湾三期文化在文化面貌上更接近煤山类型,但也有较为鲜明的地方特色,可划分为一个新的地方类型——乱石滩类型。二里头时代的考古学文化属性为二里头文化,可分为三期,分别相当于中原地区二里头文化的二至四期。该地区二里头文化面貌与二里头类型基本相同,不宜另外划分地方类型。

　　本书探讨了豫西南鄂西北地区王湾三期文化及二里头文化聚落的特征。其中王湾三期文化聚落数量基本与该地区的石家河文化聚落数量持平,聚落选址主要遵循

1

居高和邻水两个原则,聚落中有简单的功能区划。聚落可划分为三个等级,其中Ⅱ、Ⅲ级聚落数量最多,面积普遍不大,聚落之间的地位相对平等。聚落的分布呈现出明显的群聚现象,可以划分为 5 个聚落群。二里头文化聚落数量骤减,单个聚落中功能区划不明显。聚落可划分为两个等级,聚落面积普遍很小,丹江口库区内的二里头文化聚落有一定的群聚现象。

通过对豫西南鄂西北地区王湾三期文化乱石滩类型进行文化因素分析可知,其直接来源是中原地区王湾三期文化煤山类型,并保留了本地区石家河文化的少量因素,同时也受豫南地区王湾三期文化杨庄二期类型一定的影响。该类型与周邻同时期考古学文化存在较为频繁的文化互动,其中在与商洛地区客省庄文化的互动中,后者占据了较为主动的地位;在与江汉地区肖家屋脊文化和鄂西地区白庙文化的互动中,该类型占据了主要地位,对后二者造成较大影响。该地区王湾三期文化在与周邻同时期考古学文化互动中表现强势,并直接导致江汉及鄂西地区考古学文化性质的改变。这种现象与文献中"禹征三苗"的记载吻合。

通过对豫西南鄂西北地区二里头文化进行文化因素分析可知,其直接来源为中原地区二里头文化二里头类型,同时保留该地区王湾三期文化乱石滩类型的少量因素。该地区二里头文化与豫南地区二里头文化杨庄类型、商洛地区二里头文化商洛类型存在一定的互动;与商洛地区东龙山文化互动不频繁,两者对双方的影响都很有限;与江汉平原二里头文化盘龙城类型及鄂西地区朝天嘴文化则鲜有互动迹象。这表明豫西南鄂西北地区作为夏王朝统治区域的西南边缘,考古学文化不甚发达,少见对周邻地区的文化输出。

目　录

图表目录

绪　论

豫西南鄂西北地区位于河南省西南部和湖北省西北部,自古以来就是中原地区南下江汉平原的主要通道,也是华夏、苗蛮两大集团文化的交汇地带,在中国古代文明研究中居于十分重要的地位。龙山晚期至二里头时代既是从万邦林立的邦国时代走向多元一体中央王朝统治王国时代的过渡阶段,也是中国古代文明进程中承上启下的重要一环,更是华夏文明发展壮大的关键时期。豫西南鄂西北地区清晰地记录了华夏集团与苗蛮集团文化交流、碰撞及整合的过程。研究该地区龙山晚期至二里头时代考古学文化,明确不同阶段考古学文化的性质及分布范围,探讨区域内聚落的形态以及不同时期与周邻地区文化的互动,对追溯华夏文明的发展壮大过程有着重要的学术价值与意义。

一、研究范围与研究内容

豫西南鄂西北地区龙山晚期至二里头时代考古学文化的研究时间跨越史前及历史时期,研究地域跨越河南、湖北两省,需要研究的课题甚多,因此首先要对本书的研究范围及研究内容进行阐述。

(一)研究范围

本书研究的范围主要包括空间及时间范围两个方面。

1. 空间范围

豫西南鄂西北地区指河南省西南部和湖北省西北部相邻地带。这里主要属于汉水中上游流域,行政区划上包括河南省西南部南阳市,以及所辖的邓州、方城、南召、新野、淅川、西峡、内乡、镇平、唐河、社旗等县市,湖北省西北部十堰市和所辖的丹江口、郧西等县市及襄阳市和所辖的老河口、谷城等县市(图1)。

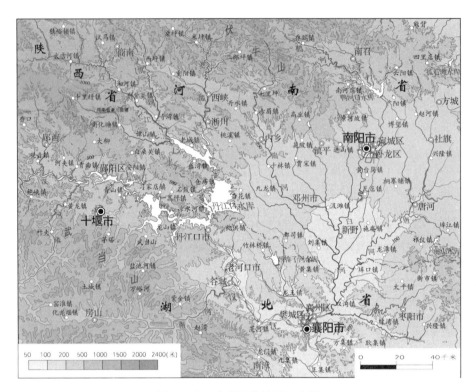

图1　豫西南鄂西北地区示意图

　　豫西南鄂西北地区西与陕西东南部毗邻,北有伏牛山与黄河流域为界,东以伏牛山余脉、桐柏山与淮河流域为界,东南部为江汉平原。区域内山脉横亘,河流交织,北部有伏牛山,中部为丹江和唐白河之间的分水岭(尖山与肖山),东南部有桐柏山、大洪山,西南部为武当山,汉水及其支流丹江、唐河、白河等贯穿整个区域,这些共同构成了一个相对独立的自然小区。该地区地貌较为复杂,整体地势西北高、东南低,形成一个略向东南方向敞开的喇叭形。区域内以淅川—丹江口为界,以西为褶皱隆起的低山区,其中有汉水及其支流丹江冲积形成的山间谷地和小块的冲积平原,以东主要为泛滥平原和古冲积平原,包括北部的南阳盆地和东南部的襄宜平原。本地区气候属于亚热带季风气候,四季分明,温暖湿润,土壤肥沃,较适宜古代人类居住。

　　2.时间范围

　　本书研究的时间范围为龙山晚期至二里头时代。

　　"龙山时代"这一命名最初是由严文明先生提出的。他指出以往曾被学术界统称为龙山文化的后岗二期文化、王湾三期文化、造律台文化、石家河文化、客省庄文化等应按实际情况区分为不同的考古学文化,它们与龙山文化基本上属于同一时代,且相互之间有着共同特征及较密切的联系,故可称之为龙山时代,其年代约在公元前26—前21世纪之间。① 此后,随着龙山时代考古新发现的涌现及对其认识的深入,龙山时代的概念较之前有所延伸,庙底沟二期文化及与其基本属于同一时期的屈家岭文化、良渚文化早期、大汶口文化晚期等均被视为由仰韶时代向龙山时代的过渡时期,或者干脆划归龙山时代早期,如此龙山时代的绝对年代在公元前3000—前2000年左右。② 具体到本书中,豫西南鄂西北地区的"龙山晚期"阶段并非指严文明先生所定义的龙山时代的晚期阶段,而是相当于龙山时代晚期诸文化的晚期阶段。豫西南鄂西北地区的龙山晚期遗存是指该地区发现的晚于石家河文化而早于二里头文化的一类考古学文化遗存。该地区石家河文化青龙泉类型的年代上限为公元前2600年前后,延续时间400—500年③,而龙山时代晚期诸文化基本在公元前1900年前结束,因此龙山晚期遗存的绝对年代大致为公元前2200—前1900年。本书所说的二里头时代是指晚于王湾三期文化、早于二里岗文化的新砦期遗存及二里头文化所代表的年代范围④,其年代跨度约在公元前1900—前1500年。

(二)研究内容

本书的研究内容主要包括以下三个方面。

1. 豫西南鄂西北地区龙山晚期至二里头时代考古学文化的属性、分期、年代及类型划分

由于本书研究的时间跨度较长,且该区域是中原文明、江汉文明的交汇地带,随着双方势力的起伏变化,考古学文化的分布以及相互关系也在不断改变,因此有必要对该区域考古学文化进行详细研究,并在此基础上研究各考古学文化之间的关系以及多种文化碰撞、整合的过程。笔者通过运用地层学及类型学方法分别对豫西南鄂西北地区龙山晚期和二里头时代经发掘的重要遗址进行分组,对典型陶器进行类型学研究,进而对考古学文化进行分期及年代的判断,并确定不同时期考古学文化的属

---

① 严文明:《龙山文化和龙山时代》,《文物》1981年第6期,第41—48页。
② 严文明:《龙山时代考古新发现的思考》,《纪念城子崖遗址发掘六十周年国际学术研讨会文集》,齐鲁书社,1993年,第39页。
③ 樊力:《论石家河文化青龙泉三期类型》,《考古与文物》,1999年第4期,第60页。
④ 许宏:《略论二里头时代》,《三代考古(一)》,科学出版社,2004年,第59页。

性及类型划分。由于陶器具有易碎的特点,其使用时间短,形制变化较大、较明显,能够较好地反映出不同时期器物演变的特点及规律,故本书的研究材料主要采用经正式发掘出土的陶器。

2. 豫西南鄂西北地区龙山晚期至二里头时代聚落考古的研究

本书通过对该地区龙山晚期至二里头时代考古学文化进行单个聚落及区域聚落两个层次的研究,以点窥面,探讨不同时期聚落布局的特点,分析区域内聚落的选址、分级、聚落的群聚等特征,进而探讨该地区龙山晚期至二里头时代聚落的变迁。在材料方面,进行聚落考古研究主要采用该地区考古发掘及调查资料。经过较大面积科学发掘的遗址,基本能够展现某一时期聚落的整体或局部面貌,对了解单个聚落的布局来说是重要的材料,因此在进行单个聚落的研究时主要采用经过较大面积发掘遗址的材料。同时,尽管考古调查与考古发掘相比存在明显的局限性,如考古调查时采集的遗物缺乏地层依据,很难确定遗址中某一考古学文化的期别,也较难确定某一时期聚落的详细布局及准确面积,但在考古发掘工作做得不够深入和全面的前提下,调查资料能够提供一定区域内某一考古学文化聚落的大体分布范围,对研究聚落的选址、群聚现象等问题有一定意义,调查所得的聚落面积也对研究区域聚落等级的划分有一定的参考价值。因此在进行区域聚落考古研究时,本书综合使用发掘资料与调查资料,以发掘资料为主,调查资料为辅。

3. 龙山晚期至二里头时代豫西南鄂西北地区与周邻地区考古学文化的互动

本书通过对豫西南鄂西北地区龙山晚期至二里头时代考古学文化进行文化因素分析,将其分为若干个陶器群。首先将所出陶器与较其早的考古学文化陶器进行纵向的对比,可以确定该地区考古学文化的来源。而后将所出陶器与周邻地区同时期考古学文化陶器进行横向的对比,以观察该地区考古学文化中来自周邻地区考古学文化的因素,以及周邻地区来自该地区考古学文化的文化因素,进而观察在文化的互动中不同考古学文化强或弱、主动或被动的关系,并探讨考古学文化互动的原因及方式。

二、相关概念的界定

本书研究的时间范围跨越龙山晚期及二里头时代,内容涉及王湾三期文化、石家河文化、后石家河文化等考古学文化命名。目前学术界对这些考古学文化在命名及概念方面存在一定分歧,因此有必要对常用的概念进行界定。

(一)王湾三期文化

所谓王湾三期文化,主要是指以河南洛阳王湾遗址第三期文化为代表的一类考古学文化遗存。[①] 此类遗存最早发现于20世纪50年代[②],而后通过几十年的发掘及研究工作,学术界对该类遗存的认识不断加深。

王湾三期文化遗存发现之初,由于该类遗存发现较少,且当时我国新石器时代考古学文化整体框架尚未形成,发掘者对遗址中的仰韶文化与王湾三期文化两者的关系并不甚明确。[③] 1959年至1960年,北京大学历史系考古专业在洛阳王湾遗址进行发掘,将该遗址新石器时代文化分为三大时期,并指出其中的第三期文化属于河南龙山文化。[④] 此后的很长一段时期,将该类遗存看作是河南龙山文化的一个地方类型,称之为"王湾类型",成为学术界的主流观点。[⑤] 尽管20世纪70—80年代,认为王湾类型是河南龙山文化的一个地方类型的观点占据了主流,但已有学者认识到它与豫东、豫北地区的河南龙山文化存在考古学文化层次上的不同。[⑥] 此后随着田野考古工作的不断开展以及研究工作的日益深入,有学者开始明确提出王湾三期文化是一支独立的考古学文化的观点[⑦],这种观点逐渐得到多数学者的认可。同时,之前学术界认为属于河南龙山文化的其他地方类型如后冈二期类型、造律台类型、三里桥类型等也逐渐被认定为均和王湾三期文化一样同属于中原龙山文化系统,它们是在一定区域内经过了较长的发展时期、彼此之间有诸多联系的几个独立的"亲属文化"。进入20世纪90年代后,在基本确定了王湾三期文化是一支独立的考古学文化的基础

① 郭京宁:《王湾三期文化研究历程评述》,《华夏考古》2005年第1期,第62页。
② 北京大学考古实习队:《洛阳王湾遗址发掘简报》,《考古》1961年第4期,第175-178页。
③ 中国科学院考古研究所洛阳发掘队:《洛阳涧滨古文化遗址及汉墓》,《考古学报》1956年第1期,第11-28页;中国社会科学院考古研究所:《东干沟龙山文化和二里头文化遗址》,《洛阳发掘报告:1995—1960年洛阳涧滨考古发掘资料》,北京燕山出版社,1989年,第50-82页。
④ 北京大学考古实习队:《洛阳王湾遗址发掘简报》,《考古》1961年第4期,第175-178页;北京大学考古文博学院:《洛阳王湾——田野考古发掘报告》,北京大学出版社,2002年,第93-94页。
⑤ 李仰松:《从河南龙山文化的几个类型谈夏文化的若干问题》,《中国考古学会第一次年会论文集1979》,文物出版社,1980年,第33页;郑杰祥:《河南龙山文化分析》,《开封师院学报(社会科学版)》1979年第4期,第35-45页;方酉生:《略论河南龙山文化的社会性质》,《江汉考古》1980年第2期,第73-76页;高天麟、孟凡人:《试论河南龙山文化"王湾类型"》,《中原文物》1983年第2期,第15-21页;赵春青:《中原龙山文化王湾类型再分析》,《洛阳考古四十年——1992年洛阳考古学术研讨会论文集》,科学出版社,1996年,第95页。
⑥ 安金槐:《试论河南"龙山文化"与夏商文化的关系》,《安金槐考古文集》,中州古籍出版社,1999年,第1页。
⑦ 李伯谦:《论造律台类型》,《文物》1983年第4期,第50-59页;董琦:《虞夏时期的中原》,科学出版社,2000年,第18页。

上,学术界对其地方类型划分的研究不断深入。伴随着这种研究,以陈冰白、王立新先生为代表的一些学者指出嵩山以南地区与嵩山以北、以东地区的龙山时代晚期遗存存在一定的差别,前者具有相对的独立性,应为一支单独的考古学文化,称之为煤山文化。[①]

从出土陶器来看,嵩山南北地区确有差异,如嵩山以北地区以深腹罐为主要炊具,斝、双腹盆较多,甑多呈罐形,瓮、罐、盆类器中装单、双耳者占一定比例;而嵩山以南地区以鼎为最主要炊具,其次为深腹罐和鼓腹罐,深腹盆、觚形杯较多,有相当数量的甑呈盆形,瓮、罐类器装耳者较少,但这种差异仅体现在部分典型器形在两地区遗址中所占比例不同。之所以造成这种差异,与嵩山南北地区不同的自然地理环境、历史传统有关。[②] 两地区陶器无论是陶质、陶色还是纹饰都表现出较强的一致性,小口高领瓮、矮领瓮、圈足盘、浅盘豆、斜腹碗、敛口钵、单耳杯、器盖等一大批器物皆是两区共有的文化特质,在文化面貌上存在较强的一致性,应为同一种考古学文化,即王湾三期文化。两地区的差别只是同一考古学文化不同地方类型的体现,可称为王湾三期文化的王湾类型和煤山类型。[③]

(二)石家河文化

石家河文化是长江中游地区继屈家岭文化之后发展起来的一支新石器时代末期考古学文化,因湖北天门市石家河遗址群而得名。1955年湖北省文管会在天门市石河镇首次发现石家河文化遗存叠压于屈家岭文化层之上,但在当时并未引起足够的重视。[④] 20世纪50年代末60年代初,在湖北郧县(今湖北十堰市郧阳区)青龙泉遗址中也发现石家河文化遗存叠压于屈家岭文化层之上,这开始引起学者们的注意。此后直至20世纪80年代末,石家河文化遗存不断被发现,分布范围也由湖北地区向南扩展到湘北地区,向北扩展至河南南部。通过对该类遗存进行研究,学术界普遍认识到这是与黄河流域诸龙山时代文化年代相当但文化特征不同的另一类文化遗

① 王立新:《从嵩山南北的文化整合看夏王朝的出现》,《二里头遗址与二里头文化研究——中国·二里头遗址与二里头文化国际学术研讨会论文集》,科学出版社,2006年,第412页;陈冰白:《从龙山晚期的中原态势看二里头文化的形成——兼谈对早期夏文化的若干认识》,《武汉大学历史学集刊 第3辑》,湖北人民出版社,2006年,第450页;袁飞勇:《煤山文化研究》,武汉大学博士学位论文,2020年,第41页。
② 韩建业、杨新改:《王湾三期文化研究》,《考古学报》1997年第1期,第1-21页。
③ 韩建业、杨新改:《王湾三期文化研究》,《考古学报》1997年第1期,第1-21页。
④ 石龙过江水库指挥部文物工作队:《湖北京山、天门考古发掘简报》,《考古通讯》1956年第3期,第11-21页。

存,并出现多种命名,其中有以发现遗址名称命名的"桂花树三期文化"①、"季家湖文化"②和"青龙泉三期文化"③,也有以其分布地域命名的"湖北龙山文化"和"长江中游龙山文化"④。20世纪80年代后期,随着天门市石家河遗址群再次获得大量重要的新资料,学术界逐渐达成了用"石家河文化"的命名来涵盖这一类文化遗存的共识。⑤

随着石家河文化遗址的不断发现和材料的公布,学术界对其文化特征、分布范围、分期年代及类型划分等问题都进行了诸多探讨。石家河文化分布的中心区域为江汉平原,其范围北达豫南驻马店地区和豫西南的南阳盆地,西抵鄂西西陵峡西口,东止于麻城、黄冈和大冶一线,东南以幕阜山和九宫山为界,南至湘北洞庭湖北岸地区。关于石家河文化的类型划分,学术界意见尚不统一,有学者分成四个、五个地方类型,也有划分为六个、七个地方类型的。如李龙章先生认为可分为四个类型,即石家河类型、青龙泉类型、季家湖类型和尧家林类型。⑥《中国考古学·新石器时代卷》认为应划分为五个类型,即石家河类型、青龙泉类型、西花园类型、季家湖类型和尧家林类型。⑦ 张绪球、何介钧先生等认为可分为六个地方类型,即石家河类型、青龙泉类型、季家湖—石板巷子类型、划城岗类型、西花园类型和尧家林类型⑧,或石家河类型、青龙泉—下王岗类型、季家湖—划城岗类型、西花园—吕王城类型、尧家林—舵上坪类型和岱子坪类型⑨。孟华平先生将石家河文化划分为七个地方类型,分别为石家河类型、青龙泉类型、季家湖类型、庙坪类型、尧家林类型、划城岗类型和岱子坪类型。⑩ 综合以上种种意见,笔者认为将石家河文化划分为石家河类型、青龙泉类型、西花园类型、尧家林类型、季家湖类型、划城岗类型和庙坪类型七个地方类型较为合适。

---

① 湖北省荆州地区博物馆:《湖北松滋县桂花树新石器时代遗址》,《考古》1976年第3期,第187-196、160页。
② 湖北省博物馆:《湖北当阳季家湖新石器时代遗址》,《文物资料丛刊10》,文物出版社,1987年,第9页。
③ 中国社会科学院考古研究所:《新中国的考古发现和研究》,文物出版社,1984年,第135页。
④ 何介钧:《长江中游原始文化初论》,《湖南考古辑刊1》,岳麓书社,1982年,第50页。
⑤ 石河考古队:《湖北省石河遗址群1987年发掘简报》,《文物》1990年第8期,第1-16页。
⑥ 李龙章:《浅议石家河文化》,《江汉考古》1985年第3期,第41-49页。
⑦ 中国社会科学院考古研究所:《中国考古学·新石器时代卷》,中国社会科学出版社,2010年,第662页。
⑧ 张绪球:《石家河文化的分期分布和类型》,《考古学报》1991年第4期,第389-412页。
⑨ 何介钧:《石家河文化浅析》,《纪念城子崖遗址发掘六十周年国际学术研讨会文集》,齐鲁书社,1993年,第139-142页。
⑩ 孟华平:《长江中游史前文化结构》,长江文艺出版社,1997年,第105页。

关于石家河文化的分期,以往学术界持三期说的学者较多,具体有分为三期的①,也有分为三期四段②或三期五段的③。此时已有学者注意到石家河晚期"与前两期相比,有明显的差别,……推测此阶段可能已在向一个新的文化过渡,待将来材料充足时,或许可以单独划为一段"④。随着对石家河文化研究的深入,现在越来越多的学者开始意识到以往所谓的石家河文化晚期遗存同早中期之间存在着较大的差别,已经不属于石家河文化的范畴。如樊力先生对石家河文化青龙泉类型进行研究,将其分为两期三段,分别相当于"三期说"的早中期,而"三期说"中属于青龙泉类型晚期的乱石滩遗存则被他单独划分为一个考古学文化,称为"乱石滩文化"。⑤ 孟华平、王劲、何驽、靳松安等先生也认为石家河文化晚期的性质已经发生了改变,对其文化属性及命名都有自己的观点。⑥ 观察乱石滩、肖家屋脊、七里河、白庙、三房湾、贯平堰等遗址发现的以往所谓的石家河晚期遗存,无论是器类、器形还是纹饰都与石家河文化早中期存在较大的差别,很难将其归为同一种考古学文化。同时近年来豫西南鄂西北地区下寨、水田营、金营、沟湾等遗址新发现的相当于以往石家河文化晚期的遗存,更是与石家河文化存在巨大的差别。因此笔者认为石家河文化可分为早晚两期,分别相当于"三期说"的早、中期,"三期说"中的石家河文化晚期遗存已经不属于石家河文化的范畴。

(三)后石家河文化

进入 20 世纪 90 年代后,随着石家河文化遗址的大量发现以及对其分期研究的不断深入,有学者注意到在石家河文化晚期之时,其陶器群体已经失去石家河文化的共性特征,并指出它应是性质不同于石家河文化的另一支考古学文化。但目前由于对此类遗存的性质认定还存在争议,命名也颇多。

总的来看,目前对这类遗存大致有三种看法:第一,认为这类遗存是不同于石家

① 中国社会科学院考古研究所:《中国考古学·新石器时代卷》,中国社会科学出版社,2010 年,第 662 页。

② 何介钧:《长江中游原始文化初论》,《湖南考古辑刊 1》,岳麓书社,1982 年,第 57-60 页。

③ 张绪球:《石家河文化的分期分布和类型》,《考古学报》1991 年第 4 期,第 389-412 页。

④ 张绪球:《石家河文化的分期分布和类型》,《考古学报》1991 年第 4 期,第 389-412 页。

⑤ 樊力:《论石家河文化青龙泉三期类型》,《考古与文物》1999 年第 4 期,第 50-61 页;樊力:《乱石滩文化初论》,《江汉考古》1998 年第 4 期,第 41-48 页。

⑥ 孟华平:《长江中游史前文化结构》,长江文艺出版社,1997 年,第 134 页;王劲:《后石家河文化定名的思考》,《江汉考古》2007 年第 1 期,第 60-72 页;何驽:《试论肖家屋脊文化及其相关问题》,《三代考古(二)》,科学出版社,2006 年,第 101-107 页;靳松安:《王湾三期文化的南渐及其相关问题》,《中原文物》2010 年第 1 期,第 31-38 页;白云:《关于"石家河文化"的几个问题》,《江汉考古》1993 年第 4 期,第 41-48 页。

河文化的一支独立的考古学文化,但具体命名有所不同。如孟华平先生将这类遗存统称为"后石家河文化"①,王劲先生称其为"三房湾文化"②。白庙遗址的发掘者将遗址中晚于石家河文化的遗存命名为"白庙文化"。③ 宜都石板巷子遗址晚于石家河文化的遗存,发掘者称其为"季石遗存"。④ 樊力先生将乱石滩遗址中晚于石家河文化的"上层文化"层遗存命名为"乱石滩文化"。⑤ 何驽先生将肖家屋脊遗址发现的所谓石家河文化晚期遗存命名为"肖家屋脊文化"。⑥ 张海先生主张以"后石家河时代"替代"后石家河文化"的表述,并继续沿用学界传统的"肖家屋脊文化"和"乱石滩文化"的命名。⑦ 第二,认为这类遗存仍属于石家河文化范畴,为石家河文化晚期遗存。如发掘者将鄂西一带的季家湖杨家山子、茶店子等遗址的该类遗存归入石家河文化季家湖类型中。⑧ 肖家屋脊遗址发掘者将该遗址发现的此类遗存归入石家河文化晚期。⑨ 第三,认为这类遗存属于王湾三期文化范畴。如靳松安先生将豫西南鄂西北地区的该类遗存皆归入王湾三期文化乱石滩类型,而江汉平原及鄂西地区发现的以肖家屋脊、石板巷子、季家湖等为代表的一类遗存属于后石家河文化。⑩

可以说,目前关于这类晚于石家河文化遗存的性质及命名,学术界仍没有一个统一的意见。笔者认为由于以往认定的该类遗存分布范围较广,在豫西南鄂西北、鄂西及江汉平原中部都有分布,这些地区中既有原石家河文化分布的中心区域,也有原石家河文化青龙泉类型和季家湖类型的分布区域,因而对这类遗存的性质不应一概而论,而应分区域进行研究后确定,后文将详述之。

---

① 孟华平:《长江中游史前文化结构》,长江文艺出版社,1997年,第134页。
② 王劲:《后石家河文化定名的思考》,《江汉考古》2007年第1期,第60—72页。
③ 湖北宜昌地区博物馆:《湖北宜昌白庙遗址试掘简报》,《考古》1983年第5期,第415—419页;湖北省宜昌地区博物馆:《白庙子遗址第二次试掘简报》,《中原文物》1988年第2期,第6—8、18页;三峡考古队:《湖北宜昌白庙遗址1993年发掘简报》,《江汉考古》1994年第1期,第22—34页;湖北省文物考古研究所:《1985—1986年宜昌白庙遗址发掘简报》,《江汉考古》1996年第3期,第1—12、54页。
④ 裴安平:《鄂西"季石遗存"的序列及其与诸邻同期遗存的关系》,《考古类型学的理论与实践》,文物出版社,1989年,第36—72页。
⑤ 樊力:《乱石滩文化初论》,《江汉考古》1998年第4期,第41—48页。
⑥ 何驽:《试论肖家屋脊文化及其相关问题》,《三代考古(二)》,科学出版社,2006年,第106页。
⑦ 张海:《"后石家河文化"来源的再探讨》,《江汉考古》2021年第6期,第125—126。
⑧ 湖北省博物馆:《湖北省当阳季家湖新石器时代遗址》,《文物资料丛刊10》,文物出版社,1987年,第9页。
⑨ 湖北省荆州博物馆、湖北省文物考古研究所等:《肖家屋脊》,文物出版社,1999年,第237—271页。
⑩ 靳松安:《王湾三期文化的南渐及其相关问题》,《中原文物》2010年第1期,第31—38页。

三、考古发现与研究现状

豫西南鄂西北地区的考古始于 20 世纪 50 年代,自彼时至今历经了几代考古工作者的一系列考古调查和发掘工作,并进行了较为深入的研究,取得了丰硕的成果。对这些考古发现和研究现状进行回顾是研究该地区龙山晚期至二里头时代考古学文化的前提和基础。

(一)考古发现

豫西南鄂西北地区龙山晚期至二里头时代遗址的发现可分为两大阶段。

1. 第一阶段:20 世纪 50 年代至 90 年代

20 世纪 50 年代至 90 年代时期是豫西南鄂西北地区龙山晚期至二里头时代遗址零星发现的阶段。

该地区龙山晚期遗存最早发现于 20 世纪 50 年代末期。这一时期,遗址主要是在配合丹江口水库工程的考古调查或文物普查时被发现,部分经过科学发掘。其中湖北郧县(今属湖北十堰市郧阳区)大寺遗址于 1958 年至 1964 年进行了 5 次发掘,发现有龙山文化遗存。[①] 湖北均县(今属湖北丹江口市)乱石滩遗址于 1958 年至 1959 年进行了 3 次发掘,发现有"上层文化层",报告中称之为"乱石滩文化"。[②] 20 世纪 70 年代该地区发现的龙山晚期遗址主要是位于丹江口水库淹没区内的淅川下王岗遗址。最初发表的《河南淅川下王岗遗址的试掘》认为发现的晚二期遗存"大部分陶器的形制和纹饰,和黄河流域的龙山期文化基本类同"[③],稍晚些出版的《淅川下王岗》则明确将其归入龙山文化中[④]。20 世纪 90 年代,北京大学考古学系及南阳地区文物研究所数次对邓州八里岗遗址进行发掘,其中 1992 年度的两次发掘及

---

① 中国社会科学院考古研究所:《青龙泉与大寺》,科学出版社,1991 年,第 185–197 页。
② 中国社会科学院考古研究所长江工作队:《湖北均县乱石滩遗址发掘报告》,《考古》1986 年第 7 期,第 586–596 页。
③ 河南省博物馆长江流域规划办公室、河南省博物馆文物考古队河南分队:《河南淅川下王岗遗址的试掘》,《文物》1972 年第 10 期,第 13 页。
④ 河南省文物研究所、长江流域规划办公室考古队河南分队:《淅川下王岗》,文物出版社,1989 年,第 230–263 页。

1998 年的发掘发现的八里岗四期遗存为龙山晚期遗存。[①]

　　豫西南鄂西北地区二里头时代的遗存发现得较晚,最初于 20 世纪 70 年代初在淅川下王岗遗址发现,发掘者认为其年代为二里头文化一、三期,但关于该类遗存的文化性质学术界存在较大的争议。在下王岗遗址二里头时代遗存发现后很久,豫西南鄂西北地区再未发现其他二里头时代遗址。20 世纪 80 年代末至 90 年代,才在邓州穰东[②]、方城八里桥[③]及襄阳王树岗[④]等遗址再次发现二里头时代遗存,这些发现填补了该地区二里头时代考古学文化的空缺。

　　2. 第二阶段:2004 年至今

　　进入 2004 年以后,在豫、鄂两省交界处的丹江口库区为配合南水北调中线工程的考古发掘工作开始大规模进行,这一阶段是龙山晚期至二里头时代遗址大规模发现的时期。

　　此阶段在豫西南鄂西北地区发现了较多龙山晚期遗址,主要集中在河南省淅川县及湖北省襄阳市、丹江口市(原均县)、十堰市郧阳区(原郧县)等地区。发现的遗址主要有河南淅川县沟湾[⑤]、下寨[⑥]、龙山岗[⑦]、六叉口[⑧]、水田营[⑨]、马岭[⑩]、申明铺东[⑪]、

　　①　北京大学考古学系、南阳地区文物研究所:《河南邓州市八里岗遗址 1992 年的发掘与收获》,《考古》1997 年第 12 期,第 1−7 页;北京大学考古文博院、南阳地区文物研究所:《河南邓州八里岗遗址 1998 年度发掘简报》,《文物》2000 年第 11 期,第 23−31 页。

　　②　河南省文物考古研究所:《河南邓州市穰东遗址的发掘》,《华夏考古》1999 年第 2 期,第 7−24 页。

　　③　北京大学考古学系、南阳市文物研究所等:《河南方城县八里桥遗址 1994 年春发掘简报》,《考古》1999 年第 12 期,第 16−27 页。

　　④　襄石复线襄樊考古队:《湖北襄阳法龙王树岗遗址二里头文化灰坑清理简报》,《江汉考古》2002 年第 4 期,第 44−50 页。

　　⑤　靳松安、郑万泉等:《河南南阳淅川沟湾遗址考古发掘取得重要收获》,《中国文物报》2009 年 2 月 4 日;靳松安、郑万泉等:《淅川县沟湾新石器时代遗址》,《中国考古学年鉴 2009》,文物出版社,2010 年,第 262−264 页。

　　⑥　河南省文物考古研究所、河南省文物局南水北调文物保护办公室:《河南淅川县下寨遗址 2009—2010 年发掘简报》,《华夏考古》2011 年第 2 期,第 3−20、105 页。

　　⑦　梁法伟:《河南淅川龙山岗发掘取得重要收获》,《中国文物报》2009 年 10 月 23 日。

　　⑧　王宏:《淅川县六叉口龙山时期遗址》,《中国考古学年鉴 2010》,文物出版社,2011 年,第 289−290 页。

　　⑨　杨文胜:《淅川县水田营新石器时代和东周时期遗址》,《中国考古学年鉴 2008》,文物出版社,2009 年,第 274−275 页。

　　⑩　余西云、赵新平:《淅川县马岭新石器时代至清代遗址》,《中国考古学年鉴 2010》,文物出版社,2011 年,第 285−286 页。

　　⑪　郑州大学历史学院考古系、河南省文物局南水北调文物保护管理办公室:《河南淅川申明铺东遗址文坎沟东地点龙山与西周遗存发掘简报》,《文物》2017 年第 3 期,第 4−18 页。

金营[①]、邓州市八里岗[②]、杨岗[③],湖北十堰市郧阳区大寺[④]、青龙泉[⑤]、店子河[⑥]、郭家道子[⑦]、辽瓦店子[⑧]、襄阳市牌坊岗[⑨]、老河口市上河[⑩],丹江口市南张家营[⑪]、彭家院[⑫]等。该阶段新发现的二里头时代遗址也均分布在河南、湖北两省的丹江口库区之内,主要有南阳市王营、李营[⑬],淅川县盆窑[⑭]、门伙[⑮]、单岗[⑯]、马岭[⑰]、文坎,丹江口市熊家庄[⑱]等,进一步丰富了该地区二里头时代考古学文化的面貌。

---

① 河南省文物考古研究院、河南省文物局南水北调文物保护办公室:《河南淅川金营遗址新石器时代遗存发掘简报》,《中原文物》2022 年第 1 期,第 4—14 页。

② 张弛:《邓州市八里岗新石器时代遗址》,《中国考古学年鉴 2008》,文物出版社,2009 年,第 268—269 页;张弛:《邓州市八里岗新石器时代遗址》,《中国考古学年鉴 2011》,文物出版社,2012 年,第 302—303 页。

③ 梁法伟:《邓州市杨岗新石器时代遗址》,《中国考古学年鉴 2017》,中国社会科学出版社,2018 年,第 307—308 页。

④ 湖北省文物考古研究所、湖北省文物局南水北调办公室:《湖北郧县大寺遗址 2006 年发掘简报》,《考古》2008 年第 4 期,第 3—13 页。

⑤ 武汉大学考古系、湖北省文物考古研究所:《湖北郧县青龙泉遗址 2008 年度发掘简报》,《江汉考古》2010 年第 1 期,第 15—31 页。

⑥ 武汉大学考古系、湖北省文物局南水北调办公室等:《湖北郧县店子河遗址发掘简报》,《考古》2011 年第 5 期,第 16—30 页。

⑦ 湖北省文物考古研究所:《湖北省郧县郭家道子遗址 2006—2007 年发掘简报》,《湖北南水北调工程考古报告集(第一卷)》,科学出版社,2013 年,第 226—248 页;湖北省文物考古研究所:《郧县郭家道子遗址 2010 年度发掘简报》,《湖北南水北调工程考古报告集(第四卷)》,科学出版社,2014 年,第 261—281 页。

⑧ 武汉大学考古与博物馆学系:《郧县辽瓦店子遗址》,《湖北省南水北调工程重要考古发现Ⅰ》,文物出版社,2007 年,第 116—123 页;湖北省文物研究所:《郧县辽瓦店子遗址 2007 年的发掘》,《湖北省南水北调工程重要考古发现Ⅱ》,文物出版社,2010 年,第 180—186 页;王然、傅玥:《湖北郧县辽瓦店子遗址夏商时期文化遗存》,《石泉先生九十诞辰纪念文集》,湖北人民出版社,2007 年,第 170—199 页;湖北省文物考古研究所:《郧县辽瓦店子遗址 2007 年度发掘简报》,《湖北南水北调工程考古报告集(第四卷)》,科学出版社,2014 年,第 205—224 页。

⑨ 襄樊市考古队:《襄樊市牌坊岗新石器时代遗址发掘简报》,《江汉考古》2007 年第 4 期,第 3—11 页。

⑩ 陈昊雯:《老河口市上河新石器至明清遗址》,《中国考古学年鉴 2017》,中国社会科学出版社,2018 年,第 346—347 页。

⑪ 南京大学历史系考古学及博物馆学专业:《湖北省丹江口市南张家营遗址发掘简报》,《湖北南水北调工程考古报告集(第一卷)》,科学出版社,2013 年,第 48—67 页。

⑫ 湖北省文物考古研究所:《丹江口彭家院遗址 2006 年发掘简报》,《湖北南水北调工程考古报告集(第二卷)》,科学出版社,2013 年,第 16—41 页。

⑬ 南阳市文物考古研究所:《河南南阳市王营二里头文化水井发掘》,《华夏考古》2019 年第 3 期,第 14—17 页。

⑭ 王宏:《盆窑遗址》,《河南省南水北调中线工程文物保护项目年报(2009—2010)》,河南省文物局内部资料,第 124—126 页。

⑮ 金志伟:《门伙遗址》,《河南省南水北调中线工程文物保护项目年报(2007)》,河南省文物局内部资料,第 35 页。

⑯ 孙凯:《淅川单岗遗址先秦文化遗存研究》,郑州大学硕士学位论文,2013 年,第 28 页。

⑰ 湖北省文物考古研究所、湖北省文物局南水北调办公室:《湖北郧县大寺遗址 2006 年发掘简报》,《考古》2008 年第 4 期,第 3—13 页。

⑱ 张成明:《丹江口熊家庄二里头文化时期和楚文化遗址》,《中国考古学年鉴 2005》,文物出版社,2006 年,第 269—270 页。

（二）研究现状

通过以往半个多世纪在豫西南鄂西北地区开展的考古调查、发掘及后期研究工作，该地区龙山晚期至二里头时代考古学文化已经取得了较为突出的成就。同时，以往的研究仍存在不足之处，一些课题仍有待进一步的深入探索。

1. 龙山晚期遗存的研究现状

目前来看，学术界对豫西南鄂西北地区龙山晚期遗存的研究主要从文化属性、命名等方面开展。

关于龙山晚期遗存的文化属性及命名，学术界主要有四种观点。

第一，属于二里头文化，以李龙章、罗彬柯先生为代表。李龙章先生认为下王岗晚二期（龙山文化）、乱石滩"上层文化层"等遗存属于二里头文化早期遗存，时间上距河南龙山文化不远，可称为二里头文化下王岗类型。[①] 罗彬柯先生认为下王岗晚二期遗存年代与二里头一期接近，兼有湖北龙山文化和山东龙山文化的因素。[②]

第二，属于石家河文化，以张绪球先生为代表。张绪球先生根据典型遗址的考古材料，将分布于江汉平原、鄂西北豫西南的石家河文化分为早、中、晚三个不同的发展阶段，认为在石家河文化晚期，下王岗二期遗存尽管受到河南龙山文化和陕西龙山文化的强烈影响，但性质仍属于石家河文化。[③]

第三，属于王湾三期文化或煤山文化，以韩建业、杨新改、白云、靳松安先生等为代表。韩建业、杨新改先生认为下王岗晚二期为代表的遗存含有较多的中原王湾三期文化因素，应归入中原王湾三期文化系统。[④] 白云先生认为石板巷子遗址、乱石滩遗存、大寺和下王岗"龙山文化"中都包含有煤山文化的特征器物，是中原楔入江汉地区的一股，应视为煤山文化鄂西北地区的一个地域类型。[⑤] 靳松安先生将豫西南鄂西北地区以下王岗龙山文化及二里头一期、八里岗、乱石滩上层、大寺龙山文化为代表的龙山晚期遗存归入王湾三期文化范畴，是其在豫西南鄂西北地区发展的一个新的

① 李龙章：《下王岗晚二期文化性质及相关问题探讨》，《考古》1988 年第 7 期，第 638—644 页。
② 罗彬柯：《略论河南发现的屈家岭文化——兼述中原与周围地区原始文化的交流问题》，《中原文物》1983 年第 3 期，第 11—18 页。
③ 张绪球：《石家河文化的分期分布和类型》，《考古学报》1991 年第 4 期，第 389—412 页。
④ 韩建业、杨新改：《王湾三期文化研究》，《考古学报》1997 年第 1 期，第 1—21 页；韩建业：《肖家屋脊文化三题》，《中华文化论坛》2021 年第 4 期，第 16 页。
⑤ 白云：《关于"石家河文化"的几个问题》，《江汉考古》1993 年第 4 期，第 41—48 页。

地方类型——乱石滩类型。① 袁飞勇在其博士论文中亦将豫西南鄂西北地区龙山晚期遗存归入煤山文化乱石滩类型之中。②

第四，认为是不同于石家河文化、王湾三期文化的一种新的考古学文化，以樊力、孟华平、王劲、何驽等先生为代表。持这种观点的学者对这一考古学文化的命名意见较多。如樊力先生指出豫西南鄂西北地区龙山晚期遗存包含多种文化因素，其中本地因素占主要部分，另外也受到客省庄文化、王湾三期文化的影响，并将其命名为乱石滩文化。③ 孟华平先生认为以乱石滩上层为代表的龙山晚期遗存属于后石家河文化在豫西南鄂西北地区的一个地方类型——乱石滩类型。④ 王劲先生指出乱石滩、大寺、石板巷子、季家湖、杨家山子、白庙、肖家屋脊等遗址中所谓的"后石家河文化"与石家河遗址群中的三房湾、石板冲及贯平堰遗址年代、性质基本相同，其中又以三房湾遗址的后石家河文化堆积面积最大，保存最好，可定名为"三房湾文化"，并将汉水中游地区划归乱石滩类型。⑤ 何驽先生将汉水中游地区单列为乱石滩文化。⑥ 张海先生将汉水中游地区的龙山晚期遗存整体上归为"乱石滩文化"，并指出其年代大致相当于中原地区"新砦期"——二里头文化一期。⑦

可以说，在关于豫西南鄂西北地区龙山晚期遗存的文化属性及命名的问题上，学者们各持己见，尚未形成较为统一的意见。

2. 二里头时代遗存的研究现状

目前关于该地区二里头时代考古学文化的研究，主要集中在两个方面。

第一，二里头时代考古学文化的性质、分期及年代。关于豫西南鄂西北地区二里头时代文化的性质，目前学术界已经基本达成一致，即认为其属于二里头文化，但个别遗址也存在一些争议，主要是下王岗遗址二里头文化一期遗存的性质存在争议。下王岗遗址的发掘者认为属于二里头文化，年代大约为二里头文化一期，也有一些学者持不同意见，如《中国考古学·夏商卷》中指出下王岗遗址二里头文化一期遗存中

---

① 靳松安：《河洛与海岱地区考古学文化的交流与融合》，科学出版社，2006 年，第 61 页。
② 袁飞勇：《煤山文化研究》，武汉大学博士学位论文，2020 年，第 181-223 页。
③ 樊力：《乱石滩文化初论》，《江汉考古》1998 年第 4 期，第 41-48 页；樊力：《豫西南地区新石器文化的发展序列及其与邻近地区的关系》，《考古学报》2000 年第 2 期，第 147-181 页。
④ 孟华平：《长江中游史前文化结构》，长江文艺出版社，1997 年，第 134 页。
⑤ 王劲：《后石家河文化定名的思考》，《江汉考古》2007 年第 1 期，第 60-72 页。
⑥ 何驽：《试论肖家屋脊文化及其相关问题》，《三代考古（二）》，科学出版社，2006 年，第 106 页。
⑦ 张海：《"后石家河文化"来源的再探讨》，《江汉考古》2021 年第 6 期，第 122-123 页。

二里头文化特征比较淡薄,未将其包含在二里头文化下王岗类型之中。[①] 常怀颖先生认为下王岗二里头一期之时,王湾三期文化得到空前的发展,而典型二里头文化的模糊面貌说明此时二里头文化的力量尚不足以影响至此。[②] 靳松安先生亦认为下王岗二里头一期的文化性质应属王湾三期文化,并将其归入晚期4段之中。[③] 关于该地区二里头文化的分期及年代分析,多是针对单个遗址进行的,如穰东遗址发掘者认为该遗址二里头文化可分为三期,分别相当于二里头文化二至四期,八里桥遗址发掘者认为该遗址二里头文化相当于二里头文化第三期等,目前尚缺乏对区域内二里头文化整体年代框架的研究。

第二,二里头文化南传的路线。关于这一问题学术界进行的研究较多,如向桃初先生将汉水中、上游交接地区,包括豫西南鄂西北归入南方地区二里头文化Ⅰ区,并认为二里头文化南传的西线是从南阳盆地过随枣走廊进入长江中游的江汉平原地区。二里头文化从西线大规模南传应该始自二里头三期,并进一步推测,至迟至二里头四期,二里头文化已经占据了江汉平原地区。长江中游地区的石家河文化或其孑遗(即所谓的"后石家河文化")因二里头文化南下而彻底消失。[④] 徐燕先生指出二里头文化从郑洛地区整体向南推进。首先顺汝河、颍河和贾鲁河支流南下到达漯河,而后形成两个分支路线,其中一条通过方城隘口到达南阳盆地,其传播特点是沿山间孔道和河流而行。[⑤] 陈晖认为约在二里头文化二期晚段之时,二里头文化开始向南扩张,其中西线是通过南阳盆地以北的蒲城店等遗址扩展至南阳盆地的邓州穰东遗址,继而以穰东、陈营等遗址为跳板深入汉水谷地和丹江流域。[⑥] 孙卓认为二里头文化沿伏牛山东侧,经南阳盆地,至汉水中、上游,再沿汉水而下,至长江一线。[⑦]

(三)亟待解决的问题

尽管关于豫西南鄂西北地区龙山晚期至二里头时代考古学文化的研究已经取得

① 中国社会科学院考古研究所:《中国考古学·夏商卷》,中国社会科学出版社,2003年,第96期。
② 常怀颖:《淅川下王冈龙山至二里头时期陶器群初探》,《四川文物》2005年第2期,第30-38页。
③ 靳松安:《河洛与海岱地区考古学文化的交流与融合》,科学出版社,2006年,第57页。
④ 向桃初:《二里头文化向南方的传播》,《考古》2011年第10期,第47-61页。
⑤ 徐燕:《豫西地区夏文化的南传路线初探》,《江汉考古》2005年第3期,第54-62页;徐燕:《豫南地区二里头时期遗存的相关问题试析》,《华夏考古》2009年第2期,第80-88、92页。
⑥ 陈晖:《龙山时代晚期至二里冈时期中原文化向南方的扩张研究》,武汉大学博士学位论文,2019年,第378-379页。
⑦ 孙卓:《试论二里头晚期中原文化对江汉地区的扩张》,《华夏考古》2021年第5期,第57页。

了一定的成果,但毋庸置疑也有部分问题尚未解决或涉及,主要包括三个方面。

1.龙山晚期遗存的性质有待确定

通过前文可知,目前该地区龙山晚期遗存的性质学术界存在较大的争议。由于不同学者掌握的材料多寡、研究侧重点及知识体系的差异,导致目前该类遗存的性质不能确定,进而造成在学术著作或论文中,多种命名并存的现象,一定程度上给研究者带来混乱及困扰。而对文化性质认定的分歧,又直接导致豫西南鄂西北地区龙山晚期考古学文化整体面貌的不清晰。

2.龙山晚期至二里头时代聚落考古研究的缺失

由于以往豫西南鄂西北地区龙山晚期至二里头时代遗址发现较少,材料公布不多,导致无论对单个聚落还是区域聚落层次的考古研究都存在较为严重的缺失。关于该地区这一时期聚落的等级划分、群聚现象等问题基本处于无人问津的状态,区域内较长时期聚落形态的变迁问题也鲜有人探讨。

3.龙山晚期至二里头时代考古学文化互动研究的不深入

豫西南鄂西北地区位于豫陕鄂三省交界处,是中原、江汉、关中三大文化区域交会之处,不可避免地存在文化的互动。以往对该地区考古学文化互动的研究多局限于个别遗址,或与某一地区的互动,少见全面分析与周邻地区的文化互动,以及在互动中所体现出的考古学文化的强与弱,主动或被动关系。

四、研究目的及方法

豫西南鄂西北地区是一个特殊的文化区域,研究该地区的考古学文化有着重要的目的和独特的研究方法。

(一)研究目的

豫西南鄂西北地区位于豫陕鄂三省交界,地处中原地区南下江汉地区的通道之上,向西通过丹江河谷及汉水谷地可进入关中地区,自古以来就是中原、江汉及关中文化交汇之地,其中又尤以南北文化交锋更为激烈。在龙山晚期之前,属于华夏集团的仰韶文化与属于苗蛮集团的屈家岭、石家河文化依次占领了该地区。龙山晚期作为"邦国时代"的最后阶段,是中原地区和江汉地区两大文化区兴衰和更替的敏感时期,而二里头时代则是"王国时代"的最初阶段。了解这两个阶段该地区考古学文化的面貌内涵、聚落演变及文化互动,对探讨以王湾三期文化、二里头文化为代表的华夏集团的崛起及石家河文化的衰落有着重要的意义。

本书研究的主要目的是通过考察考古发掘材料,对豫西南鄂西北地区龙山晚期至二里头时代考古学文化做综合研究。首先,要建立本地区龙山晚期至二里头时代考古学文化的年代序列,确定不同时期考古学文化的文化属性、分布区域、发展演变过程,进而把握该地区考古学文化整体的发展脉络和变化规律。其次,结合考古发掘及调查资料,厘清不同时期考古学文化聚落的分布、选址、等级划分、群聚及演变规律。再次,通过纵向分析本地区不同时期考古学文化的互动,考察龙山晚期至二里头时代考古学文化的源流、继承及发展状况。通过横向分析本地区与周邻地区考古学文化的互动关系,了解不同时期考古学文化与周邻地区文化互动中势力的强或弱,并探究在文化的互动中各考古学文化或主动或被动的地位及相互关系。

(二)研究方法

本书主要采用地层学、类型学、文化因素分析、聚落考古等方法对豫西南鄂西北地区龙山晚期至二里头时代考古学文化进行综合研究。

地层学又称为层位学,是指地层堆积和遗迹之间相互关系的研究,即在考古发掘中判明地层和遗迹的相对年代关系,地层学是考古学的基本方法之一。[①] 类型学又称为标型学、器物形态学,是通过对地层学科学收集到的实物资料进行科学归纳和分析、研究的一种方法论。类型学通过对考古遗存进行形态排比,探究其变化规律、逻辑发展序列和相互关系,是受到生物分类学的启发而产生的一种方法论,也是考古学的基本方法之一。[②] 本书在对豫西南鄂西北地区龙山晚期至二里头时代考古学文化进行分期研究时,主要运用的就是地层学及类型学方法。

文化因素分析法同地层学、类型学一样,也是考古学的基本方法之一。所谓文化因素分析法就是分析一个考古学遗存内部所包含的不同文化因素的组成情况,以认

---

① 苏秉琦、殷玮璋:《地层学与器物形态学》,《文物》1982 年第 4 期,第 1—7 页;张忠培:《地层学与类型学的若干问题》,《文物》1983 年第 5 期,第 60—69 页;俞伟超:《关于"考古地层学"的问题》,《考古学文化论集》(一),文物出版社,1987 年,第 1—32 页;严文明:《考古遗址发掘中的地层学研究》,《走向 21 世纪的考古学》,三秦出版社,1997 年,第 16—52 页;栾丰实、方辉等:《考古学理论·方法·技术》,文物出版社,2002 年,第 22 页。

② 苏秉琦、殷玮璋:《地层学与器物形态学》,《文物》1982 年第 4 期,第 1—7 页;张忠培:《地层学与类型学的若干问题》,《文物》1983 年第 5 期,第 60—69 页;严文明:《考古资料整理中的标型学研究》,《走向 21 世纪的考古学》,三秦出版社,1997 年,第 53—76 页;栾丰实、方辉等:《考古学理论·方法·技术》,文物出版社,2002 年,第 54 页。

识其文化属性,即确定它在考古学文化谱系中的位置。[①] 自20世纪80年代被作为一种研究方法明确提出后,文化因素分析法得到了考古学者的高度重视,并在研究领域广泛应用。在确定豫西南鄂西北地区龙山晚期至二里头时代文化的文化属性之时,要运用文化因素分析法观察何种因素为这一考古学文化中最主要、数量最多的因素,进而确定其文化属性。在对龙山晚期至二里头时代该地区与周邻地区考古学文化的互动研究中,也要运用文化因素分析法,因为只有辨别清楚某一考古学文化中不同的文化因素,才能了解这些因素的来源以及隐藏在这些因素之下与其他考古学文化的互动。

聚落考古就是以聚落为对象,研究其具体形态及其所反映的社会形态,进而研究聚落形态的演变所反映的社会形态的发展轨迹。[②] 在聚落考古中最重要且具有一定难度的是聚落内部考古遗存的共时性和不同聚落在时间上的共时性的确定。[③] 尽管聚落考古在我国系统开展的时间相对较晚,但由于其在研究社会发展演变方面所发挥的重要作用,目前也已成为考古学的基本方法之一。本书对豫西南鄂西北地区龙山晚期至二里头时代考古学文化的聚落进行研究时主要采用聚落考古的方法。

除以上几种方法之外,本书还采用文献学、二重证据法等方法进行研究工作。

---

① 俞伟超:《楚文化的研究与文化因素的分析》,《楚文化研究论集》(第一集),荆楚书社,1987年,第1页;李伯谦:《论文化因素分析方法》,《中国文物报》1988年11月4日。

② 张光直:《考古学专题六讲》,文物出版社,1986年,第74—93页;张忠培:《聚落考古初论》,《中原文物》1999年第1期,第31—33页;严文明:《关于聚落考古的方法问题》,《中原文物》2010年第2期,第19—22、25页。

③ 栾丰实:《关于聚落考古学研究中的共时性问题》,《考古》2002年第5期,第65—73页。

第一章

龙山晚期遗存分析

豫西南鄂西北地区龙山晚期遗存最早在 1971—1972 年下王岗遗址的发掘中被发现,而后八里岗、乱石滩等遗址龙山晚期遗存的发掘进一步丰富了其内涵。21 世纪初,为配合南水北调中线工程丹江口库区的工程建设,全国多家考古单位在该地区开展了系统的、较大规模的考古发掘工作,在下寨、沟湾、水田营、下王岗、六叉口、金营、马岭等遗址都发现了龙山晚期遗存,为研究该地区龙山晚期遗存提供了新的材料。

第一节 典型遗址的分组

本书通过对豫西南鄂西北地区龙山晚期遗址的材料进行梳理,确定典型遗址的分组,进而为研究龙山晚期遗存的文化属性、分期及年代等问题奠定基础。

一、遗址的发现情况

目前豫西南鄂西北地区经发掘的龙山晚期遗址主要有淅川县下王岗[①]、下寨[②]、

---

① 河南省博物馆长江流域规划办公室、河南省博物馆文物考古队河南分队:《河南淅川下王岗遗址的试掘》,《文物》1972 年第 10 期,第 6-15、28 页;河南省文物研究所、长江流域规划办公室考古队河南分队:《淅川下王岗》,文物出版社,1989 年,第 230-263 页;中国社会科学院考古研究所:《淅川下王岗:2008—2010 年考古发掘报告》,科学出版社,2020 年,第 163-356 页。

② 河南省文物考古研究所、河南省文物局南水北调文物保护办公室:《河南淅川县下寨遗址 2009—2010 年发掘简报》,《华夏考古》2011 年第 2 期,第 3-20、105 页;河南省文物考古研究院、河南省文物局南水北调文物保护办公室:《河南淅川下寨遗址龙山时代末期至二里头早期墓葬发掘简报》,《华夏考古》2017 年第 3 期,第 59-70 页。

沟湾[①]、水田营[②]、六叉口[③]、马岭[④]、龙山岗[⑤]、金营[⑥]、申明铺东[⑦]、姚河[⑧]，邓州市八里岗[⑨]，丹江口市（原均县）乱石滩[⑩]、彭家院[⑪]、南张家营[⑫]，十堰市郧阳区（原郧县）大

① 靳松安、郑万泉等：《河南南阳淅川沟湾遗址考古发掘取得重要收获》，《中国文物报》2009 年 2 月 4 日；靳松安、郑万泉等：《淅川县沟湾新石器时代遗址》，《中国考古学年鉴 2009》，文物出版社，2010 年，第 262—264 页；郑州大学历史学院、河南省文物局南水北调文物保护办公室：《河南淅川沟湾遗址王湾三期文化遗存发掘简报》，《华夏考古》2017 年第 3 期，第 71—83 页。

② 杨文胜：《淅川县水田营新石器时代和东周时期遗址》，《中国考古学年鉴 2008》，文物出版社，2009 年，第 274—275 页。

③ 王宏：《淅川县六叉口龙山时期遗址》，《中国考古学年鉴 2010》，文物出版社，2011 年，第 289—290 页。

④ 赵世纲：《河南淅川县的新石器时代遗址》，《考古通讯》1958 年第 3 期，第 32 页；长江水利委员会文物考古队：《南水北调中线工程丹江口水库淹没区文物调查概况》，《江汉考古》1996 年第 2 期，第 60—65、53 页；余西云、赵新平：《淅川县马岭新石器时代至清代遗址》，《中国考古学年鉴 2010》，文物出版社，2011 年，第 285—286 页；武汉大学历史学院考古学系、河南省文物局南水北调办公室、河南省文物考古研究院：《河南淅川县马岭遗址煤山文化遗存的发掘》，《考古》2020 年第 2 期，第 34—49 页。

⑤ 梁法伟：《河南淅川龙山岗发掘取得重要收获》，《中国文物报》2009 年 10 月 23 日。

⑥ 河南省文物考古研究院、河南省文物局南水北调文物保护办公室：《河南淅川金营遗址新石器时代遗存发掘简报》，《中原文物》2022 年第 1 期，第 4—14 页。

⑦ 郑州大学历史学院考古系、河南省文物局南水北调文物保护管理办公室：《河南淅川申明铺东遗址文坎沟东地点龙山与西周遗存发掘简报》，《文物》2017 年第 3 期，第 4—18 页。

⑧ 首都师范大学历史学院、河南省文物局南水北调文物保护管理办公室、南阳市文物考古研究所：《河南省淅川县姚河遗址新石器时代遗存发掘简报》，《华夏文明》2020 年第 2 期，第 13—23 页。

⑨ 北京大学考古学系、南阳地区文物研究所：《河南邓州市八里岗遗址 1992 年的发掘与收获》，《考古》1997 年第 12 期，第 1—7 页；北京大学考古文博院、南阳地区文物研究所：《河南邓州八里岗遗址 1998 年度发掘简报》，《文物》2000 年第 11 期，第 23—31 页。

⑩ 中国社会科学院考古研究所长江工作队：《湖北均县乱石滩遗址发掘报告》，《考古》1986 年第 7 期，第 586—596 页。

⑪ 湖北省文物考古研究所：《丹江口彭家院遗址 2006 年发掘简报》，《湖北南水北调工程考古报告集（第二卷）》，科学出版社，2013 年，第 16—41 页；湖北省文物考古研究所：《丹江口彭家院遗址 2008 年发掘简报》，《湖北南水北调工程考古报告集（第三卷）》，科学出版社，2014 年，第 38—49 页。

⑫ 南京大学历史系考古学及博物馆学专业：《湖北省丹江口市南张家营遗址发掘简报》，《湖北南水北调工程考古报告集（第一卷）》，科学出版社，2013 年，第 48—67 页。

寺①、青龙泉②、店子河③、辽瓦店子④、郭家道子⑤，襄阳市牌坊岗⑥、肖沟⑦，方城县平高台遗址⑧等（图2）。

（一）下寨遗址

下寨遗址位于河南省南阳市淅川县滔河乡下寨村北，地理坐标为东经111°16′13″，北纬33°16′13″，海拔高度为159～165米。北临丹江，东南靠滔河，位于两河的交汇之处，周围群山环抱，地处盆地之中，地势平坦。1975年淅川县文管会调查时首次发现该遗址，1984年全省文物普查对其进行了确认。2008年河南省文物考古研究所对其进行了考古发掘，至2013年发掘工作全部结束。遗址总面积60万平方米，共发掘面积19 000平方米，其中龙山晚期遗存主要分布在遗址的西南部，发掘面积约3000平方米。

下寨遗址发现的龙山晚期遗迹包括灰坑181座、墓葬27座、瓮棺45座、灰沟5条及陶窑1座。出土遗物主要有陶、石、骨器等，其中以陶器占绝大多数。陶器器形主要有罐、瓮、鼎、豆、钵、釜、器盖、圈足盘、盆等，陶质以夹砂陶最多，泥质次之，部分因陶土淘洗不净或未经淘洗形成夹砂陶。陶色以灰、褐色为主，黑、红色次之。除部分素面陶外，纹饰中以竖或斜篮纹占绝对优势，此外还有少量弦纹、方格纹、按窝等。

① 中国社会科学院考古研究所：《青龙泉与大寺》，科学出版社，1991年，第185-197页；湖北省文物考古研究所、湖北省文物局南水北调办公室：《湖北郧县大寺遗址2006年发掘简报》，《考古》2008年第4期，第3-13页。

② 武汉大学考古系、湖北省文物考古研究所：《湖北郧县青龙泉遗址2008年度发掘简报》，《江汉考古》2010年第1期，第15-31页。

③ 武汉大学考古系、湖北省文物局南水北调办公室：《湖北郧县店子河遗址发掘简报》，《考古》2011年第5期，第16-30页；湖北省文物局、湖北省移民局等：《郧县店子河遗址》，科学出版社，2020年，第103-112页。

④ 武汉大学考古与博物馆学系：《郧县辽瓦店子遗址》，《湖北省南水北调工程重要考古发现Ⅰ》，文物出版社，2007年，第116-123页；湖北省文物研究所：《郧县辽瓦店子遗址2007年的发掘》，《湖北省南水北调工程重要考古发现Ⅱ》，文物出版社，2010年，第180-186页；王然、傅玥：《湖北郧县辽瓦店子遗址夏商时期文化遗存》，《石泉先生九十诞辰纪念文集》，湖北人民出版社，2007年，第170-199页；湖北省文物考古研究所：《郧县辽瓦店子遗址2007年度发掘简报》，《湖北南水北调工程考古报告集（第四卷）》，科学出版社，2014年，第205-224页。

⑤ 湖北省文物考古研究所：《郧县郭家道子遗址2010年度发掘简报》，《湖北南水北调工程考古报告集（第四卷）》，科学出版社，2014年，第261-281页。

⑥ 襄樊市考古队：《襄樊市牌坊岗新石器时代遗址发掘简报》，《江汉考古》2007年第4期，第3-11页。

⑦ 武汉大学历史学院、湖北省文物局南水北调办公室：《湖北郧县肖沟遗址发掘简报》，《江汉考古》2019年第4期，第3-12页。

⑧ 韩朝会：《平高台遗址》，《河南省南水北调中线工程文物保护项目年报（2007）》，河南省文物局内部资料，第28页。

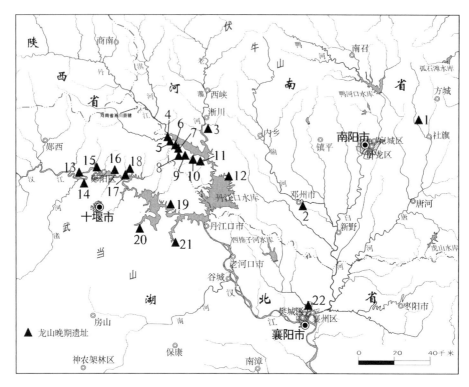

1. 平高台;2. 八里岗;3. 沟湾;4. 下寨;5. 金营;6. 申明铺;7. 水田营;8. 龙山岗;9. 六叉口;
10. 下王岗;11. 马岭;12. 姚河;13. 店子河;14. 辽瓦店子;15. 大寺 16. 青龙泉;17. 肖沟;18. 郭家道
子;19. 乱石滩;20. 彭家院;21. 南张家营;22. 牌坊岗。

图2　豫西南鄂西北地区龙山晚期遗址分布

(二)水田营遗址

水田营遗址位于河南省南阳市淅川县滔河乡水田营村,地处闹峪河、丹江交汇处
的台地上,与其南部的龙山岗遗址隔河相望,闹峪河由南向东、北绕遗址流过。
1976年淅川县文管会调查时发现该遗址,1983年公布为县级文物保护单位。1994由
河南省文物考古研究所、淅川县文化局进行调查,2003年复查,2004年核查并勘探。
2007年10月—2008年12月由河南省文物考古研究所对该遗址进行考古发掘,共发
掘面积3800平方米。

水田营遗址面积约1万平方米,堆积厚度约2.5米,其中龙山晚期堆积在遗址中
分布较为普遍,仅1层。龙山晚期遗迹主要为灰坑,还有少量瓮棺葬。龙山晚期遗物
主要有陶器、石器等。陶器以夹砂和泥质灰、褐陶为主,还有部分黑、红陶。器形有

罐、鼎、高领瓮、矮领瓮、钵、盆、豆、圈足盘、杯、器盖、器座等。除少量素面陶外，纹饰以竖或斜篮纹、弦断篮纹为主，方格纹、弦纹、按窝、戳印纹等较少。

（三）乱石滩遗址

乱石滩遗址位于湖北省丹江口市（原均县）东 7.5 公里汉水北岸的香炉碗小山南麓缓坡上，东边正当一条注入汉水的大沟出口处，再往东为乱石滩村（又名邹家庄）。缓坡南部边缘是一断崖，其下为江边沙滩。由于遗址南部边缘接近江边，长期受汉水的冲刷，故而保存面积较小，仅余约 600 平方米。1958 年，中国社会科学院考古研究所长江工作队在配合丹江口水库工程的考古调查时发现该遗址，1958 年 11 月—1959 年 4 月先后对该遗址进行了小规模的发掘，共发掘探沟 11 条，面积 146 平方米。

遗址文化堆积厚达 1.8 米，共有文化堆积 3 层，分别为耕土层、"上层文化"层及仰韶文化层。其中龙山晚期遗存（即原报告"上层文化"层）共发现灰坑 1 座，墓葬 4 座，出土遗物有陶、石、骨器等，以陶器为主。陶器器形主要有鼎、斝、鬶、甗、碗、盆、盘、豆、簋形器、罐、瓮、杯、器盖、器座，此外还有纺轮、陶鸟等。陶器质地分为泥质和夹砂两大类，泥质陶陶土较粗，似未经淘洗。陶色中以夹砂黑褐陶最多，泥质黑陶、灰陶次之，夹砂灰陶及红陶较少。陶器多为手制，主要为泥条盘筑法，个别器形如鬶、斝等可能采用模制。纹饰中除较多的素面及一些磨光外，以篮纹最多，还有少量绳纹、方格纹、弦纹、按窝、刻划纹等。

（四）大寺遗址

大寺遗址位于湖北省十堰市郧阳区（原郧县）城关镇后殿村，南距汉水仅 40 余米，汉水自西北向东南流经遗址的南面，堰河环绕遗址的北、西面而后注入汉水，中间形成三角形的二级阶地，遗址就坐落在阶地上，地势高出河床 12 余米。遗址的地势东高西低，阶地南、北边缘被河水冲刷成陡峭的断崖。遗址面积最初为 5000 平方米，1958 年原襄阳专属文化局进行文化普查时发现该遗址，同年 12 月至 1964 年 4 月，中国社会科学院考古研究所长江工作队先后对其进行 5 次发掘。2006 年再次进行发掘时遗址大部分已被汉水冲毁，仅残存 2000 平方米，六次共发掘 1745 平方米。

遗址中龙山晚期遗迹有灰坑 21 座，墓葬 1 座，瓮棺葬 2 座。出土遗物有陶、石、骨、蚌器等，以陶器为主。陶器陶质分为泥质和夹砂两大类，以夹砂灰陶最多，泥质红陶和灰陶次之,再次为泥质黑陶,夹砂红陶最少。器形主要有盆、罐、鼎、豆、盘、盉、杯、瓮、器盖及器座等。除素面与磨光外,纹饰以篮纹较多,弦纹次之,其余还有少量按窝、绳纹、附加堆纹、方格纹、划纹及镂孔等。制法以泥条盘筑法为主,也有部分为轮制,制作较精细,多经慢轮修整。

（五）下王岗遗址

下王岗遗址位于河南省南阳市淅川县西南 35 公里的宋湾镇下王岗村东红石岗上,东、北、南三面临丹江,北距淅川县旧城(今已没于水下)6 公里。遗址位于丹江(今丹江口水库)旁的台地上,四周受河水侵蚀,现存面积较小,仅约 6000 平方米。

下王岗遗址位于丹江口水库的淹没区内,最早于 1971 年 5 月由河南省博物馆文物工作队对其进行了试掘,共发掘 3 个探沟,发掘面积 60 平方米。1971 年 11 月再次对该遗址进行发掘,发掘面积 700 平方米。1974 年 4 月继续对遗址进行发掘,至 1974 年 6 月共发掘面积 2309 平方米。2008—2010 年,中国社会科学院考古研究所山西工作队再次对下王岗遗址进行了钻探和发掘,发掘面积 3002 平方米。至此,该遗址基本被全面揭露出来。

三次发掘共发现龙山晚期遗迹有灰坑 328 座、墓葬 83 座(其中瓮棺葬 50 座)、陶窑 4 座、灶 9 处、房址 3 座、灰沟 10 条。出土遗物主要为陶、石、骨、蚌器,以陶器数量最多。陶器以泥质黑陶居多,夹砂灰陶次之,泥质和夹砂棕陶较少。器形主要有罐、鼎、钵、碗、豆、杯、盘、甑、盆、瓮、缸、壶、器盖等。纹饰以篮纹、绳纹为主,方格纹、弦纹、附加堆纹次之,见有部分花边装饰,素面较少。陶器制作普遍使用轮制方法,小型器或复杂的器皿仍用手制。

（六）八里岗遗址

八里岗遗址位于河南省邓州市东约 4 公里处白庄村北,坐落在湍河南岸的二级台地上,湍河在遗址北面自西向东流过。遗址高出周围 3～4 米,东西长约 250 米,南北宽约 200 米,面积 5 万～6 万平方米。八里岗遗址最早发现于 1957 年,20 世纪 70 年代末至 80 年代初南阳地区文物普查时曾对其进行过调查,并公布为县级文物保护单位。对该遗址的试掘始于 1991 年,此后 1992 年、1994 年、1996 年及 1998 年北京大学考古文博学院和南阳地区文物研究所先后五次进行发掘。进入 21 世纪后,在 2000 年、2007—2008 年、2010—2011 年三次对该遗址进行发掘,以上九次发掘共揭露面积 6750 平方米。在这九次发掘中,1992 年、1998 年、2007—2008 年及 2011 年的四次发掘中发现有龙山晚期遗存,但仅 1992 年和 1998 年的发掘资料公开发表。

八里岗遗址第四期遗存为龙山晚期遗存,它叠压于石家河文化遗存之上。龙山晚期遗迹主要为灰坑,出土遗物主要为陶器,器形有鼎、罐、瓮、圈足盘、盆、豆和壶等。从公布的少量陶器来看,纹饰以篮纹、方格纹为主,还有少量绳纹、刻划纹等。

（七）沟湾遗址

沟湾遗址位于河南省南阳市淅川县上集镇张营村沟湾组东,原名下集遗址,遗址地处老灌河的二级台地上,西距老灌河仅 800 米,东西长约 310 米,南北宽约 190 米,面积近 6 万平方米。2007—2009 年,郑州大学历史学院考古系对该遗址进行了勘探和发掘,发掘面积 5000 平方米。

龙山晚期遗存在该遗址中普遍分布,发现有房址、灰坑、墓葬（瓮棺）等遗迹。出土遗物主要为陶器和石器,陶器以泥质陶为主,夹砂陶次之;陶色以灰陶为主,黑陶次之,还有部分褐陶和褐胎黑皮陶,红陶很少。器表多素面,纹饰以篮纹为主,弦纹次之,方格纹、绳纹和附加堆纹较少。器形主要有罐、鼎、瓮、豆、钵、碗、器盖等。

（八）金营遗址

金营遗址位于河南省南阳市淅川县滔河乡金营村北,地处丹江和滔河交汇处,西与下寨遗址隔滔河相望。2011 年由河南省文物局南水北调文物保护经费资助的"丹淅流域（丹江库区）考古学区域系统调查与研究"项目在实施过程中发现该遗址。2013 年 3 月,河南省文物考古研究院开始对其进行考古勘探和发掘,发掘面积 2000 平方米。初步勘探表明,遗址面积约 8 万平方米,堆积厚度 0.5～2.8 米,其中龙山晚期堆积仅 1 层。

遗址中发现龙山晚期灰坑 37 座,灰沟 1 条。出土遗物主要为陶器,以夹砂和泥质灰、褐陶为主。器形主要有罐、鼎、瓮、圈足盘、釜、瓮等。除部分素面外,陶器纹饰以竖或斜篮纹为主,还有少量按窝、弦纹等。

（九）马岭遗址

马岭遗址位于河南省南阳市淅川县盛湾镇贾湾村马岭自然村,地处丹江与老灌河（古淅水）交汇处西南的临江台地上。1957 年,河南省文物局工作队调查发现了该遗址,1975 年淅川县文化馆对其进行了试掘,发掘面积 175 平方米。2007—

2009年,武汉大学考古学系和河南省文物考古研究所为配合南水北调中线工程对该遗址先后进行了三次发掘,发掘面积9200平方米,发现了龙山晚期遗存。

马岭遗址发现有龙山晚期文化层,龙山晚期遗迹主要包括房址、灰坑、灶、灰沟、瓮棺等。出土遗物以陶器为主,夹砂灰陶为大宗,泥质灰陶次之,还有一定数量的黑皮陶。陶器以素面居多,纹饰以篮纹为主,方格纹次之,还有少量绳纹和弦纹。器形有鼎、釜、圆腹罐、深腹罐、小口高领瓮、圈足盘、器盖等。

(十)申明铺东遗址(文坎沟东地点)

申明铺东遗址位于河南省南阳市淅川县滔河乡申明铺村东北。2012年6月,郑州大学历史学院考古系对该遗址进行考古勘探与发掘,在遗址西北约1500米的文坎村下河路沟东部发现一片墓地(文坎沟东地点),该地点位于丹江右岸的二级阶地上,面积近1万平方米。2012年11月—2013年1月,郑州大学历史学院考古系对该地点进行发掘,发掘面积4000平方米,发现有龙山晚期遗存。

文坎沟东地点的龙山晚期遗迹仅有灰坑,出土陶片中泥质陶稍多于夹砂陶,陶色以灰色为主,纹饰以篮纹最常见,还有少量方格纹、弦纹及按窝。可辨器形主要有鼎、罐、瓮、盆、圈足盘、器座等。

(十一)姚河遗址

姚河遗址位于河南省南阳市淅川县香花镇土门村南约500米姚河西岸的台地上,面积约24万平方米。2012年4月至6月,首都师范大学历史学院联合南阳市文物考古研究所对该遗址进行了抢救性发掘,发现有龙山晚期遗存。

由于被后代破坏,遗址中不见龙山晚期遗迹,仅有陶器、石器等遗物散布于地层之中,陶器陶色以灰陶、红陶、黑陶为主,器表多素面,纹饰中多见篮纹、附加堆纹、方格纹、弦纹。器形主要有鼎(足)、瓮、罐、盆、豆、圈足盘等。

(十二)青龙泉遗址(梅子园区)

青龙泉遗址(梅子园区)位于湖北省十堰市郧阳区(原郧县)杨溪铺镇财神庙村五组,西距原郧县县城约10公里,北距209国道300米。遗址坐落在汉水北岸、玉钱山南麓的二级台地上,现为丹江口水库河漫滩,现存面积约4.5万平方米。2008年4月至10月,"2008南水北调工程湖北库区田野考古培训班"和武汉大学考古系2006级本科实习师生先后在青龙泉遗址梅子园地点北部进行了发掘工作,发现有龙山晚期遗存,发掘面积 1600 平方米。

龙山晚期遗存主要分布于发掘区南部、东部和西北部的少数探方内,不见地层堆积,共发现灰坑 9 座,灰沟 1 条,灶 1 处,瓮棺葬 1 座。出土遗物主要有陶、石、骨器。其中陶器分泥质和夹砂两大类,以泥质灰、黑陶为主,其次为夹砂灰、黑陶。器形有鼎、圈足盘、罐、瓮、釜、豆、碗、瓮、钵、杯、壶等。除素面外,纹饰主要有篮纹、弦纹、附加堆纹及刻划纹。

(十三)店子河遗址

店子河遗址位于湖北省十堰市郧阳区(原郧县)青曲镇店子河村,地处汉水北岸的二、三级台地上,海拔 150～158 米。武汉大学考古系于 2008—2011 年对其进行了两次发掘,发掘区域主要位于遗址的西部和中部,发掘面积 5120 平方米。共发现龙山晚期灰坑 5 座、瓮棺 2 座。龙山晚期陶器以夹砂灰褐陶为主,素面稍多,最主要的纹饰为篮纹,此外还有少量绳纹、弦纹。器形有罐、釜、圈足盘、豆、瓮、鼎足、盉等。

(十四)牌坊岗遗址

牌坊岗遗址位于湖北省襄阳市高新技术开发区米庄镇米庄村七组东侧的岗地上,地势起伏不大,较开阔。遗址南距汉水约 11.5 千米,东距唐白河约 12 千米,西距小清河约 3.8 千米。2004 年襄阳高新技术开发区建设汽车工业园道路等基础设施时发现该遗址。经初步调查可知遗址面积约 1.2 万平方米,堆积较薄,现存部分呈片状分布。2004 年,襄樊市考古队对遗址被压在道路下且文化层相对集中的区域进行了考古发掘,共发掘 175 平方米。

遗址中龙山晚期遗迹主要有灰坑 2 座、房址 1 座,出土遗物有陶器和石器两类。陶器以泥质陶为大宗,夹砂陶较少,陶色以灰陶最多,红陶次之,褐陶较少。器形主要有鼎、罐、瓮、豆、器盖、碗、圈足盘等。陶器中素面陶几乎占一半,纹饰以绳纹为主,还有部分篮纹、叶脉纹、方格纹、按窝等。

(十五)辽瓦店子遗址

辽瓦店子遗址位于湖北省十堰市郧阳区(原郧县)柳陂镇辽瓦村四组,东北距原郧县县城 12.5 公里,东南距十堰市 10 公里,中心地理坐标为东经 110°41′49″,北纬 32°47′18″。遗址北临汉水,东、南、西三面低山环绕,形成一地势平缓的盆地,海拔 153～174 米,面积 10 万～12 万平方米。1994 年在调查中首次发现辽瓦店子遗址,

2005年3月—2007年1月,武汉大学历史学院考古与博物馆学专业及湖北省文物考古研究所分别对该遗址进行了发掘,发掘面积6100平方米。2007年3—10月,湖北省文物考古研究所对遗址西区南部进行了发掘,发掘面积2100平方米。

2005年3月—2007年1月发掘的第一期遗存中陶器以夹砂陶居多,陶色主要为灰色,纹饰以篮纹、绳纹为主,还有部分方格纹、弦纹、附加堆纹、按窝等,器形主要有鼎、釜、罐、豆、圈足盘、鬶等。发掘者认为其年代为煤山二期至二里头文化一期。2007年3—10月发掘的第二期遗存陶器以夹砂陶居多,以褐陶为主,灰、红陶次之,纹饰以篮纹为主,其次为素面,还有少量弦纹、附加堆纹、绳纹、戳印纹等,器形主要有鼎、瓮、罐、圈足盘、豆、盆、钵等。发掘者认为其与乱石滩文化属于同类遗存。

(十六)肖沟遗址

肖沟遗址位于湖北省十堰市郧阳区(原郧县)安阳镇小沟村,处于汉水支流崛峪河西岸的二级台地上,2012年5—6月,武汉大学历史学院考古系对其进行了发掘,发掘面积900平方米。该遗址中龙山晚期堆积分布范围很小,没有发现遗迹,只出土了少量陶、石器。陶器中以夹砂灰陶、灰褐陶最多,纹饰以篮纹为大宗,器形主要有鼎、釜、圈足盘、罐等。

(十七)彭家院遗址

彭家院遗址位于湖北省丹江口市六里坪镇蒿口村彭家湾,遗址东依老虎山,西南抵大桥河,海拔159～168米,现存面积1万平方米。2006—2008年,湖北省文物考古研究所对该遗址进行了发掘,发掘面积3650平方米。其中发现的"石家河文化遗存",以夹砂陶为主,陶色以黑皮陶最多,纹饰主要是篮纹,还有少量方格纹、弦纹、戳印纹、附加堆纹、绳纹等。器形主要有鼎、罐、釜、盆、豆、鬶等。发掘者认为其年代为石家河文化晚期或后石家河文化时期,下限已接近二里头时期。

(十八)郭家道子遗址

郭家道子遗址位于湖北省十堰市郧阳区(原郧县)安阳镇槐树村,南距汉水5千米,东南各有一条小河在遗址南部汇合,称汉河。遗址海拔168～172米,总面积近4万平方米。2010年,湖北省文物考古研究所对该遗址进行了第二次发掘,发掘面积1975平方米。发现的第一期遗存陶器以泥质陶为主,夹砂陶次之,泥质陶以黑陶为主,灰陶次之,夹砂陶以红陶为主,黄陶次之,纹饰以素面为主,篮纹次之,另有少量方格纹、绳纹、凹弦纹、按窝等,以鼎、瓮、罐、豆、盆、钵等为基本器物组合。发掘者认为其属于乱石滩文化范畴。

（十九）南张家营遗址

南张家营遗址位于湖北省丹江口市浪河镇戴湾村,处于浪河河谷地带,海拔152～163米。该遗址1958年被发现,2006年11月—2007年1月,南京大学历史系考古学及博物馆学专业对其进行了发掘,发掘面积2168平方米。发掘中发现新石器时代灰坑2座,出土了夹砂灰陶、泥质褐陶和橙黄陶片,纹饰主要有绳纹、篮纹、弦纹,器形主要为侧装三角形高足鼎、圈足盘、大口罐、高柄豆、杯等。发掘者认为其陶器与屈家岭文化晚期和中原龙山文化有较多的一致性。

除以上遗址外,豫西南鄂西北地区的淅川六叉口、方城平高台、邓州杨岗、广水市机场村、老河口市上河等遗址也经过发掘并发现有龙山晚期遗存,但具体材料尚未公布。

二、典型遗址的分组

考古学文化的分期应建立在对经过较大规模发掘、层位关系清晰、遗存较丰富的重要遗址进行分析的基础之上。本书选择豫西南鄂西北地区经过科学发掘的、面积较大、遗存较丰富的遗址中出土的使用率高、变化快、时代性强的龙山晚期陶器作为研究对象,通过对其进行地层学、类型学的分析,继而进行分组。

（一）下寨遗址

关于下寨遗址龙山晚期遗存,王洪领在其硕士论文中分为三段三组[①],本书通过对材料的重新梳理分析,对该遗址龙山晚期遗存的分组存在与王文不同的认识。

下寨遗址发现的龙山晚期遗存从探方的分布来看,可分为东、中、西三区。其中西区分布探方4个,中区分布探方9个,东区分布探方17个。

西区:共4个探方,分别为T0103、T0104、T0204、T0205,有龙山晚期地层堆积1～2层,多叠压在生土之上,被东周文化层叠压。本区共发现龙山晚期遗迹29个,其中灰坑24座,灰沟2条,墓葬1座,瓮棺2座。

---

① 王洪领:《淅川下寨遗址龙山晚期遗存及相关问题研究》,郑州大学硕士学位论文,2013年,第11页。

观察该区各探方龙山晚期遗存的叠压打破关系(用→表示),排除不见遗物的单位后,其层位关系主要有以下4组。

(1)T0103

(2)T0104

(3)T0204

(4)T0205

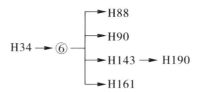

在这4组层位关系中,排除部分遗物较少或者所出器物不能直接类比的单位,并根据相邻探方的层位对照关系进行串联,可合并为以下1组层位关系。

H233
H287 → T0103⑥ → T0103⑦
H143 → H190
H161

根据这些单位之间的叠压打破关系和各单位出土陶器的类型学排比,可将其分为2组。

第1组:主要有 H190、H143、H161 及 T0103⑦等单位。

第2组:主要有 H287、H233 及 T0103⑥等单位。

根据层位关系可知,第1组年代较早,第2组年代稍晚。

中区:共有9个探方,分别为 T0704、T0705、T0706、T0804、T0805、T0806、T0904、

T0905、T0906。中区各探方均有龙山晚期地层堆积1~2层,叠压在生土之上,被汉代或东周文化层叠压。本区共发现龙山晚期遗迹125个,其中灰坑119座,灰沟3条,墓葬2座,瓮棺1座。

观察本区各探方龙山晚期遗存的叠压打破关系,排除不见遗物的单位后,其层位关系共有以下8组。

（1）T0704

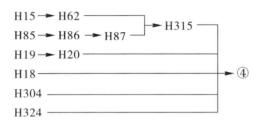

（2）T0705

（3）T0706

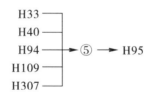

（4）T0804

（5）T0805

（6）T0904

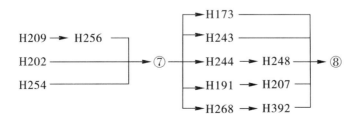

（7）T0905

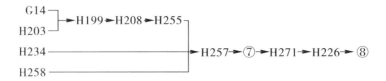

（8）T0906

在这 8 组层位关系中，排除部分遗物较少或者所出器物不能直接类比的单位，并根据相邻探方的地层关系进行串联，可合并为以下 4 组层位关系。

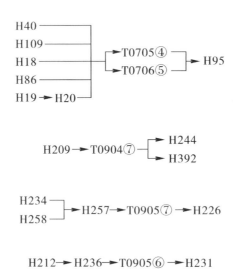

根据这些单位之间的叠压打破关系及各单位出土陶器的类型学排比，可将其分为 3 组。

第 1 组：主要有 H95、T0706⑤、T0805⑤及 T0705④等单位。

第 2 组：主要有 H18、H20、H86、H244、H314、H226、H231 及 H327 等单位。

第 3 组：主要有 H19、H40、H109、H209、H257、H234、H258、H212 及 H236 等单位。

根据层位关系可知，第 1 组最早，第 2 组次之，第 3 组最晚。

东区：有 17 个探方，分别为 T1405、T1406、T1407、T1505、T1506、T1507、T1508、T1605、T1606、T1607、T1608、T1705、T1706、T1707、T1708、T1709、T1810。本区各探方均有龙山晚期地层堆积 1 层，叠压于生土之上，被东周文化层叠压。本区共有龙山晚

期遗迹 105 个,其中墓葬及瓮棺葬较多,分布较为密集,灰坑及其他遗迹则较少。其中墓葬 24 座,瓮棺 42 座,灰坑 38 座,陶窑 1 座。

观察本区各探方龙山晚期遗存的叠压打破关系,排除不见遗物的单位后,其层位关系有以下 10 组,每组从上到下的关系顺序如下。

（1）T1405

$$④ \longrightarrow H384$$

（2）T1406

$$\begin{matrix} H172 \longrightarrow \\ H193 \longrightarrow H343 \end{matrix} \longrightarrow ⑤ \longrightarrow H290$$

（3）T1407

$$H323 \longrightarrow ⑤$$

（4）T1505

$$H395 \longrightarrow ④$$

（5）T1506

$$H413 \longrightarrow H419 \longrightarrow ④$$

（6）T1507

$$W37 \longrightarrow ⑤$$

（7）T1508

$$H359 \longrightarrow H382 \longrightarrow ⑤$$

（8）T1605

$$④ \longrightarrow H400$$

（9）T1606

$$H415 \longrightarrow ⑤$$

（10）T1607

$$W11 \longrightarrow ④$$

在这 10 组层位关系中,排除部分遗物较少或者所出器物不能直接类比的单位,并根据相邻探方的地层关系进行串联,可合并为以下 1 组层位关系。

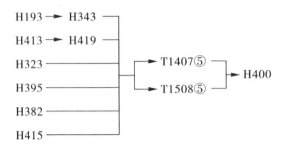

根据这些单位之间的叠压打破关系及各单位出土陶器的类型学排比,可将以上遗存分归为 1 组:主要有 H323、H343、H413、H382 及 H419 等单位。

通过观察可知,下寨遗址三个区六组龙山晚期的陶器组合基本相同,各区各组之间的不同之处主要在典型器物的形态演变上。现将这六组陶器进行对比并进行整个遗址的综合分组,以明确其对应关系(图 3)。

西区第 1 组出土陶器较为丰富,从器形上看主要有中口罐、豆、瓮、釜、深腹盆、钵形盆等。其中以中口罐数量最多,整体较为粗笨,折沿,折棱处较为圆滑,多自沿以下饰较浅的篮纹。瓮、豆均为泥质,瓮类肩部为圆肩或鼓肩,豆的豆盘直口,腹稍深。釜呈垂鼓腹状,圜底,口径小,最大腹径靠下。深腹盆折沿,鼓腹,钵形盆敞口,斜弧腹。中区第 1 组出土陶器种类、数量较少,多为中口罐、钵形盆、瓮,其整体特征与西区第 1 组相似,如中区第 1 组 T0706⑤:4 中口罐,侈口,折沿,折棱处较为圆滑,鼓腹,饰竖篮纹,与西区第 1 组 H161②:4 中口罐基本相同。因此,西区第 1 组与中区第 1 组应基本属于一个时期。

中区第 2 组遗存较之第 1 组,无论是器形还是数量都大大增加。从器形上看此组遗存仍以中口罐数量最多,同时鼎也开始较多出现,此外还有大口罐、瓮、豆、圈足盘、深腹盆、钵形盆、釜等器物与中口罐、鼎共同组成本组的基本陶器组合。中口罐多为折沿,折棱处较明显。鼎多为侧装高足罐形鼎,鼎足为三角形,足身较粗大,上下宽度差较大。小口高领瓮领部斜直,部分唇部外撇,圆肩或鼓肩。矮领瓮领部较直,广肩。豆侈口,豆盘稍浅。釜口径变大,最大腹径上移。相似的陶器在西区第 2 组也存在,但数量不及中区丰富。如西区第 2 组 H233:19 鼎足与中区第 2 组 H314:2 鼎足相似。西区第 2 组 T0104⑥:1 矮领瓮直口,与中区第 2 组 H324:12 矮领瓮相同。西区第 2 组 H233：17 小口高领瓮领部稍斜，唇部略外撇，与中区第 2 组 H20③：6 小口高领瓮接近。因此西区第 2 组的年代应基本与中区第 2 组相当。

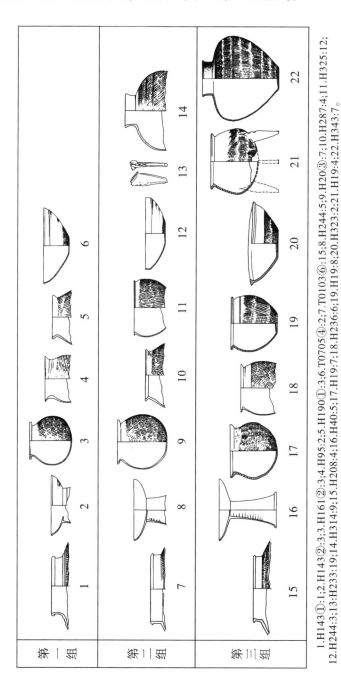

图3 下靳遗址龙山晚期陶器分组

1.H143①:1;2.H143②:3;3.H161②:3;4.H95:2;5.H190①:3;6.T0705④:2;7.T0103⑥:15;8.H244:5;9.H20③:7;10.H287:4;11.H325:12;12.H244:3;13.H233:19;14.H314:9;15.H208:4;16.H40:5;17.H19:7;18.H236:6;19.H19:8;20.H323:2;21.H19:4;22.H343:7。

中区第3组陶器数量仍较多,在器类上与该区第2组相比没有明显变化,仍以中口罐、鼎、大口罐、瓮、豆、圈足盘、深腹盆、钵形盆、釜等为基本陶器组合,但器形局部有所变化。如中口罐折棱更突出,多形成小钩。矮领瓮领部内敛,肩部进一步变广。小口高领瓮直领,广肩。鼎足整体变纤细,上下宽度差变小,部分足尖向外撇。釜最大径继续上移,基本在中腹部。豆敞口,豆盘浅。东区第1组陶器整体特征与中区第3组接近,如东区第1组H323②:1矮领瓮领部内敛,广肩,与中区第3组H208:4矮领瓮相同,东区第1组H343:8鼎呈垂腹罐形,折沿,折棱处突出呈钩状,鼎足瘦削,与中区第2组H19:5鼎相似。因此东区第1组与中区第3组应基本属于一时期。

通过对下寨遗址各区各组出土龙山晚期陶器进行对照,可将其分为三组(表1)。第一组包括西区第1组、中区第1组;第二组包括西区第2组、中区第2组;第三组包括中区第3组和东区第1组。其中第一组器形不甚丰富,但已基本形成了以中口罐、瓮、豆、釜、深腹盆、钵形盆等为基本陶器组合的风格。第二、三组的陶器组合与第一组基本相同,同时鼎、大口罐、豆等器物的较多出现丰富了这两个时期的文化面貌。从陶器形态演变来看,这三组的主要器形整体演变一脉相承,这种变化是同一种考古学文化发展的不同阶段的体现。

表1 下寨遗址龙山晚期遗存分组对应

组别	西区	中区	东区
第一组	第1组	第1组	—
第二组	第2组	第2组	—
第三组	—	第3组	第1组

(二)水田营遗址

水田营遗址龙山晚期遗迹一般打破龙山晚期堆积或开口于龙山晚期堆积下,遗迹间打破叠压关系较少,且各单位出土陶器特征较为一致。综合层位关系及各单位出土陶器的类型学排比,可将水田营龙山晚期遗存归为1组,以T1005⑤、T1006⑤、H180、H198、H212等单位为代表(图4)。

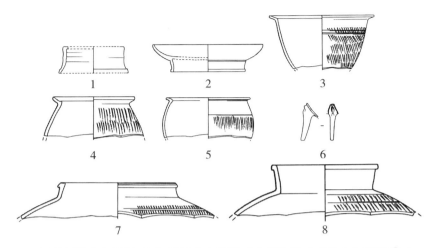

1. T0806⑤:8;2. H203:16;3. H212:8;4. H190:5;5. H89:11;6. H81:1;7. T1206④:7;
8. H232:8。

图4　水田营遗址龙山晚期陶器分组

（三）乱石滩遗址

乱石滩遗址的"上层文化"层及部分遗迹单位为龙山晚期遗存,发掘者认为属于乱石滩文化,也有学者指出所谓的"上层文化"层其实还能细分。[①] 根据公布的材料可知,乱石滩遗址"上层文化"层主要有4组层位关系。

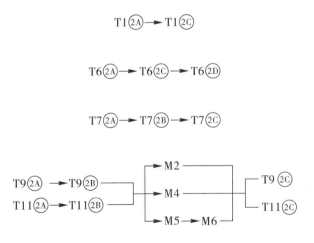

---

① 樊力:《乱石滩文化初论》,《江汉考古》1998年第4期,第41-48页;王洪领:《淅川下寨遗址龙山晚期遗存及相关问题研究》,郑州大学硕士学位论文,2013年,第21页。

根据典型单位的层位关系及各单位出土陶器的类型学排比,可将其分为两组。

第一组:主要有 T1 ㉒、T5②、T6 ㉑、T7 ㉘、T7 ㉒、T9 ㉒、T11 ㉒、M2、M4、M5 和 M6 等单位。其中以 T6 ㉑、T7 ㉘、T7 ㉒、T9 ㉒、T11 ㉒、M2、M4、M5 和 M6 为代表。

第二组:主要有 T1 ㉔、T3 ㉔、T6 ㉔、T6 ㉒、T7 ㉔、T8②、T9 ㉔、T9 ㉘、T10 ㉘、T11 ㉔和 T11 ㉘等单位。其中以 T6 ㉒、T7 ㉔、T9 ㉔、T9 ㉘、T11 ㉔、T11 ㉘和 T8②为代表。

依据层位关系可知,第一组年代较早,第二组年代略晚。

通过对各组所出遗物观察可知,乱石滩遗址龙山晚期第一组主要器形包括陶塑、红陶杯、釜、鬼脸鼎足、横装宽扁鼎足以及横篮纹的碗等,第二组主要器形有瓮、中口罐、豆、器盖、侧装三角形鼎足以及圈足盘等。与第一组相比,第二组中陶塑、红陶杯、鬼脸鼎足、宽扁鼎足等已基本不见,饰篮纹的瓮、罐为最主要器形,侧装三角形鼎足也较多出现(图5)。两组之间在器物种类上有较大差别,器形也不存在明显的演变规律。这虽然一定程度上与该遗址发掘面积过小,资料获取受限有关,但也反映出两组之间没有明显的承袭、演变关系,因此这两组应属于不同的考古学文化。

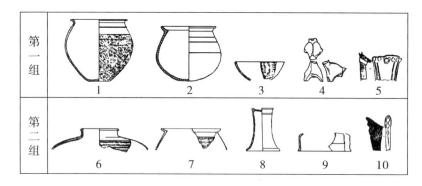

1. M5:2;2. M6:4;3. T11 ㉒:7;4. T7 ㉘:9;5. T9 ㉒:38;6. T8②:5;7. T6 ㉔:21;8. T7 ㉔:6;9. T11 ㉘:3;10. T8②:14。

图5 乱石滩遗址龙山晚期陶器分组

(四)大寺遗址

大寺遗址的发掘者将1958—1964年发掘的龙山晚期地层堆积分为 A、B、C 三小层,但公布的部分遗物没有具体指出属于哪些小层,并且大多数灰坑也没有介绍开口层位,给分组带来一定的困难。但仔细观察出土陶器,发现它们明显可分为两类,且这两类器物基本不共出。据此,可将大寺遗址龙山晚期遗存分为两组。

第一组:主要有 T13③A、T14③A、H6、H10、H11 和 H12 等单位,其中以 T14③A、H6、H11 和 H12 为代表。

第二组:主要有 H5、H8、H22、T6②和 T7②等单位。此外,大寺遗址 2006 年发掘的龙山晚期遗存文化因素较为单纯,和第二组一致,也归入该组,主要有 H109、H160 和 H15 等单位。

大寺遗址的两组器物中,第一组主要器形包括盆形鼎、釜、圈钮斜壁器盖、红陶杯等,陶器大多为素面。第二组主要器形有侧装三角形高足鼎、瓮、钵形盆、中口罐等,纹饰以斜篮纹、弦断篮纹为主(图 6)。可以看出,无论是器形还是装饰手法,两组之间都存在较大差别,之间也没有明显的演变规律。这反映出它们之间没有明显的承袭、演变关系,因此这两组应属于不同的考古学文化。

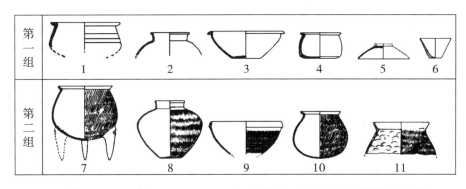

1. T14③A:46;2. T4②:86;3. H6:2;4. H6:4;5. H6:1;6. H10:11;7. T7②:11;8. H15:1;
9. T7②:40;10. H22:15;11. H109:10。

图 6　大寺遗址龙山晚期陶器分组

(五)下王岗遗址

1.20 世纪 70 年代发掘的龙山晚期遗存

关于 20 世纪 70 年代发掘的下王岗遗址龙山晚期遗存的认定,学术界存在不同意见。在最初发表的《河南淅川下王岗遗址的试掘》一文中,发掘者将遗址中的遗存分为早一期、早二期、中期、晚一期和晚二期,其中晚二期属于新石器时代的龙山文化,但和典型的河南龙山文化有一定的差异。[1] 稍后出版的《淅川下王岗》将遗址中

① 河南省博物馆长江流域规划办公室、河南省博物馆文物考古队河南分队:《河南淅川下王岗遗址的试掘》,《文物》1972 年第 10 期,第 6–15、28 页。

的遗存分为仰韶、屈家岭、龙山、二里头、西周文化五期,其中早先划分的晚二期为龙山文化。[1] 新近出版的《淅川下王岗:2008—2010年考古发掘报告》判断70年代初期所谓的二里头文化一期遗存实为遗址龙山文化时期最晚期遗存。[2] 其他学者的主要观点有:赵芝荃先生认为晚一期是河南龙山文化,晚二期属于二里头早期。[3] 李龙章先生判断晚一期为石家河文化,晚二期是二里头早期文化的一种地方类型。[4] 樊力先生认为晚二期属于乱石滩文化。[5] 董琦先生将龙山文化与二里头一期合并,归入二里头文化下王岗类型早期。[6] 常怀颖先生指出龙山时期本地考古学文化呈现出杂糅态势,没有一种考古学文化是绝对的主导力量,只是与日常生活最为贴近的炊器以石家河文化的因素稍占主导,而所谓的"二里头一期"实为王湾三期文化占据主导,直到二里头文化三期时,典型的二里头文化才空前膨胀。[7] 靳松安先生则将下王岗遗址龙山文化及二里头一期遗存归入王湾三期文化乱石滩类型范畴。[8]

通过对遗址发表资料的观察可知,遗址中屈家岭文化二期(晚一期)以横装宽扁足鼎、腰鼓形深腹罐、镂孔豆、喇叭形澄滤器、圈钮覆盘形器盖、红陶杯、高柄圈足杯等为典型陶器组合,纹饰以横篮纹、方格纹较多。与屈家岭一期(中期)以双腹豆、扁腹圈足杯、反梯形足盆形鼎、仰折沿罐等为典型陶器组合,器表基本素面,见少量彩陶的情况存在很大差别。屈家岭文化二期的典型器形及装饰方法更接近于石家河文化,如H5:14折沿罐与青龙泉T6④:17接近,H15:24腰鼓形罐与肖家屋脊H43①:5基本相同。因此原报告对这一类遗存的性质认定有误,应属石家河文化,年代早于本书所研究的龙山晚期遗存。

原报告的龙山文化和二里头一期文化虽公布了一部分遗存,但较多遗迹未公布具体开口层位,我们选择有明确层位关系,且有出土遗物的单位进行分析,得到有分

① 河南省文物研究所、长江流域规划办公室考古队河南分队:《淅川下王岗》,文物出版社,1989年,第230-263页。
② 中国社会科学院考古研究所:《淅川下王岗:2008—2010年考古发掘报告》,科学出版社,2020年,第354页。
③ 赵芝荃:《试论二里头文化的源流》,《考古学报》1986年第1期,第1-19页。
④ 李龙章:《下王岗晚二期文化性质及相关问题探讨》,《考古》1988年第7期,第638-644页。
⑤ 樊力:《乱石滩文化初论》,《江汉考古》1998年第4期,第41-48页;樊力:《丹江流域新石器时代遗存试析》,《江汉考古》1997年第4期,第27-37页;樊力:《豫西南地区新石器文化的发展序列及其与邻近地区的关系》,《考古学报》2000年第2期,第147-181页。
⑥ 董琦:《虞夏时期的中原》,科学出版社,2000年,第119页。
⑦ 常怀颖:《淅川下王冈龙山至二里头时期陶器群初探》,《四川文物》2005年第2期,第30-38页。
⑧ 靳松安:《河洛与海岱地区考古学文化的交流与融合》,科学出版社,2006年,第61页。

组意义的层位关系 5 组。

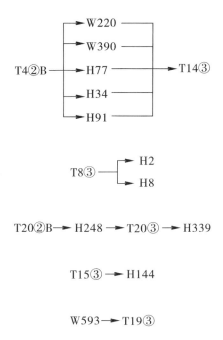

以上典型单位的地层关系可以通过相邻探方的地层对照关系进行串联,可合并为以下 3 组层位关系。

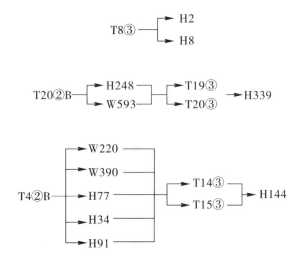

根据典型单位的层位关系及各单位出土陶器的类型学排比,可将下王岗龙山晚期遗存分为 2 组。

第 1 组:为原报告龙山文化遗存的大部分遗迹,主要有 T8③、T14③、T15③、T20③、H2、H8、H144 及 H339 等单位。

第 2 组：为原报告中二里头一期遗存遗迹，主要有 T14②B、T20②B、W390、H248、H77、H34 及 H91 等单位。此外少部分原龙山文化单位如 W220、W593、T6②、T4②等也应归入该组。

从遗迹间的叠压打破关系来看，第 1 组的年代早于第 2 组。

两组陶器均以中口罐、豆、单把筒形杯、罐形甗、侧装三角形高足鼎、长颈壶、曲腹碗、盆等为基本陶器组合（图 7）。尽管以往多有学者认为第 2 组为二里头一期文化，但笔者认为其所包含的二里头因素十分淡薄。首先，在器形方面第 2 组并未出现二里头文化典型的花边口沿罐、圆腹罐；其次，第 2 组中一些陶器的形态也与二里头文化不同，如甗仍为罐状，有的还加竖桥形双耳，这与二里头文化的盆形甗不同，瓮类肩部圆鼓、较广，与二里头文化一期瓮类的折肩作风不同。因此下王岗遗址龙山晚期遗存的第 1 组、第 2 组的变化应为同一文化在不同发展阶段的体现。

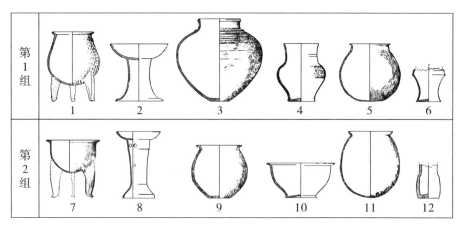

1. H2：17；2. H14：5；3. H2：9；4. H145：4；5. H166：1；6. H257：6；7. T15②B：61；8. T14②B：39；
9. H41：2；10. H34：1；11. H82：1；12. H278：2。

图 7　20 世纪 70 年代发掘下王岗遗址龙山晚期陶器分组

2. 2008—2010 年发掘的龙山晚期遗存

2008—2010 年，中国社科院考古研究所再次对下王岗遗址进行了发掘。在此次发掘中又发现了一批龙山晚期遗存，出土了较为丰富的龙山晚期遗物。发掘报告共公布了 5 个探方的层位关系，排除存在明显错误及无遗物或遗物不丰富的单位后，得到以下 5 组层位关系。

（1）T1

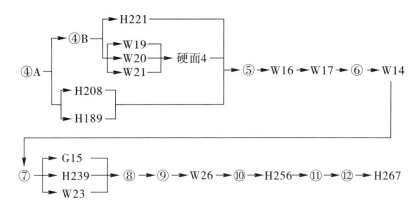

（2）T2

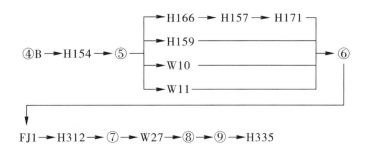

（3）T3

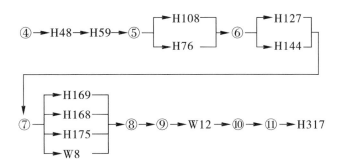

（4）T5

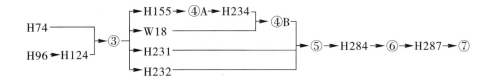

（5）T11

遗憾的是,这5组层位关系,原报告中并未公布其相互之间地层的对照关系,仅笼统地提到"T1~T4、T6 文化堆积与 T5 大体一致,大多能相互对应",我们根据各探方之间大致的层位关系及出土陶器的类型学排比,并参考对 20 世纪 70 年代下王岗发掘材料的分组,将此次发掘的龙山晚期遗存分为 2 组(图8)。

第1组:包括 T1 的⑩层、H267、W26、H256;T3 的 H317 以及 T5 的⑩层等单位。

第2组:包括 T1 的⑨层、G15、H221、H208、H189;T2 的⑨层、H157、H166;T3 的⑧层、H127;T5 的⑨层、H300,以及 T11 的④A 层、H155 等单位。

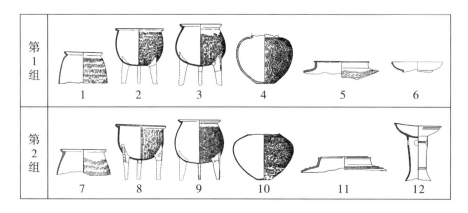

1. H317:5;2. H256:1;3. H317:4;4. T1⑩:3;5. T5⑪:15;6. T5⑪:16;7. T3⑧:6;8. H115:1;

9. T11④B:8;10. T5⑨:6;11. T11⑦:6;12. H300:2。

图8 2008—2010 年发掘下王岗遗址龙山晚期陶器分组

从遗迹间的叠压打破关系来看,第1组的年代要早于第2组,从陶器形态特征来看,这两组又可分别与 20 世纪 70 年代下王岗遗址龙山晚期遗存的两组相对应。由此,可将下王岗遗址迄今为止发掘的龙山晚期遗存分为两组(表2)。

表2 下王岗遗址龙山晚期遗存分组对应

组别	20 世纪 70 年代发掘	2008—2010 年发掘
第一组	第 1 组	第 1 组
第二组	第 2 组	第 2 组

第二节 龙山晚期遗存的文化属性、分期、年代及类型

本书在对豫西南鄂西北地区典型遗址龙山晚期遗存进行分组的基础上,首先明确其文化属性,同时对出土典型器形进行型式的划分,进而对这类遗存进行分期,并确定其年代及类型。

一、文化属性

通过对豫西南鄂西北地区典型遗址龙山晚期遗存进行分组,我们可以看出部分遗址不同组别以及不同遗址的基本陶器组合存在较大差别,这种差别昭示着以往笼统归入龙山晚期的遗存属于不同的考古学文化。因此在对豫西南鄂西北地区龙山晚期遗存进行分期研究之前必须明确这些遗存的文化属性,因为只有在同一考古学文化范畴内进行的分期研究才是有意义的。

观察典型遗址的龙山晚期遗存,其大致可分为 A、B 两类。

(一)A 类遗存

包括下寨遗址一至三组,下王岗遗址一、二组,水田营遗址第一组,乱石滩遗址、大寺遗址第二组。

该类遗存的器形主要有小口高领瓮、矮领瓮、高柄豆、圈足盘、侧装三角形高足鼎、折壁器盖、中口罐、大口罐和长颈壶等,这些陶器是王湾三期文化的典型陶器组合。如大寺 H5:4 长颈壶(图 9,4)与李楼 92T103④H1:1(图 9,11)相似,大寺 H8:21 矮领瓮(图 9,1)与煤山 H60:4(图 9,8)相近,唯前者少双耳,且底更小。下寨 H343:6(图 9,2)、店子河 H97:11 小口高领瓮与煤山 H59:4(图 9,9)类似。下王岗 H257:6 觚形杯与王城岗 H485:3 基本相同。乱石滩 T8②:23 鼎足与煤山 T19③:8 雷同,T3 ㉔:9 圈足盘(图 9,6)与竖河 H96:3(图 9,13)形似。下寨 H19:4 侧装三角形高足鼎(图 9,3)与瓦店 H17:1(图 9,10)相同,H19:8 大口罐与郝家台 W24:10 十分接近。水田营 H84:10 中口罐(图 9,7)与王城岗 W5T0670H72:16(图 9,14)近同。

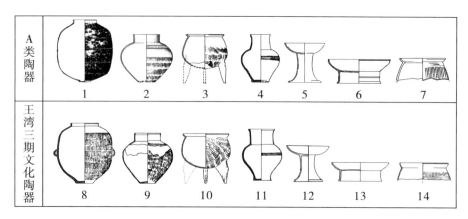

1. 大寺 H8：21；2. 下寨 H343：6；3. 下寨 H19：4；4. 大寺 H5：4；5. 下王岗 H14：5；6. 乱石滩 T3 ㉔：9；7. 水田营 H84：10；8. 煤山 H60：4；9. 煤山 H59：4；10. 瓦店 H17：1；11. 李楼 92T103④H1：1；12. 郝家台 T43④：21；13. 竖河 H96：3；14. 王城岗 W5T0670H72：16。

图 9　A 类陶器与王湾三期文化陶器对比

此外，该类遗存中瓮类器上多饰弦断竖篮纹，中口罐多饰竖或斜篮纹，篮纹清晰深刻，如下寨 W1：1、大寺 T6②：13 小口高领瓮；豆类柄部多带箍，如乱石滩 T7 ㉔：6、T6 ㉔：23 豆柄；部分甗、罐等器身装对称双耳，如下王岗 H77：2 甗、H291：1 罐等；壶类器下腹微曲，如下王岗 H145：4。这些造型及装饰风格均与王湾三期文化相同。

综上，A 类遗存应属于王湾三期文化。

（二）B 类遗存

包括乱石滩、大寺遗址第一组。

器形主要有红陶杯、动物陶塑、宽扁鼎足盆形鼎、束腰镂孔器座、圜底釜、大口缸、圈钮器盖和翻卷沿盆等。这些陶器在石家河文化中比较常见，是其典型陶器组合。如乱石滩 T1 ㉔：18 红陶杯（图 10，6）与七里河 ⅠT1F④a：8（图 10，13）相似，乱石滩 T6 ㉔：28（图 10，7）、T6 ㉑：48 鬼脸鼎足与青龙泉 T54B②A：66（图 10，14）接近，乱石滩 T7 ㉘：9、T9 ㉔：35 陶塑也是石家河文化典型器形。大寺 T14③A：46（图 10，2）鼎身呈折腹釜形，腹部饰几周弦纹，与邓家湾 H54：4、肖家屋脊 H161①：44（图 10，9）均类似；大寺 H11：5、T14③A：7 束腰器座（图 10，4）中部带镂孔，与青龙泉 T0407③：16（图 10，11）非常接近；大寺 H6：2 翻卷沿盆（图 10，5）与黄楝树 T5①：248（图 10，12）基本相同。

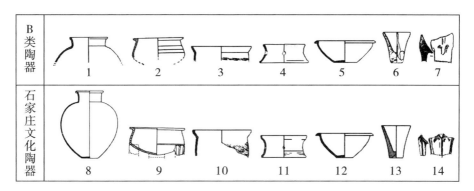

1.大寺 T4②:86;2.大寺 T14③A:46;3.大寺 H12:16;4.大寺 T14③A:7;5.大寺 H6:2;6.乱石滩 T1 ⑳:18;7.乱石滩 T6 ⑳:28;8.青龙泉 H1:21;9.肖家屋脊 H161①:44;10.青龙泉 T48②A:61;11.青龙泉 T0407③:16;12.黄楝树 T5①:248;13.七里河Ⅰ T1F④a:8;14.青龙泉 T54B②A:66。

图 10 B 类陶器与石家河文化陶器对比

从装饰风格来看,这些陶器器表多为素面,纹饰中横篮纹、镂孔较多,如大寺 H12:16 缸、乱石滩 T11 ⑳:7 碗等器表饰横篮纹,部分豆、器座上还饰有菱形纹、卷云纹,如乱石滩 T9 ⑳:31 豆圈足。这些皆是石家河文化的典型装饰风格。

综上,B 类遗存应属于石家河文化。

从分组情况来看,乱石滩和大寺两个遗址中 B 类遗存年代较 A 类遗存早,可以通过与其他石家河文化遗址进行对比来确定 B 类遗存的年代。乱石滩第一组 M2 和 M6 出土的釜与下王岗遗址石家河文化 H9:23 接近,都为折沿、垂鼓腹、圜底,因此乱石滩第一组与下王岗石家河文化遗存年代大致相同,张绪球先生认为后者属于石家河文化中期(即本书认同的"两期说"中的晚期)[1],樊力先生也将乱石滩第一组 M6、M5 的年代归入青龙泉类型晚期晚段[2]。大寺 H6:4 敛口罐与肖家屋脊早期晚段(石家河文化晚期)H212:3 罐接近,但前者垂腹更甚,因此年代应较后者略晚一些。因此乱石滩、大寺第一组为石家河文化晚期晚段遗存。关于其绝对年代可以参考肖家屋脊、七里河遗址的测年数据,肖家屋脊遗址石家河文化早期晚段 H42 炭样的年代为距今 4285±100 年[3],七里河遗址石家河文化中期(即本书认同的"两期说"中的晚期)年

① 张绪球:《石家河文化的分期分布和类型》,《考古学报》1991 年第 4 期,第 389–412 页。
② 樊力:《论石家河文化青龙泉三期类型》,《考古与文物》1999 年第 4 期,第 50–61 页。
③ 湖北省荆州博物馆、湖北省文物考古研究所等:《肖家屋脊》,文物出版社,1999 年,第 348 页。

代为距今 4200 年①,因此乱石滩、大寺第一组的绝对年代大致为距今 4300~4200 年。

豫西南鄂西北地区以往发掘的龙山晚期遗存其实包含了属于不同时代的两种考古学文化,即以下寨遗址一至三组,下王岗遗址一、二组,乱石滩、大寺遗址第二组为代表的王湾三期文化及以乱石滩、大寺遗址第一组为代表的石家河文化晚期遗存,后者在年代上已经超出了本书所界定的"龙山晚期",不属于本书研究的范畴,下文不再对其进行分析。

二、典型陶器型式的划分

为了更加准确地反映豫西南鄂西北地区王湾三期文化发展的阶段性,本书选择典型单位中出现较多、变化较大的器形如罐、鼎、瓮、釜、豆、盆等进行型式的划分,以获得其阶段性的演变特征。

1. 罐

该地区王湾三期文化最主要的器形。大多为夹砂罐,还有部分泥质罐。根据陶质及整体形态的不同可分为二型。

A 型　中口罐。夹砂陶,陶色多为灰或褐,还有部分黑陶,多仅残存口及腹部,完整器或可复原者较少。基本均为折沿,口径小于腹径。器腹饰竖或斜篮纹。根据口部形态的变化可分为三式。

Ⅰ式　折沿,沿面较平,折棱不突出。陶质较粗糙,纹饰较浅。标本下寨 H190①:3(图 11,4),夹砂褐陶,侈口,圆唇。器腹满饰斜篮纹。

Ⅱ式　折沿,沿面稍下凹,折棱较突出。标本下寨 H233:9(图 11,10),夹砂灰陶,侈口,圆唇。器腹满饰斜篮纹。

Ⅲ式　折沿,沿面下凹,折棱锐突,呈小钩状。标本水田营 H187:5(图 11,16),夹砂褐陶。侈口,圆唇。器身饰竖篮纹。标本下王岗 T5⑨:9,夹砂灰陶。口沿以下满饰竖篮纹。

A 型中口罐的演变规律为:沿面由较平变为下凹,折棱由不突出变为锐突。

B 型　大口罐。泥质陶,陶色多为灰色,还有部分黑、褐陶。侈口,卷沿或折沿,沿面上鼓。大口,口径基本等于或略小于腹径。器腹饰篮纹。不分式。标本下寨

---

① 　湖北省文物考古研究所:《房县七里河》,文物出版社,2008 年,第 291–292 页。

H88:2（图 11,5），泥质灰陶，折沿，腹部以下残，饰斜篮纹。标本下寨 H324:9（图 11,11），泥质灰陶，折沿，沿面上鼓，腹部饰弦断斜篮纹。标本下寨 H19:8（图 11,17），泥质黑陶。折沿，凹圜底。上腹饰一周凹弦纹，以下饰竖篮纹。

2. 小口高领瓮

该地区王湾三期文化主要器形之一，均为泥质陶，陶色多为灰或黑色。高领，器壁薄，口较小。多自肩部以下饰弦断篮纹，部分肩部饰刻划纹。根据领部及肩部的变化可分为三式。

Ⅰ式　侈口，斜领，厚圆唇外撇，溜肩。标本下寨 H190①:4（图 11,2），泥质灰陶。肩部以下饰弦断篮纹。

Ⅱ式　侈口，厚圆唇稍外撇，鼓肩，最大腹径上移。标本大寺 T6②:13（图 11,8），泥质灰陶。圆唇外卷，鼓腹弧收，底微内凹，腹饰弦断篮纹。

Ⅲ式　侈口或直口，直口者唇部外缘通常不加厚，广肩，腹部急收。标本下寨 H19:15（图 11,14），泥质黑陶。直口，广肩。肩部饰两周凹弦纹，其间饰短刻划纹。

小口高领瓮的演变规律为：由溜肩变为广肩，最大腹径逐渐上移。

3. 矮领瓮

该地区王湾三期文化主要器形之一，基本均为泥质陶，陶色多为灰或黑色。唇部外缘加厚，矮领，器壁较厚。根据领部的变化分为三式。

Ⅰ式　口近直，斜肩。标本下寨 H143①:1（图 11,1），泥质灰陶。唇部外撇加厚似卷沿。器身饰篮纹。

Ⅱ式　直口，直领，斜肩。标本下寨 H327:39（图 11,7），泥质灰陶。唇部外缘加厚。器身饰篮纹。

Ⅲ式　敛口，广肩。标本水田营 T1206④:7（图 11,13），泥质灰陶。唇部外缘加厚，肩部以下饰弦断篮纹。

矮领瓮的演变规律为：口部由稍外撇变为直口，再变为内敛，肩部变平变广。

4. 鼎

该地区王湾三期文化主要器形之一。均为夹砂陶高足鼎，基本不见矮足鼎，根据鼎身的不同可分为二型。

A 型　釜形鼎。器身为垂腹釜形。根据整体形态的变化可分为二式。

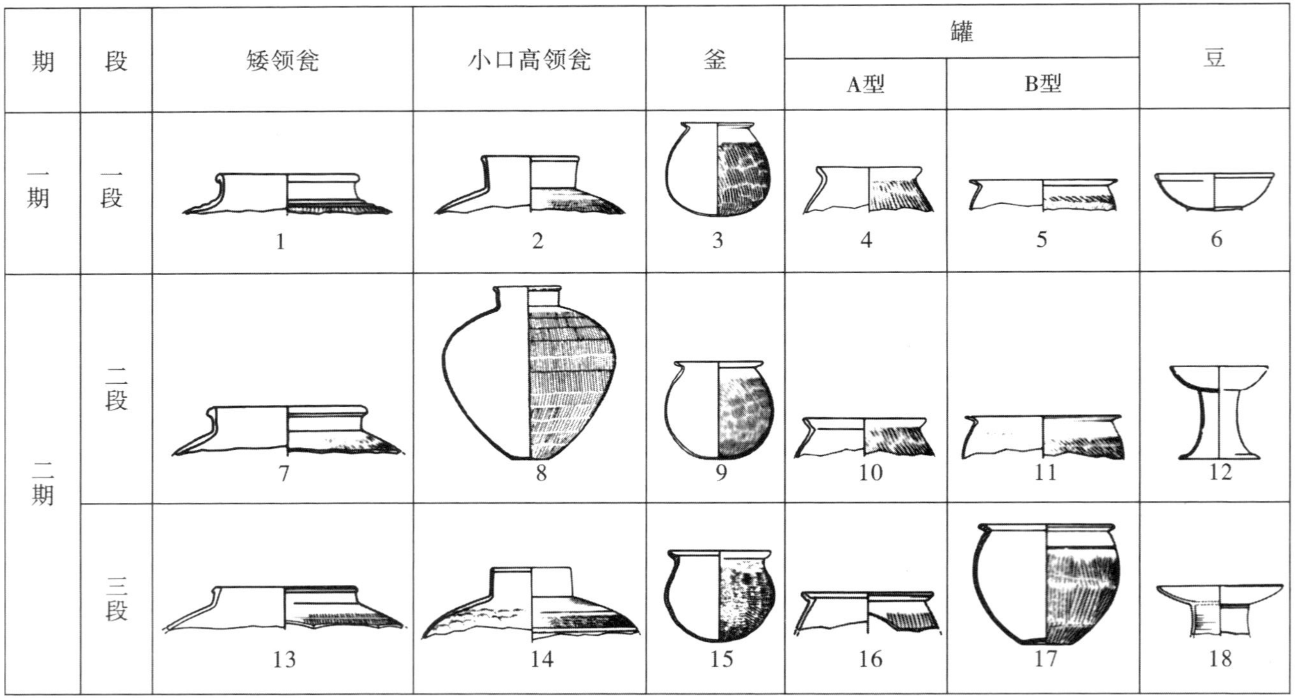

期	段	矮领瓮	小口高领瓮	釜	罐		豆
					A型	B型	
一期	一段	1	2	3	4	5	6
二期	二段	7	8	9	10	11	12
	三段	13	14	15	16	17	18

图11　豫西南鄂西北地区王湾三期文化陶器分期 I

1.下寨H143①:1;2.下寨H190①:4;3.下寨H190①:3;5.下寨H88:2;6.下寨H161②:8;7.下寨H327:39;8.大寺T6②:13;9.下寨H20③:7;10.下寨H233:9;11.下寨H324:9;12.下王岗H14:5;13.水田营T1206④:7;14.下寨H19:15;15.下寨H19:7;16.水田营H187:5;17.下寨H19:8;18.水田营H211:23。

Ⅰ式　侈口,折沿,折棱突出,沿面稍平,深垂鼓腹,圜底,下部装高鼎足。标本下王岗 H317:4,夹砂灰陶,口沿以下满饰斜篮纹。标本下寨 H94:2(图 12,5),夹砂褐陶。锥形鼎足,器身饰较凌乱的篮纹。

Ⅱ式　侈口,折沿,沿面下凹,折棱锐突形成小钩,垂鼓腹变浅,最大腹径上移。下部装高鼎足,鼎足安装位置上移。标本下寨 H19:4(图 12,13),夹砂褐陶。侧装三角形鼎足,足跟外侧饰两个按窝。中腹以下饰篮纹。

A 型釜形鼎的变化规律为:鼎口沿的变化规律与 A 型中口罐一致,沿面均由稍平变为下凹,折棱逐渐变锐突并形成小钩。口径逐渐变大,腹部逐渐变浅,最大腹径上移,整体腹部由较瘦长变得宽扁,鼎足安装的位置有所上移。

B 型　盆形鼎。器身呈盆形。根据整体形态的变化可分为二式。

Ⅰ式　侈口,仰折沿,沿面较平,深腹微鼓,平底,下部装高鼎足,鼎足安装位置靠近底部。鼎足上的装饰以少量按窝为主。标本下王岗 H256:1(图 12,6),夹砂灰陶,腹部微鼓,器表饰竖篮纹。

Ⅱ式　口近直,折沿,沿面下凹,腹部变浅,圜底,下部装高鼎足,部分三角形鼎足外侧有多个按窝或者压横道纹,鼎足安装位置在近中腹部。标本下王岗 H155:1(图 12,14),夹砂灰陶,尖圆唇,直腹,圜底。足外侧饰多个压横道纹。

B 型盆形鼎的变化规律为:鼎由侈口变为近直口,沿面由较平变为下凹,腹部由深变浅,鼎足安装位置逐渐上移。鼎足外侧的装饰由素面或少量按窝变为多个按窝或压横道纹。

5.鼎足

以三角形高鼎足出土最多,还有少量的锥形鼎足。依据形制的不同可将其分为二型。

A 型　侧装三角形高鼎足。多为夹砂褐陶,还有部分灰陶。足跟外侧多饰按窝。依据鼎足的整体变化可将其分为三式。

Ⅰ式　足身整体厚重、较宽,上下宽度相差较小。标本下寨 H18③:5(图 12,7),夹砂褐陶,略呈三角形,足两侧起棱,略呈瓦状。

Ⅱ式　足身稍厚,足跟宽,足尖细,上下宽度差较大。标本下寨 H233:19(图 12,8),夹砂褐陶,足跟外侧饰三个按窝。

Ⅲ式　足身修长,削薄。足跟足尖均较细,上下宽度差小。标本水田营 H81:1(图 12,15),夹砂褐陶,足跟外侧饰一个按窝。

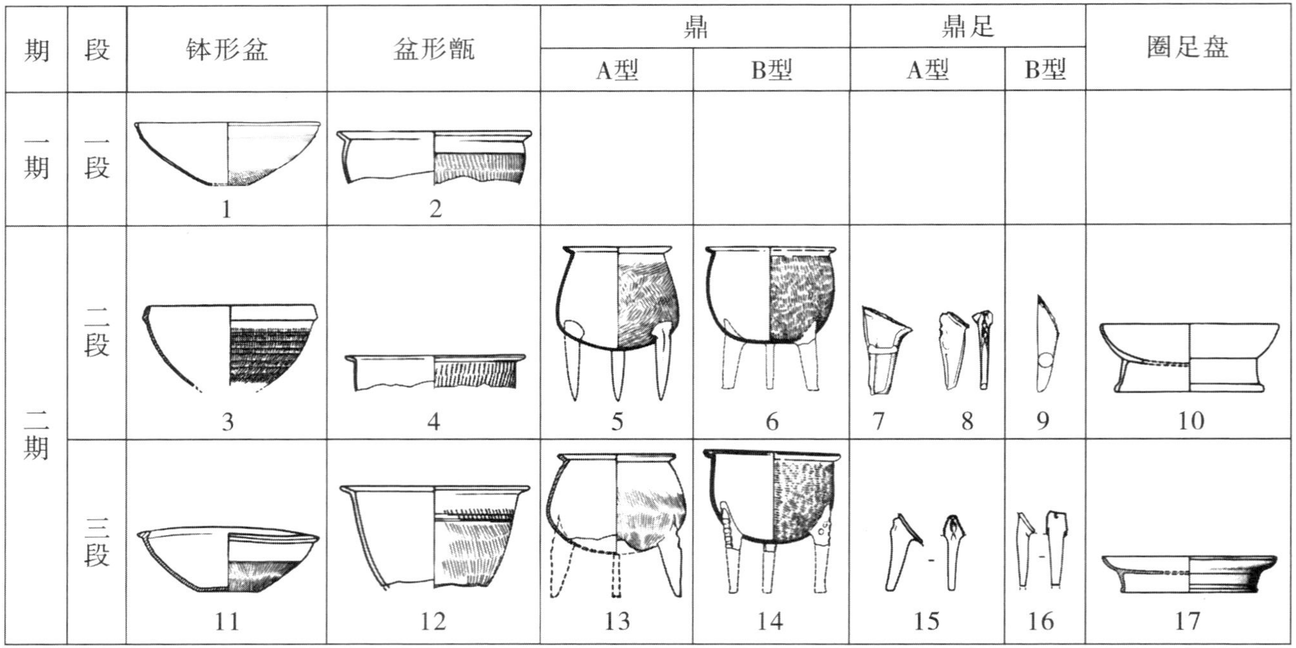

期	段	钵形盆	盆形甑	鼎 A型	鼎 B型	鼎足 A型	鼎足 B型	圈足盘
一期	一段	1	2					
二期	二段	3	4	5	6	7 8	9	10
二期	三段	11	12	13	14	15	16	17

图12 豫西南鄂西北地区王湾三期文化陶器分期Ⅱ

1.下寨T0705④:2.2.下寨T0805⑤:3.3.大寺T7②:40.4.下寨H94:2.6.下王岗H327:36.5.下王岗H256:1.7.下寨H18③:5.8.下寨H233:19;9.下寨H96:4.10.下寨T0103⑥:4.11.下寨H323:2.12.水田营H212:8.13.下寨H19:4.14.下王岗H155:1.15.水田营H81:1.16.水田营T1205⑤:8.17.下寨H212:1。

A 型侧装三角形高鼎足的演变规律为:足身由厚重变为削薄,足上下宽度差由较大变为较小。

B 型 锥形鼎足。数量较少,均为夹砂陶,部分足跟外侧饰按窝。不分式。标本下寨 H96:4(图 12,9),夹砂褐陶。标本水田营 T1205⑤:8(图 12,16),夹砂褐陶,足跟外侧有一按窝。

6. 釜

该地区王湾三期文化主要器形之一。均为夹砂陶,陶色多为灰或褐色。侈口,折沿,圜底。根据整体形态的变化可分为三式。

Ⅰ式 口径小,圆唇或方唇,唇部加厚。大鼓腹,最大腹径偏下,呈垂腹状。标本下寨 H251:1(图 11,3),夹砂灰陶。圆唇,沿面较平。饰斜篮纹及弦纹。标本下寨 H161②:3,夹砂灰陶。方唇,唇面有一道凹槽,沿面略凹。通体饰斜篮纹。

Ⅱ式 口径增大,圆唇,唇部加厚。圆腹,最大腹径居中。标本下寨 H20③:7(图 11,9),夹砂褐陶。通体饰斜篮纹。标本下王岗 W12:1(下),夹砂灰陶,尖圆唇,通体饰斜篮纹。

Ⅲ式 口径较大,折沿的折棱处突出。尖圆唇,沿面下凹。鼓腹,最大腹径居中。标本下寨 H19:7(图 11,15),夹砂褐陶。通体饰横篮纹。

釜的演变规律为:唇部由圆唇、方唇变为尖圆唇,沿面由较平变为下凹,口径由小变大,最大径位置由下腹变为中腹,整体器形由瘦长变得宽扁。

7. 钵形盆

夹砂陶,陶色为灰或黑色,口缘部分多加厚,自中腹以下常饰篮纹或弦断篮纹。根据整体形态的变化可分为三式。

Ⅰ式 敞口,唇外缘加厚不明显,斜腹,小平底。标本下寨 T0705④:2(图 12,1),夹砂灰陶。下腹部饰篮纹。

Ⅱ式 直口,唇部外缘加厚,斜弧腹,平底。标本大寺 T7②:40(图 12,3),夹砂灰陶。口缘一周磨光,腹部饰弦断竖篮纹。

Ⅲ式 敛口,唇部外缘加厚,弧腹,凹圜底。标本下寨 H323:2(图 12,11),夹砂灰陶。敛口,唇部较厚。腹部饰弦断篮纹。

钵形盆的演变规律为:口部由敞口变为直口、敛口,由斜弧腹变为弧腹,唇部外缘加厚由不明显到明显。

8. 盆形甑

既有泥质陶,也有夹砂陶,陶色为灰或褐色。多为口、腹部残片。折沿,弧腹,腹呈深腹盆形。根据整体形态的变化可分为三式。

Ⅰ式　斜折沿,上腹较鼓,下腹弧收。标本下寨 T0805⑤:3(图 12,2),泥质灰陶。上腹饰一周凹弦纹,以下饰竖篮纹。

Ⅱ式　折沿稍平,腹较直。标本下寨 H327:36(图 12,4),泥质灰陶。腹部饰竖篮纹。

Ⅲ式　折沿稍平,深斜腹。标本水田营 H212:8(图 12,12),泥质褐陶。腹部饰弦纹及斜篮纹。

盆形甑的变化规律为:折沿由较斜变为稍平,腹部由外鼓变为直腹,再变为斜腹。

9. 豆

均为泥质陶,陶色多为灰或黑色。豆柄较细,有高亦有矮。根据整体形态的变化可分为三式。

Ⅰ式　口部微侈,唇部外缘加厚,弧腹,豆盘较深。标本下寨 H161②:8(图 11,6),泥质黑陶。

Ⅱ式　侈口,弧腹,豆盘稍浅。标本下王岗 H14:5(图 11,12),泥质棕陶。通体磨光。

Ⅲ式　敞口或小卷沿,斜弧腹,豆盘浅。部分高柄有镂孔装饰。标本水田营 H211:23(图 11,18),泥质黑陶。标本下王岗 H300:2,泥质灰陶,上柄部有 3 个圆形镂孔和两周凹弦纹,柄下近足部亦饰两周凹弦纹。

豆的演变规律为:唇部外缘由加厚变为不加厚,口部由侈口变为敞口,豆盘由深变浅。

10. 圈足盘

均为泥质陶。陶色以灰色较多,还有部分黑陶和黑皮褐胎陶。根据整体形态的变化可分为二式。

Ⅰ式　侈口或敞口,弧腹,盘较深,圈足壁外斜,底部边缘加厚。标本下寨 T0103⑥:4(图 12,10),侈口,泥质灰陶。

Ⅱ式　大敞口,弧腹,浅盘,圈足壁较直或内敛,底部边缘加厚。标本下寨 H212:1(图 12,17),泥质灰陶。

圈足盘的演变规律为:盘越来越浅,圈足壁由外斜逐渐变直或内敛。

11. 器盖

均为泥质陶,陶色多为灰或黑色。根据盖壁、顶的变化可分为二式。

Ⅰ式 侈口,斜折壁,顶与壁之间的夹角为钝角。标本下寨 H325:4,斜壁,口部略外撇,斜顶,圈钮。

Ⅱ式 壁较直,口部外撇,平顶,顶与壁之间的夹角为直角。标本水田营 T0806⑤:8,泥质黑陶,直壁,口部外撇,平顶。

器盖的演变规律为:由斜壁变为直壁,由侈口变为撇口,顶与壁之间的夹角由钝角变为直角。

三、分期

以上典型器物的不同型式之间具有相对稳定的共存关系,这种共存关系应该是同一考古学文化不同时期文化特征的具体体现。据此我们可将豫西南鄂西北地区王湾三期文化分为以下三组。

第一组:典型单位有下寨 H190、H143、H161、H95 等。陶器组合主要有 A 型Ⅰ式罐、B 型罐、Ⅰ式小口高领瓮、Ⅰ式矮领瓮、Ⅰ式豆、Ⅰ式钵形盆、Ⅰ式盆形甑、Ⅰ式釜。陶质以夹砂陶为主,泥质陶较少,陶色以褐、灰陶为主。除部分器表素面外,纹饰以浅淡的斜篮纹为主,也有一定数量的横篮纹。

第二组:典型单位有下寨 H18、H20、H86、H244、H314、H226、H231、H327 等,下王岗 H2、H8、H14、H267、W26、H256、H317 等,大寺 H8、H5 等。陶器组合主要有 A 型Ⅱ式罐、B 型罐,A 型Ⅰ式及 B 型Ⅰ式鼎,A 型Ⅰ式、A 型Ⅱ式及 B 型鼎足,Ⅱ式小口高领瓮,Ⅱ式矮领瓮,Ⅱ式豆,Ⅱ式钵形盆,Ⅱ式盆形甑,Ⅱ式釜,Ⅰ式圈足盘,Ⅰ式器盖。陶质以夹砂陶为主,泥质陶次之,陶色以灰、褐色为主,也有部分黑、红陶。素面陶器较少,纹饰以斜或竖篮纹为主,还有少量弦纹、方格纹、绳纹、刻划纹等。

第三组:典型单位有下寨 H19、H40、H109、H209、H257、H234、H258、H212 等,水田营 T1005⑤、T1006⑤、180、H198、H212 等,乱石滩 T6 ②C、T7 ②A、T9 ②A、T9 ②B、T11 ②A、T11 ②B等,下王岗 H248、H77、H34、H91、H221、H208、H157、H127 等。陶器组合为 A 型Ⅲ式罐、B 型罐、A 型Ⅱ式及 B 型Ⅱ式鼎、A 型Ⅲ式及 B 型鼎足、Ⅲ式小口高领瓮、Ⅲ式矮领瓮、Ⅲ式豆、Ⅲ式釜、Ⅲ式钵形盆、Ⅲ式盆形甑、Ⅱ式圈足盘、Ⅱ式器盖。陶质、

陶色及纹饰与第二组基本相同。

从陶器形态和组合特征等方面观察,以上三组之间均有差异,因此每一组可视为一个时段。但每组之间差异的程度各不相同,其中第一组和第二组之间差异明显,器物形态变化较为明显。第二、三组之间联系较为紧密,共性较多,器物变化也相对较小。因此可将以上三组分为两期三段,第一期分为一段,第二期分为两段(表3)。其中第一期一段为豫西南鄂西北地区王湾三期文化开始形成的阶段,分布范围小,目前仅在下寨遗址中发现。此时器形较少,陶器保存着较为浓厚的石家河文化作风,具体表现在陶质较粗糙,篮纹较浅乱,且横篮纹占有一定数量。第二期二、三段为王湾三期文化持续发展的阶段,其分布范围较第一期有了较大的扩展,在本地区多个遗址中都存在,并且器形增多,中原地区王湾三期文化常见的器形在本地区基本都有发现,厚缘钵形盆、釜等具有地方特色的器形也较多出现。陶器整体制作较为精细,纹饰较深且清晰。这两期三段基本代表了本地区王湾三期文化发展的各个阶段。

表3　豫西南鄂西北地区王湾三期文化各期、段典型陶器共存关系

期	段	罐		鼎足		鼎		小口高领瓮	矮领瓮	深腹盆	豆	钵形盆	釜	圈足盘	器盖
		A型	B型	A型	B型	A型	B型								
一期	一段	I	√	—	—	—	—	I	I	I	I	—	—	—	—
二期	二段	II	√	I II	√	I	I	II	II	II	II	II	II	I	I
	三段	III	√	III	√	II	II	III	III	III	III	III	III	II	II

注:"√"意为存在,但此型器物不分式,下同。

为了检验分期的正确性,我们可以通过观察该地区其他遗址的王湾三期文化是否能在分期中找到相对的位置来验证。

1. 八里岗遗址

八里岗遗址发掘报告公布的龙山晚期陶器较少,且没有公布所在单位的层位关系。根据陶器的形态将八里岗遗址王湾三期文化遗存归为一组,以 H24、H532、H403、H849 和 H506 等单位为代表。具体来看,八里岗 H403:12(图13,1)鼎足,足跟与足尖宽度差较大;H588:1 豆(图13,4)敞口,豆盘较浅;H506:3 瓮(图13,3)口稍内敛,鼓肩。这些分别与本地区王湾三期文化第二期二段同类器一致,其年代应大致相当于第二期二段。

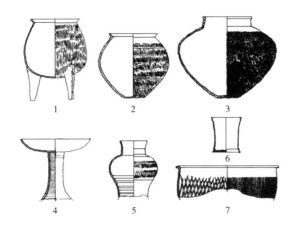

1. H403:12; 2. H849:1; 3. H506:3; 4. H588:1; 5. H579②:6;

6. H45:6; 7. H24:25。

图13　八里岗遗址王湾三期文化陶器

2. 青龙泉遗址（梅子园区）

该遗址王湾三期文化遗迹不甚丰富，遗物较少，且器物形态相对单一，可归为一组，代表单位为 H807、Z8、W57。观察陶器形态，H807:15 鼎（图14,1）侈口，折沿，折棱突出，垂腹，鼎足足跟与足尖宽度差大；Z8:5 小口高领瓮（图14,7）口稍侈，鼓肩；H807:13 中口罐（图14,2）折棱突出。这些器物的整体形态与本地区王湾三期文化第二期二段同类器形似，因此该组年代为王湾三期文化第二期二段。

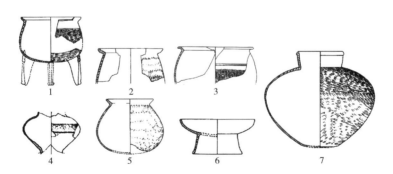

1. H807:15; 2. H807:13; 3. H807:10; 4. T0207②:26; 5. Z8:3; 6. T0407②:4;

7. Z8:5。

图14　青龙泉遗址王湾三期文化陶器

3. 金营遗址

金营遗址龙山晚期遗迹层位关系简单,叠压打破关系很少,出土陶器形态也较为单纯。综合其层位关系及出土遗物可将其归为一组,以 H22、H30、H32、H87 等为代表。观察陶器形态,H22:7 钵形盆(图 15,4)敛口,与下寨 H323:2 形制基本相同。H30:5 鼎足(图 15,2)足身纤细,足跟与足尖宽度差小,与下寨 H212:5、乱石滩 T6 ㉖:15 较为相似,唯后两者跟部都有按窝。H30:2 豆(图 15,3)敞口,浅盘,与水田营 H78:2 近似。H87:1 小口高领瓮(图 15,5)侈口,唇部外缘加厚,广肩,与下寨 H257:6 类似。因此该遗址王湾三期文化年代为第二期三段。

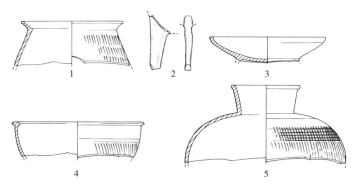

1. H30:4;2. H30:5;3. H30:2;4. H22:7;5. H87:1。

图15　金营遗址王湾三期文化陶器

4. 店子河遗址

店子河遗址仅发现王湾三期文化灰坑 5 座、瓮棺 2 座。观察出土陶器形态,其中,H97:10 鼎足(图 16,4)整体纤细,足尖稍向外撇,足跟与足尖宽度差小;H97:8 中口罐(图 16,3)沿面下凹,折棱突出;H97:1 豆(图 16,2)豆盘较浅。与本地区王湾三期文化第二期三段同类器形似。因此 H97 年代为王湾三期文化第二期三段。

5. 牌坊岗遗址

关于牌坊岗遗址龙山晚期遗存的性质,发掘者认为属于石家河文化晚期,同时也显现出较强的龙山文化因素影响。[①] 本书认为相比较石家河文化,该遗存中更多地表现出与王湾三期文化相同之处,应属于王湾三期文化。牌坊岗遗址地层堆积较薄,所

---

① 襄樊市考古队:《襄樊市牌坊岗新石器时代遗址发掘简报》,《江汉考古》2007 年第 4 期,第 3—11 页。

出陶器数量不多,且形态较为单纯,这可能反映出该遗址延续时间较短。

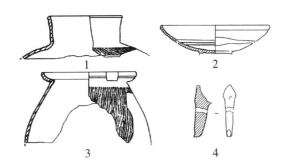

1. H97:2;2. H97:1;3. H97:8;4. H97:10。

图16　店子河遗址王湾三期文化陶器

观察器物形态,T4②:25大口罐(图17,1)为泥质,折沿,沿面上鼓,鼓腹;T4③:30中口罐(图17,2)折沿,折棱锐突;T4②:28瓮(图17,7)敛口,矮领,广肩。这些器物在本地区王湾三期文化第二期三段中均能找到相同或类似的同类器,因而牌坊岗遗址王湾三期文化属于第二期三段。

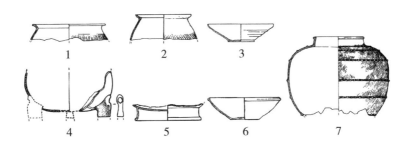

1. T4②:25;2. T4③:30;3. T4②:7;4. T7②:12;5. T4②:8;6. T7②:6;7. T4②:28。

图17　牌坊岗遗址王湾三期文化陶器

6.辽瓦店子遗址

辽瓦店子遗址共由两家单位进行了发掘,分别发表了简报和论文。笔者在此分别对其进行探讨。

武汉大学考古与博物馆学系将所发掘的辽瓦店子龙山晚期遗存分为两期Ⅲ段,其中一期Ⅰ段大致相当于煤山二期至二里头一期早段,一期Ⅱ段相当于二里头一期晚段,二期Ⅲ段相当于夏末商初之际。① 观察公布的陶器,这两期的陶器主要包括釜、中口罐、小口高领瓮、侧装三角形高足鼎、深斜腹平底甗、圈足盘等,从器类上看演变一脉相承,与本地区王湾三期文化陶器一致,并未出现二里头文化的典型器物。其中,属于一期Ⅰ段的H115:1鼎的鼎足呈"Y"形,与下王岗H2:14、T19③:73、大寺T5②:42类似。H99:2釜与下寨H324:13基本相同。H391:1甗呈折沿、斜腹较深、大平底,与下王岗H123:1接近。一期Ⅱ段T1219⑦:1壶长颈、鼓腹,下腹内收为小平底,鼓腹处饰短竖划纹数周,与大寺H5:4、下王岗H145:4雷同。因此辽瓦店子一期Ⅰ、Ⅱ段陶器风格与本地区王湾三期文化第二期二段接近。二期Ⅲ段H251:1小口高领瓮直领,广肩,与下寨H19:15相似,整体来看与本地区王湾三期文化第二期三段接近。

湖北省文物考古研究将所发掘的辽瓦店子龙山晚期遗存分为三期,第一期为石家河文化,第二期与乱石滩文化属于同类遗存,第三期属于二里头文化早期。② 笔者同意第一期为石家河文化遗存,但第二、三期遗存的性质及年代需要进行再分析。根据简报公布的材料可得到层位关系一组:

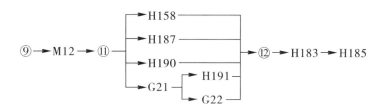

根据层位关系及各单位出土陶器形态的对比,其可分为两组:

第一组:主要有H185、H183、G22。

第二组:主要有H158、H187、H190、H191、G21、M12等单位。

第一组单位出土的陶器中,H22:16钵形盆(图18,2)口沿稍内敛,唇缘外侧加厚,与大寺T7②:4较为接近。H185:6中口罐(图18,3)折沿,折棱处稍突出,颈部以下饰竖篮纹,与大寺H160:5相似。H185:4小口高领瓮(图18,1)领稍外撇,溜肩,与大寺H160:2相似。H183:5鼎(图18,4)鼎身为釜形,口径小于腹径,最大腹径靠

① 王然、傅玥:《湖北郧县辽瓦店子遗址夏商时期文化遗存研究》,《石泉先生九十诞辰纪念文集》,湖北人民出版社,2007年,第189-191页。
② 湖北省文物考古研究所:《郧县辽瓦店子遗址2007年度发掘简报》,《湖北南水北调工程考古报告集(第四卷)》,科学出版社,2014年,第223-224页。

下,与大寺 H160∶5 的鼎身部分类似。第二组单位出土的陶器中,G21∶1 高领罐(图 18,8)高直领、溜肩、底内凹,肩部饰两周凹弦纹与戳印纹,中腹以下饰篮纹,与下寨 H343∶6 无论从器形,还是装饰都高度相似。H187②∶7(图 18,7)、H158∶5、M12∶3 等豆类普遍豆盘很浅,M12∶2 圈足盘(图 18,6)圈足底部内敛,与下寨 H212∶1 相似,唯前者豆盘稍深。M12∶1 大口罐(图 18,5)折沿,沿面略上凸,口径稍小于腹径,小底内凹,与下寨 H19∶9 特征一致。所谓的属于二里头文化早期的 H190、H191 从层位上来看皆早于 M12,其出土陶器也与下王岗遗址王湾三期文化同类器相似,其年代晚不到二里头文化早期。因此第一组、第二组分别属于本地区王湾三期文化的第二期二段和三段。

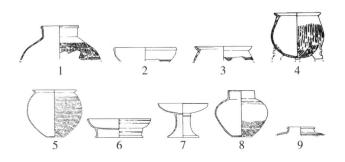

1. H185∶4;2. H22∶16;3. H185∶6;4. H183∶5;5. M12∶1;6. M12∶2;7. H187②∶7;8. G21∶1;9. G21∶6。

图 18 辽瓦店子遗址王湾三期文化陶器

7. 沟湾遗址

沟湾遗址的发掘者将该遗址中的王湾三期文化遗存分为早晚两段,其中早段与淅川下王岗 H2、H14 等年代基本一致;晚段与下寨 H19、乱石滩 T11[28]等年代相当,早晚两段总体特征比较接近,但也存在一定差异。[1] 观察沟湾遗址王湾三期文化早段陶器特征,中口罐 T3130G10⑫∶13(图 19,4)、W47∶1(图 19,2)沿面斜平或微凹,内侧折棱不明显;晚期的中口罐 W10∶1(图 19,3)和鼎 T3330G10⑦∶2(图 19,1)沿面下凹,折棱突出,鼎足修长,跟部饰有按窝;矮领瓮 T3130G10⑧∶2(图 19,5)口沿内敛等,分别

---

① 郑州大学历史学院、河南省文物局南水北调文物保护办公室:《河南淅川沟湾遗址王湾三期文化遗存发掘简报》,《华夏考古》2017 年第 3 期,第 83 页。

符合王湾三期文化二期二段、三段的同类器的特征。同时在前文的分期中,淅川下
王岗 H2、H14 和下寨 H19、乱石滩 T11 ㉘分别属于王湾三期文化二期二段和三段。
因此沟湾遗址王湾三期文化遗存的早晚两段分别属于王湾三期文化的二期二段和
三段。

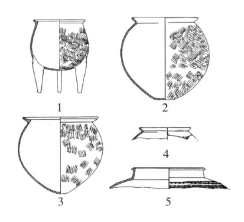

1. T3330G10⑦:2;2. W47:1;3. W10:1;4. T3130G10⑫:13;

5. T3130G10⑧:2。

图 19　沟湾遗址王湾三期文化陶器

8. 马岭遗址

马岭遗址的发掘者将该遗址的龙山晚期遗存分为三期五段,时间上约从龙山文
化早晚期之交至二里头文化早期。① 由于发掘简报所公布的单位均没有打破叠压关
系,故而很难对其进行进一步的分组,这里只能通过该遗址的陶器与本地区出土的其
他王湾三期文化陶器的对比判断其期别。

观察马岭遗址王湾三期陶器,部分表现出本地区王湾三期文化二期二段的特
征,如:H516:1 圈足盘(图 20,5)腹部较深;H70:10 中口罐(图 20,3)沿面较平,折棱
处不甚突出;H219:18 小口高领瓮(图 20,4)领稍外撇、鼓肩;H159:1 盆形鼎
(图 20,1)腹部较深,鼎足安装位置偏下;H938:2 釜形鼎(图 20,2)折沿处折棱不甚突
出,深腹,最大腹径靠下。同时,较多的陶器呈现了本地区王湾三期文化二期三段的

---

① 武汉大学历史学院考古学系、河南省文物局南水北调办公室、河南省文物考古研究院:《河南淅川县马岭遗
址煤山文化遗存的发掘》,《考古》2020 年第 2 期,第 48 页。

特征,如:H312:1 圈足盘(图 20,10)浅腹;H747:2 中口罐(图 20,8)沿面下凹,折棱突出呈小钩状;H173:1 釜形鼎(图 20,7)口沿变大,腹部变浅,最大腹径上移;H870:3 盆形鼎(图 20,6)浅腹圜底,鼎足安装位置近中腹部;H777:3 盆形甑(图 20,9)折沿,深斜腹。

　　因此马岭遗址的王湾三期遗存可分为早晚两组:第一组以 H516、H70、H219、H159、H808 等单位为代表,年代相当于王湾三期文化的二期二段;第二组以 H312、H747、H149、H870、H777、H173 等单位为代表,年代相当于王湾三期文化二期三段。

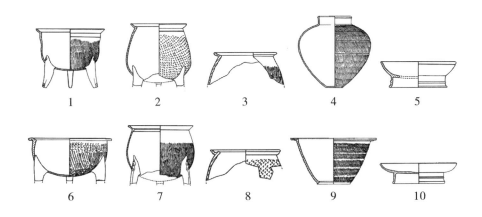

　　1. H159:1;2. H938:2;3. H70:10;4. H219:18;5. H516:1;6. H870:3;7. H173:1;8. H747:2;
　　9. H777:3;10. H312:1。

图20　马岭遗址王湾三期文化陶器

9. 申明铺东遗址(文坎沟东地点)

　　该遗址由于被丹江河道长期冲刷,加之部分被村庄覆盖,破坏严重,故而地层堆积较为简单,所公布的几个灰坑也没有叠压打破关系。从简报公布的陶器特征来看,该遗存可归为一组。其中,H1①:5 钵形盆(图 21,5)口微敛,唇外缘加厚,与下寨 H244:3 相似。H1①:79 侧装三角形鼎足(图 21,7)足跟宽,足尖细,根部有三个按窝,与下寨 H233:19 接近。H1①:8 小口高领瓮(图 21,2)领稍外撇,唇缘加厚,鼓肩,与大寺 H15:1 基本相同。因此申明铺东遗址(文坎沟东地点)王湾三期文化遗存的年代为二期二段。

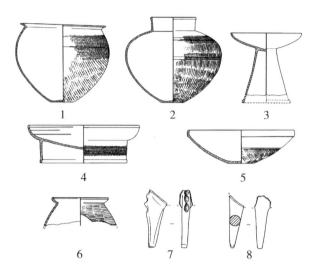

1. H3：4；2. H1①：8；3. H1①：11；4. H7：8；5. H1①：5；6. H1①：45；
7. H1①：79；8. H2①：10。

图21　申明铺东遗址（文坎沟东地点）王湾三期文化陶器

10. 姚河遗址

姚河遗址没有发现王湾三期文化层及遗迹，仅在地层中出土有王湾三期文化陶片。从出土的陶片来看，矮领瓮（图22，1、3）敛口，广肩；中口罐（图22，2、4）沿面下凹，折棱锐突呈小钩状；三角形鼎足（图22，5、6）足身削薄，上下宽度差小。这些都符合本地区王湾三期文化二期三段的特征。

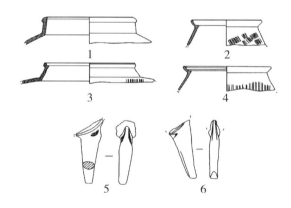

1. T24②：63；2. T26②：35；3. T24②：41；4. T24②：24；
5. T21②：33；6. T26②：12。

图22　姚河遗址王湾三期文化陶器

11. 肖沟遗址

肖沟遗址未发现龙山晚期的遗迹,仅有很薄且分布范围十分有限的一层文化层,仅出土有圈足盘、中口罐、三角形鼎足等少量陶器。从出土陶器的特征来看,T2③:9、T1③:20 三角形鼎足(图23,5、6)比较削薄;T1③:15 中口罐(图23,2)沿面下凹,折棱处突出;T1③:9 圈足盘(图23,4)盘腹较浅,圈足壁稍内敛。整体看接近王湾三期文化二期三段的特征。

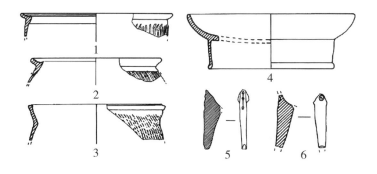

1. T1③:14;2. T1③:15;3. T1③:16;4. T1③:9;5. T2③:9;6. T1③:20。

图23　肖沟遗址王湾三期文化陶器

12. 郭家道子遗址

郭家道子遗址公布的龙山晚期陶器全部出自灰坑、灰沟和瓮棺之中,它们之间没有打破叠压关系,关于其开口层位的对应关系亦不太明晰,故只能通过陶器特征来推断所属期别。其中出土的中口罐多侈口折沿,沿面下凹,折棱锐突呈钩状,如 H47:7(图24,1);深腹盆敛口,唇缘外侧加厚呈三角形,如 W18:1(图24,4);侧装三角形鼎足削薄,足跟外侧有一按窝,如 H47:12(图 24,9);豆敞口,盘很浅,如 H47:4(图24,3)等。总体来看符合王湾三期文化二期三段的特征。

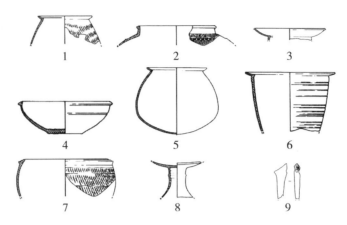

1. H47：7；2. H47：9；3. H47：4；4. W18：1；5. W18：2；6. H47：6；

7. H42①：2；8. H42②：7；9. H47：12。

图24 郭家道子遗址王湾三期文化陶器

13. 彭家院遗址

彭家院遗址发掘简报称该遗址存在石家河文化遗存,年代为石家河文化晚期(或后石家河文化),下限已接近二里头文化,说明该遗址的发掘者已经意识到这批所谓的石家河晚期或后石家河文化遗存的文化面貌与石家河早中期(即本书所认为的石家河文化)存在较为明显的差异。实际上这批石家河文化晚期遗存一少部分为屈家岭文化遗存,绝大部分都应属于王湾三期文化遗存。

彭家院遗址文化堆积较为简单,仅有2~3层,石家河文化遗存多出土于2006年发掘的第②、③层及2008年发掘的第②层中。这些陶器明显可以分为两群:第一群数量、器类都较少,主要包括花边浅盆形鼎、彩陶杯、凿形鼎足、红顶钵等。这些器物在屈家岭文化中都能见到同类器,如T3505②：2彩陶杯与大寺遗址出土的屈家岭文化彩陶杯T14③：29,无论是造型还是彩绘都非常接近。T3204③：7、H5：1花边浅盆形鼎与青龙泉遗址屈家岭文化T47③C：46、八里岗遗址屈家岭文化H121：4基本相同,因此该群属于屈家岭文化。第二群陶器数量较多,主要包括中口罐、釜、侧装三角形高足鼎、小口高领瓮、豆、圈足盘、矮领瓮等,为王湾三期文化陶器。

彭家湾遗址的王湾三期文化陶器多出土于地层之中,灰坑等遗迹的层位关系多未介绍,可用的层位关系很少,主要通过对陶器形态的观察判断期别。其中,H6：22小口高领瓮(图25,1)领部近直,溜肩,与大寺T6②：13接近。H39：20矮领瓮

（图25,2）直领,圆肩,深腹,与大寺 H8:21 相似。T3010③:11 钵形盆(图25,4)口近直,唇缘外侧加厚,与下寨 H244:3 近似。T3013②:16 豆(图25,3)敞口,盘稍深,下接喇叭形高圈足,与申明铺东 H1①:11 基本相同。这些陶器属于王湾三期文化第二期二段。T3205③:4 鼎(图25,6)的鼎身呈釜形,折棱处锐突,与下寨 H19:3、H19:4 形同。T3013②:40 钵形盆(图25,9)敛口,叠唇,与下寨 H323:2 形近。T3204②:7 豆(图25,8)大敞口,浅盘,圈足上部饰一道凸弦纹,与辽瓦店子 H187②:7 酷似。T3008③:4 圈足盘(图25,10)唇缘外侧加厚,深腹,圜底,与申明铺东 H7:8 相像。以上陶器属于王湾三期文化第二期三段。

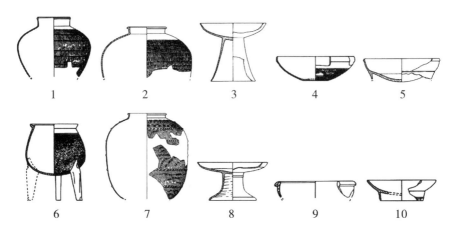

1. H6:22;2. H39:20;3. T3013②:16;4. T3010③:11;5. H39:11;6. T3205③:4;7. H6:55;
8. T3204②:7;9. T3013②:40;10. T3008③:4。

图25　彭家院遗址王湾三期文化陶器

准此,豫西南鄂西北地区王湾三期文化一期一段目前仅在下寨遗址中发现。二期二段在下寨、大寺、下王岗、青龙泉、八里岗、辽瓦店子、沟湾、申明铺东、马岭、彭家院等遗址中有所发现。二期三段在下寨、水田营、乱石滩、下王岗、牌坊岗、店子河、辽瓦店子、金营、沟湾、马岭、肖沟、姚河、郭家道子、彭家院等遗址中有所发现。具体见表4。

表4　豫西南鄂西北地区王湾三期文化遗址分期

期	段	下寨	下王岗	乱石滩	大寺	水田营	青龙泉	八里岗	牌坊岗	店子河	辽瓦店子	金营	沟湾	申明铺东	马岭	肖沟	姚河	郭家道子	彭家院
一期	一段	第一组	—	—	—	—	—	—	—	—	—	—	—	—	—	—	—	—	—
二期	二段	第二组	第一组	—	第一组	—	√	√	—	—	第一组	—	早段	√	第一组	—	—	—	√
	三段	第三组	第二组	第一组	—	第一组	—	—	√	√	第二组	√	晚段	—	第二组	√	√	√	√

四、年代

豫西南鄂西北地区王湾三期文化的年代可分为相对年代与绝对年代。其中相对年代可通过与中原地区王湾三期文化的对比来确定,绝对年代则主要通过碳十四测年数据来推断。

(一)相对年代

关于中原地区王湾三期文化的分期,有多位学者曾进行过研究,主要有两期说、三期说两大种观点。两期说又细分为"两期说""两期五(六)段说""两期四段说"三种观点。其中"两期说"以董琦先生为代表,早期以王城岗 H291,站马屯 T1②、T2② 为代表,晚期以王城岗 H668 为代表。[1] "两期五(六)段说"以韩建业、杨新改先生为代表,将王湾三期文化分为郑洛、汝颖两区,其中郑洛区分为前后两期五段,汝颖区分为前后两期六段。[2] 两期四段说以靳松安先生为代表,将王湾三期文化分为两期四段。[3] 三期说以高天麟、孟凡人先生为代表。[4] 其中第一期以王湾三期,煓李二期,孟津小潘沟 H60、H21 等为代表,第二期以煤山一期、新砦遗一期、煓李三期为代

① 董琦:《虞夏时期的中原》,科学出版社,2000 年,第 18—20 页。
② 韩建业、杨新改:《王湾三期文化研究》,《考古学报》1997 年第 1 期,第 1—21 页。
③ 靳松安:《河洛与海岱地区考古学文化的交流与融合》,科学出版社,2006 年,第 57 页。
④ 高天麟、孟凡人:《试论河南龙山文化"王湾类型"》,《中原文物》1983 年第 2 期,第 15—21 页。

表,第三期以牛砦遗址龙山遗存为代表。《中国考古学·新石器时代卷》也持此种观点[1],认为早期以王湾三期为代表,还有西干沟、小潘沟、锉李二期、瓦店早期等,中期以煤山一期为代表,此外还有煜李三期、王城岗一至三期、瓦店中期及郝家台一二期等。晚期以煤山二期为代表,同类遗存还有牛砦、王城岗四五期、新砦、郝家台三至五期。

上述观点中,高天麟、孟凡人先生的观点提出年代较早,彼时王城岗、瓦店、郝家台等重要的王湾三期文化遗址的发掘尚未进行或资料尚未公布,分期所用材料稍显单薄。董琦先生的分期论述过于简略,分期跨度过大,不能全面展现王湾三期文化的演变规律。韩建业、杨新改先生的分期又过于细致,不利于整体把握王湾三期文化的变化,此外,他们还将属于新砦期的新砦 H8、H7 归入王湾三期文化之中,存在一定的问题。靳松安先生的分期方法更好地体现了王湾三期文化各阶段的文化发展脉络,因此笔者基本认同两期四段的分期方法,但其中个别遗址所处期别需要调整。首先,靳先生将新砦期早段遗存归入王湾三期文化,晚段归入二里头文化,这一观点笔者不甚赞同。新砦期早晚两段遗存具有较强的连续性,不宜将其割裂开来,且这两段遗存表现出与王湾三期文化及二里头文化不同的文化面貌,也不宜将其归入两者中的任何一个。正如新砦遗址的发掘者所说,这类遗存"是从王湾三期文化向二里头文化过渡的过渡期文化遗存,即不便往前推,归入到王湾三期文化系统,也不便往后拖,归入二里头文化系统"[2]。其次,煤山二里头一期 H30 与煤山二期陶器形态类似,不宜将其分开成两段,煤山二期及与其同时的李楼二期均应属于晚期四段,煤山一期与李楼一期应属于晚期三段。再次,郝家台遗址发掘者认为郝家台一、二期大致相当于瓦店一期,郝家台三期大致相当于瓦店二期,郝家台四期相当于瓦店三期,郝家台五期相当于王城岗五期[3],这与靳先生的分期存在一定差别,总体来看还是郝家台遗址发掘者对王湾三期文化期别的把握更准确一些。最后,蒲城店 H411 出土的陶器从整体上看仍具有浓郁的王湾三期文化晚期风格,同时出现了子口盆、敛口带鸡冠耳的鼎等新砦期因素的器物,其年代应属于王湾三期文化最晚的阶段,下限已经进入新砦期。

---

① 中国社会科学院考古研究所:《中国考古学·新石器时代卷》,中国社会科学出版社,2010 年,第 535 页。
② 北京大学震旦古代文明研究中心、郑州市文物考古研究院:《新密新砦——1999—2000 年田野考古发掘报告》,文物出版社,2008 年,第 543 页。
③ 河南省文物考古研究所:《郾城郝家台》,大象出版社,2012 年,第 424—428 页。

准此,中原地区的王湾三期文化可分为两期四段,其中早期一段主要有站马屯一期;早期二段主要有煓李一期、站马屯二期、瓦店一期、郝家台一二期及王城岗一期等;晚期三段主要有煓李二期、煤山一期、李楼一期、瓦店二期、王城岗二三期及郝家台三期等;晚期四段主要有站马屯三期、煓李三期、王城岗四五期、瓦店三期、郝家台四五期、煤山二期及李楼二期、蒲城店 H411 等。

前文已将豫西南鄂西北地区王湾三期文化划分为二期三段,下面通过分别与中原地区的王湾三期文化进行对比确定其相对年代。

豫西南鄂西北地区王湾三期文化第一期一段中,下寨 H143①:1 矮领瓮(图 26,2)侈口,唇部加厚似卷沿,领部微束,与郝家台三期 T48⑤A:27(图 26,6)、T48⑤:30 十分接近。下寨 T0804④:5 碗(图 26,4)直口,斜壁,平底内凹,与瓦店二期ⅣT6H64:23(图 26,8)类似。下寨 H190①:4 小口高领瓮(图 26,1)口微外侈,斜直领,圆肩,与瓦店二期ⅣT3H30:6(图 26,5)相似。下寨 T0705④:3 罐(图 26,3)子母口,颈稍束,与煤山一期 T20④B:5(26,7)形近。因此,本地区王湾三期文化第一期一段与中原地区王湾三期文化晚期三段的年代基本相当。

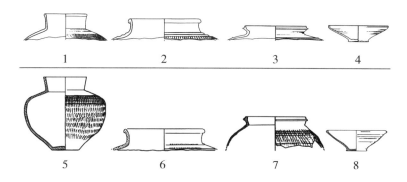

1. 下寨 H190①:4;2. 下寨 H143①:1;3. 下寨 T0705④:3;4. 下寨 T0804④:5;
5. 瓦店ⅣT3H30:6;6. 郝家台 T48⑤A:27;7. 煤山 T20④B:5;8. 瓦店ⅣT6H64:23。

图26 一期一段与王湾三期文化晚期三段陶器对比

豫西南鄂西北地区王湾三期文化第二期二段中,下寨 H327:36 盆形甑(图 27,3)折沿,沿面较平,腹部较直,与瓦店三期ⅣT6③:7(图 27,8)类似。下王岗 H257:6 觚形杯(图 27,5)为磨光黑陶,上部残,中腹锐折,下部束腰,底内凹,无论陶质、陶色还是器形都与王城岗四期 WT194H485:3(图 27,10)非常接近。大寺 H15:1 小口高领瓮

(图 27,1)近直口,领斜直,广肩,小凹圜底,与王城岗四期 WT252H668:5(图 27,6)相近。下寨 H19:9 大口罐(图 27,2)折沿,沿面上鼓,鼓腹,凹圜底,与郝家台四期 T8W24:10(图 27,7)基本相同。下王岗 H14:5 高柄豆(图 27,4)侈口,盘较深,酷似郝家台四期 T43④:21(图 27,9)。因此,本地区王湾三期文化第二期二段的年代与中原地区王湾三期文化晚期四段基本相当。

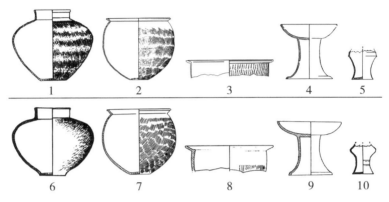

1.大寺 H15:1;2.下寨 H19:9;3.下寨 H327:36;4.下王岗 H14:5;5.下王岗
H257:6;6.王城岗 WT252H668:5;7.郝家台 T8W24:10;8.瓦店Ⅳ T6③:7;9.郝家
台 T43④:21;10.王城岗 WT194H485:3。

图27　二期二段与王湾三期文化晚期四段陶器对比

豫西南鄂西北地区王湾三期文化第二期三段中,水田营 H212:8 盆形甑(图 28,2)折沿,沿面平,斜弧腹,与瓦店三期Ⅳ T4H11:11(图 28,7)基本相同。下寨 T0905⑦:7 折壁器盖(图 28,4),折壁处夹角为钝角,壁外撇,与瓦店三期Ⅳ T6H34:2(图 28,9)相像。下寨 H19:3 鼎(图 28,1)折沿,折棱锐突,垂腹圜底,与瓦店三期Ⅴ T1H17:1(图 28,6)接近,只是前者口较后者小一些,后者鼎足足跟较宽。乱石滩 T8②:23 鼎足(图 28,5)呈"Y"形,足跟部饰数个按窝,与煤山二期 T19③:8(图 28,10)基本相同。水田营 T1205⑤:6 矮领瓮(图 28,3)敛口,斜肩,与煤山二期 H65:1(图 28,8)相似,只是前者口缘外侧加厚。因此,本地区王湾三期文化第二期三段的年代也与中原地区王湾三期文化晚期四段基本相当,其年代比第二期二段略晚。此外需要指出的是本段部分单位的年代较晚,可能已经进入夏代纪年,其年代与新砦期遗存相当。这一点以往已有学者指出,如马岭遗址的发掘者认为该遗址煤山文化第三期第 2 段的"瓮、高领罐等折肩的特征与煤山遗址 H70、新砦遗址第二期遗存

2000T6 第 8 层出土的同类器一致……浅腹盆形鼎的鼎足接于腹中部,与二里头文化第一期的同类器特征类似,年代下限可能为二里头文化早期"①。下寨遗址的发掘者指出该遗址中 M7、M3 等遗迹中出土的陶甗具有二里头文化早期的时代特征,豆则与下王岗 T14②B:74、蒲城店 H411②:74 等龙山向二里头文化过渡期遗存近似,年代下限明显已经进入二里头文化早期。②《淅川下王岗:2008—2010 年考古发掘报告》认为该遗址龙山文化最晚阶段两侧捏花边的鼎足及 Y 形鼎足、菌状钮器盖、罐与瓮子母口作风等,明显是新砦期一类遗存具有的特征,或许已经进入新砦期,但并非属于新砦期遗存。③ 袁飞勇认为豫西南鄂西北地区煤山文化的最晚阶段(第五期)年代与二里头文化新砦期相当,早于二里头文化一期早段。④

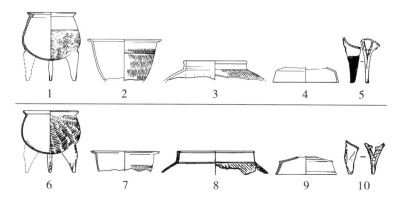

1. 下寨 H19:3;2. 水田营 H212:8;3. 水田营 T1205⑤:6;4. 下寨 T0905⑦:7;
5. 乱石滩 T8②:23;6. 瓦店ⅤT1H17:1;7. 瓦店ⅣT4H11:11;8. 煤山 H65:1;9. 瓦店ⅣT6H34:2;10. 煤山 T19③:8。

图28 二期三段与王湾三期文化晚期四段陶器对比

笔者赞成豫西南鄂西北地区王湾三期文化最晚段的部分单位年代下限已经进入新砦期。从陶器来看,下王岗遗址出土部分侧装三角形鼎足的外侧压印有横道纹,如 H155:1、H208:1 等,还有部分鼎足如 H159:2、H127:7、H127:8 外侧对捏按窝纹数

① 武汉大学历史学院考古学系、河南省文物局南水北调办公室、河南省文物考古研究院:《河南淅川县马岭遗址煤山文化遗存的发掘》,《考古》2020 年第 2 期,第 48 页。
② 河南省文物考古研究院、河南省文物局南水北调文物保护办公室:《河南淅川下寨遗址龙山时代末期至二里头早期墓葬发掘简报》,《华夏考古》2017 年第 3 期,第 69 页。
③ 中国社会科学院研究所:《淅川下王岗:2008—2010 年考古发掘报告》,科学出版社,2020 年,第 355 页。
④ 袁飞勇:《煤山文化研究》,武汉大学博士学位论文,2020 年,第 325 页。

组,与新砦 T6⑧:777~779 鼎足非常类似;下王岗 T6②:80 盉与新砦 T6⑦~⑧:902
接近;马岭 H870:19 瓮肩部圆折,不同于本地区王湾三期文化瓮类肩部圆滑的特
征,开始向新砦期遗存折肩尊形瓮的形制发展;下王岗 H300:2、下寨 M7:3 豆的风格
与蒲城店 H411②:74 近似。因此这部分遗存的年代可能已经进入新砦期。但与此同
时二里头文化一期典型的冬瓜形深腹罐、敛口鼎、带小钮束颈圆腹罐、瓦足盘、捏口
罐、折肩高领尊、大口尊等在本地区王湾三期文化遗存中并未见到,因此这些遗存
的年代早于二里头文化一期。

综上,通过将豫西南鄂西北地区王湾三期文化每一段与中原地区王湾三期文化
进行对比可以得知,本地区一期一段相当于中原地区王湾三期文化晚期三段,本地区
二期二、三段相当于中原地区晚期四段,少量二期三段单位能够晚至新砦期。

(二)绝对年代

豫西南鄂西北地区王湾三期文化发表的碳十四测年数据有 21 个(表5),分别为
八里岗遗址 2 个[1]、下王岗遗址 4 个[2]及下寨遗址 15 个[3]。根据前文分析可知,豫西南
鄂西北地区王湾三期文化的最早阶段一期一段,目前仅在下寨遗址有发现,这 21 个
测年数据中并没有属于一期一段的标本,因此缺乏直接判断王湾三期文化上限的证
据。但根据发掘材料可知大寺、青龙泉、乱石滩等遗址中王湾三期文化遗存叠压于石
家河文化晚期遗存之上,且其相对年代大致相当于中原王湾三期文化晚期三、四
段,因此可以通过石家河文化年代下限及中原王湾三期文化晚期三段的年代来推断
该地区王湾三期文化的年代上限。

表5　豫西南鄂西北地区王湾三期文化测年数据

出土遗址	标本	实验室号	测定年代(BP)/校正年代(BC)
八里岗 91DBT1F1	木炭	BK92001	4840±90
八里岗 92DBDT904H44	木炭	BK92041	4570±60
下王岗 T8W2	人骨	ZK-9732	1950—1889

① 北京大学考古系碳十四实验室:《碳十四年代测定报告(一〇)》,《文物》1996 年第 6 期,第 92 页。
② 中国社会科学院考古研究所:《淅川下王岗:2008—2010 年考古发掘报告》,科学出版社,2020 年,第 353 页。
③ 河南省文物考古研究院、河南省文物局南水北调文物保护办公室:《河南淅川下寨遗址龙山时代末期至二里头早期墓葬发掘简报》,《华夏考古》2017 年第 3 期,第 70 页。

续表5

出土遗址	标本	实验室号	测定年代（BP）/校正年代（BC）
下王岗 T11W9	人骨	ZK-9733	2128—2089
下王岗 T4W4	人骨	ZK-9734	1945—1881
下王岗 T1W20	人骨	ZK-3730	2027—1954
下寨 M21	人骨	Beta-458997	1880—1685
下寨 M23	人骨	Beta-458998	1889—1740 1710—1700
下寨 M27	人骨	Beta-458999	2200—2160 2150—2025
下寨 M9	人骨	Beta-459000	2280—2245 2230—2130 2085—2045
下寨 M15	人骨	Beta-459001	2015—1995 1980—1880 1835—1830
下寨 M25	人骨	Beta-459002	2200—2160 2150—2025
下寨 M26	人骨	Beta-459003	2015—1995 1980—1880 1835—1830
下寨 M29	人骨	Beta-459004	1955—1870 1845—1810 1800—1775
下寨 M31	人骨	Beta-459005	2205—2030
下寨 M32	人骨	Beta-459006	1945—1865 1850—1770
下寨 M28	人骨	BA160586	1880—1662
下寨 M22	人骨	BA160590	1949—1862
下寨 M30	人骨	BA160594	2061—1947
下寨 W33	人骨	Beta-459007	2121—2090 2040—1915
下寨 W37	人骨	Beta-459008	2285—2130 2080—2060

关于石家河文化的绝对年代跟石家河文化的界定有很大关系,持石家河文化"三期说"观点的学者一般认为其绝对年代为公元前 2500—前 2000 年①,但近年来已经有很多学者认识到"三期说"中的石家河文化晚期和早中期相比发生了很大变化,其文化性质已经发生改变,我们也认同这种观点。因此石家河文化实际应分为早、晚两期,分别相当于"三期说"的早、中期,其绝对年代的下限也不可能晚至公元前 2000 年。根据目前发表的石家河文化碳十四测年数据可知,肖家屋脊 H98、H42 年代为该遗址石家河文化早期晚段,相当于石家河文化晚期,BK89037 年代明显偏高,剩下两个的绝对年代在公元前 2200 左右,因此石家河文化年代的下限大致在公元前 2200 年。

关于中原王湾三期文化的年代有多种观点。《中国考古学·新石器时代卷》认为其绝对年代在公元前 2600—前 1900 年②,韩建业、杨新改先生认为当在公元前 2500—前 1900 年③,靳松安先生认为当在公元前 2500—前 2000 年④。根据目前发表的王湾三期文化测年数据来看,王湾 ZK-0144 数据明显偏高,应予以排除,王城岗 WB78-18 数据又过低,已经进入二里头文化年代范围,也应排除。剩余的测年数据中最早的为苗店 ZK-2169,郝家台 DY-K0187、WB88-32,最晚的为瓦店 BA03161、BA03164、BA03167,王城岗 BA05257、BA05258 等,其余的数据基本落在公元前 2500 年至前 1900 年的范围之内。早于王湾三期文化的庙底沟二期文化年代下限有公元前 2300 年、前 2400 年、前 2500 年等几种观点⑤,其中公元前 2300 年及前 2400 年明显已经进入龙山时代晚期,综合已经发表的庙底沟二期文化的碳十四测年数据来看,将公元前 2500 年作为其年代下限较为可靠。晚于王湾三期文化的新砦期遗存的年代上限不早于公元前 1900 年,大致为公元前 1850—前 1750 年⑥。因此中原王湾三期文化的绝对年代在公元前 2500 年至前 1900 年之间,其早、晚两期的分界大致可定为公元前 2200 年。

① 中国社会科学院考古研究所:《中国考古学·新石器时代卷》,中国社会科学出版社,2010 年,第 662 页。
② 中国社会科学院考古研究所:《中国考古学·新石器时代卷》,中国社会科学出版社,2010 年,第 535 页。
③ 韩建业、杨新改:《王湾三期文化研究》,《考古学报》1997 年第 1 期,第 14 页。
④ 靳松安:《河洛与海岱地区考古学文化的交流与融合》,科学出版社,2006 年,第 59 页。
⑤ 卜工:《庙底沟二期文化的几个问题》,《文物》1990 年第 2 期,第 38—47 页;罗新、田建文:《庙底沟二期文化研究》,《文物季刊》1994 年第 2 期,第 67—77 页;蒋志龙:《釜形斝研究》,《考古与文物》1995 年第 4 期,第 50—63 页。
⑥ 北京大学震旦古代文明研究中心、郑州市文物考古研究院:《新密新砦——1999—2000 年田野发掘报告》,文物出版社,2008 年,第 662 页。

石家河文化绝对年代的下限为公元前 2200 年左右,中原王湾三期文化晚期的绝对年代为公元前 2200 年至前 1900 年,那么将晚于石家河文化晚期,与中原王湾三期文化晚期基本同时的豫西南鄂西北王湾三期文化的绝对年代上限定为公元前 2200 年当是比较可靠的。豫西南鄂西北王湾三期文化测年的单位基本属于二期三段,个别数据如八里岗过早,达到了龙山时代早期,不符合实际应剔除,而下寨 M21 下限到了公元前 1685 年,已进入二里头文化,也应剔除,其余的数据下限多在公元前 1900 年前后波动。由于少量单位年代与新砦期相当,因此将豫西南鄂西北王湾三期文化的下限定为公元前 1900 年或稍晚较为合适,但不会晚于公元前 1750 年。

五、类型和分布范围

在考古学文化的内部,一般还可以进一步划分为不同的类型,类型是反映地域性差异的,即在考古学文化内部因分布的地域不同而形成的区域性特征,多被称为地方类型。[①] 这是对考古学文化进行的第二个层次的研究。由于豫西南鄂西北地区的王湾三期文化在分布地域上接近嵩山以南地区的王湾三期文化煤山类型,其陶器以罐、鼎为主,少斝、折腹盆等器物,在文化面貌上也接近煤山类型,因此有学者将其归入煤山类型中。[②] 也有学者将汉水中游地区的王湾三期文化划分为一个新的地方类型——乱石滩类型。[③] 还有一种观点是将煤山类型从王湾三期文化中分离出来成为一个独立的考古学文化——煤山文化,豫西南鄂西北地区的煤山文化为乱石滩类型。[④]

关于地方类型划分的依据,以往有学者指出应基于 5 个方面:第一,文化内涵上的地域性差异;第二,对历史文化传统的继承和发展;第三,自然环境位置的相对独立性,各自成为小的地理单元;第四,由于外来文化的影响所产生的新的文化因素;第五,古史传说中古国或古国群的分布。[⑤] 比照这 5 个依据来看,目前豫西南鄂西北地区经发掘的王湾三期文化遗址主要分布于河南、湖北的丹江口库区之内,这里属于丹

① 栾丰实、方辉等:《考古学理论·方法·技术》,文物出版社,2002 年,第 110 页。
② 韩建业、杨新改:《王湾三期文化研究》,《考古学报》1997 年第 1 期,第 1–21 页。
③ 靳松安:《王湾三期文化的南渐及其相关问题》,《中原文物》2010 年第 1 期,第 31–38 页;靳松安:《河洛与海岱地区考古学文化的交流与融合》,科学出版社,2006 年,第 61 页。
④ 袁飞勇:《煤山文化研究》,武汉大学博士学位论文,2020 年,第 340–342 页。
⑤ 栾丰实、方辉等:《考古学理论·方法·技术》,文物出版社,2002 年,第 111 页。

江下游流域,地貌为山间盆地或谷地,不同于豫西南鄂西北中东部地区的盆地或冲积平原,自然环境具有相对的独立性。这一地区王湾三期文化的面貌虽然呈现出与煤山类型接近的一面,表现在陶器上都以鼎、罐、瓮、豆、圈足盘、甑、盆、器盖等为基本的器物组合,但同时也有部分其他文化因素出现,包括残存的石家河文化因素,吸收的客省庄文化因素等,还出现少量具有自己风格的器物,表现出一定的独特性和复杂性。

首先,从器类上看,本地区王湾三期文化以侧装三角形高足鼎、釜、中口罐、大口罐、小口高领瓮、矮领瓮、圈足盘、钵形盆、浅盘豆为最主要的器物组合,基本不见煤山类型典型的乳足鼎、斝和双腹盆。罐、鼎多为圆唇或尖圆唇,煤山类型中口罐上带小凹槽的方唇这一特征在本地区不多见。其次,从器物特征来看,存在部分其他文化的因素。如下王岗 T4②:156 红陶杯、下寨 H19:6～7、青龙泉 Z8:3 圜底釜,乱石滩T3 ㉔:18、T3 ㉔:12 宽扁鼎足,T3 ㉔:10 器座束腰,T6 ⑳:25 带流盆等为石家河文化因素的残留。大寺 T8②:4 双大耳罐、T18②:47 侈口高领折肩罐、下王岗 T5⑩:18 斝、H232:1 双耳罐、T2⑦:3 器盖等在客省庄文化中能见到类似器物。此外还新出现具有自己独特风格的陶器,如辽瓦店子 H346:1、申明铺东 H2②:1、马岭 Z1:7 各出土有一件小口高领,腹部圆鼓,圜底,下部侧装三角形或锥形高鼎足的鼎,申明铺东的一件还在腹部装有对称的鋬,独具特色,尚未在其他文化或类型中发现。由此可以看出,该地区王湾三期文化既有对中原地区传统的继承,也有文化内涵地域上的差异性及在外来文化的影响下而产生的新文化因素,故而不宜将其归入煤山或王湾类型中,应划为一个新的地方类型,可从靳松安先生的命名,称之为乱石滩类型。

豫西南鄂西北地区目前经发掘的王湾三期文化乱石滩类型遗址主要分布在南阳盆地的南部和襄宜平原的北部,包括丹江下游流域的淅川县、十堰市郧阳区(原郧县)、丹江口市等县(市、区)的范围内,西到郧阳区,东大致到襄阳市,北至淅川县城,南达湖北境内丹江口水库的南岸。南阳盆地北部地区发掘资料较少,白河流域调查发现含有龙山晚期遗存的遗址 29 处[1],从调查采集的陶片来看其文化属性应为王湾三期文化(图 29)。这些遗址的分布最北到南召,最南至邓州、新野与湖北的交界,基本覆盖了整个南阳盆地。从地理位置上来看,白河流域地区属于南阳盆地,这

---

① 北京大学考古文博学院、南阳市文物考古研究所:《白河流域史前遗址调查报告》,文物出版社,2013 年。

里的自然环境也具有相对的独立性。由于南阳盆地是自中原地区南下江汉平原的重要通道,而丹江下游流域的乱石滩类型也必然是王湾三期文化煤山类型经白河流域传播至此地形成的,因此南阳盆地的王湾三期文化应与煤山类型、乱石滩类型均有密切的关系。关于南阳盆地内的王湾三期文化遗存,有学者将其也归入乱石滩类型之中[①],本书暂从之。但由于目前这一地区的遗址多仅经调查,对其所属的地方类型更准确的判断需待将来更多发掘材料的面世。

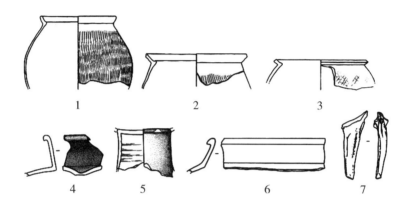

1.光武台 P:2;2.光武台 C:2;3.小河 C:2;4.莲花池 P4H1:3;5.莲花池 C:13;
6.房山 PI5②:2;7.光武台 C:8。

图 29　白河流域调查遗址采集王湾三期文化陶片

---

①　靳松安:《王湾三期文化的南渐及其相关问题》,《中原文物》2010 年第 1 期,第 31-38 页。

第二章

二里头时代遗存分析

    豫西南鄂西北地区的二里头时代遗存最早在1971—1972年下王岗遗址的发掘中发现,此后在邓州、方城等地也有零星出现。21世纪初,为配合南水北调中线工程丹江口库区的工程建设,在该地区开展了系统的、较大规模的考古发掘工作,在单岗、盆窑、门伙、李营等遗址新发掘一批二里头时代遗存,丰富了该地区二里头时代文化的面貌。

第一节　典型遗址的分组

    本书通过对豫西南鄂西北地区二里头时代遗址的材料进行梳理,以确定典型遗址的分组,为研究二里头时代遗存的性质、分期及年代等问题奠定基础。

一、遗址的发现情况

    豫西南鄂西北地区目前经发掘的二里头时代遗址主要有邓州市穰东①,方城县八

---

① 河南省文物考古研究所:《河南邓州市穰东遗址的发掘》,《华夏考古》1999年第2期,第7-24页。

里桥①,淅川县下王岗②、盆窑③、门伙④、单岗⑤、马岭⑥、文坎⑦、李营⑧,南阳市王营⑨,十堰市郧阳区(原郧县)龚家村⑩、李营⑪,丹江口市熊家庄⑫,襄阳市王树岗遗址⑬等(图30)。

———————————————

① 北京大学考古学系、南阳市文物研究所等:《河南方城县八里桥遗址1994年春发掘简报》,《考古》1999年第12期,第16-27页。

② 河南省文物研究所、长江流域规划办公室考古队河南分队:《淅川下王岗》,文物出版社,1989年,第230-263页;中国社会科学院考古研究所山西队、河南省文物局南水北调办公室:《河南淅川下王岗遗址二里头文化遗存发掘简报》,《中原文物》2020年第3期,第15-27页;中国社会科学院考古研究所:《淅川下王岗:2008—2010年考古发掘报告》,科学出版社,2020年,第357-390页。

③ 王宏:《盆窑遗址》,《河南省南水北调中线工程文物保护项目年报(2009—2010)》,河南省文物局内部资料,第124-126页。

④ 金志伟:《门伙遗址》,《河南省南水北调中线工程文物保护项目年报(2007)》,河南省文物局内部资料,第35页。

⑤ 孙凯:《淅川单岗遗址先秦文化遗存研究》,郑州大学硕士学位论文,2013年,第28页。

⑥ 余西云、赵新平:《淅川县马岭新石器时代至清代遗址》,《中国考古学年鉴2010》,文物出版社,2011年,第285-286页。

⑦ 河南省文物考古研究院内部资料。

⑧ 河南省文物考古研究院内部资料。

⑨ 南阳市文物考古研究所:《河南南阳市王营二里头文化水井发掘》,《华夏考古》2019年第3期,第14-17页。

⑩ 中国人民大学北方民族考古研究所:《郧县龚家村遗址发掘简报》,《湖北南水北调工程考古报告集(第四卷)》,科学出版社,2014年,第225-260页。

⑪ 武汉大学考古系、郧阳博物馆:《湖北郧县李营遗址二里头文化遗存发掘简报》,《江汉考古》2014年第6期,第3-16页。

⑫ 张成明:《丹江口熊家庄二里头文化时期和楚文化遗址》,《中国考古学年鉴2005》,文物出版社,2006年,第269-270页。

⑬ 襄石复线襄樊考古队:《湖北襄阳法龙王树岗遗址二里头文化灰坑清理简报》,《江汉考古》2002年第4期,第44-50页。

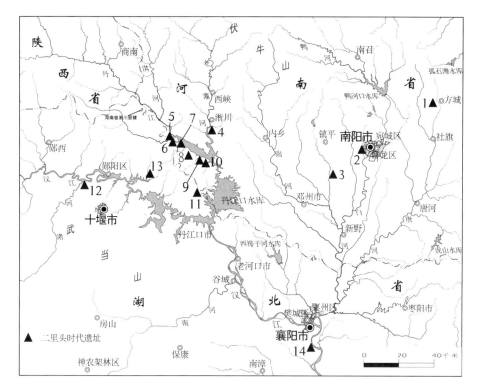

1. 八里桥; 2. 王营; 3. 穰东; 4. 李营; 5. 盆窑; 6. 门伙; 7. 文坎; 8. 单岗; 9. 下王岗; 10. 马岭;
11. 熊家庄; 12. 龚家村; 13. 李营; 14. 王树岗。

图 30　豫西南鄂西北地区二里头时代遗址分布

（一）王树岗遗址

王树岗遗址位于湖北省襄阳市法龙乡王树岗村东北约 1 公里, 东靠焦枝（襄石）铁路, 北距王树岗火车站约 200 米。该遗址地处汉水冲积平原上, 地势平坦, 其范围南北长约 500 米, 东西宽约 100 米, 总面积 50 000 平方米。1997 年为配合襄石复线王树岗车站改造工程, 襄石复线襄樊考古队对该遗址进行了正式发掘, 发掘地点位于遗址东部, 共开探方、探沟 15 个, 实际发掘面积 235.5 平方米。

王树岗遗址仅发现二里头时代灰坑 2 座, 出土遗物主要有陶器和石器两类。陶器中两灰坑的陶系略有差别, 其中 H1 以夹砂褐、灰陶为主, 夹砂红陶次之, 还有一定数量的泥质褐、灰、红、黑陶, H2 中泥质灰、褐陶最多, 夹砂红、泥质黑陶次之, 泥质红、夹砂灰陶再次。器形主要有鼎、大口尊、罐、盆、簋、豆、杯、器盖、甗、瓮、缸等。纹饰均以绳纹最多, 还有部分篮纹、弦纹、按窝。石器数量和种类均较少, 有斧、锛、凿。

（二）穰东遗址

穰东遗址位于河南省邓州市穰东镇东北约 1 公里处,东北距穰东火车站约 300 米,西南距邓州市约 26 公里。遗址位于赵河与虹石河之间的平原地带,向北约 24 公里、向西约 20 公里为伏牛山区,南、东两面为平原区,整个地势由北向南倾斜。遗址现存面积约 15 000 平方米。1989 年,为配合焦枝铁路复线建设工程,河南省文物考古研究所对该遗址进行了抢救性发掘,共布探方 10 个,发掘面积 325 平方米。

该遗址发现属于二里头时代的墓葬 1 座、灰坑 15 座。出土遗物主要有陶器和石器两种,其中陶器以夹砂、泥质灰陶最多,夹砂棕黄陶也占相当比例,夹砂红褐陶、泥质黑陶和泥质棕黄陶数量较少,此外还有少量泥质红陶。泥质陶中有一定数量夹有极少量细砂,可知其未经过严格淘洗。主要器形有中口罐、圆腹罐、花边罐、捏口罐、盆、刻槽盆、鼎、豆、三足盘、大口尊、缸、瓮、器盖、爵、鬶、甗等。陶器表面多有纹饰,素面陶较少。纹饰中以绳纹为大宗,此外还有弦纹、附加堆纹、花边、篮纹、方格纹等。陶器多为轮制,器形规整,以平底器为主,圜底器、三足器较少。石器均为磨制,器形有斧、锛、刀、镰、凿、镞等。

（三）八里桥遗址

八里桥遗址位于河南省南阳市方城县城西南近 4 公里的潘河西岸,地势平坦略高出周围平地,豫 01 线公路从遗址北部穿过,三里河在遗址北边 1 公里处汇入潘河,潘河自北向南流,从遗址北边向东绕了一个小弯后向南流去。遗址为一片开阔的农田,面积约 100 000 平方米。1993 年北京大学考古学系与方城县博物馆在田野调查时发现该遗址,1994 年由北京大学考古学系、南阳市文物研究所及方城县博物馆组成发掘队对该遗址进行了发掘,布探方 2 个,发掘面积 70 平方米。

遗址中发现的二里头时代遗迹主要有灰坑和灰沟,其中灰坑 17 座,灰沟 1 条。遗物主要有陶器、石器。其中陶器多为夹砂陶,以夹粗砂者占相当比例,泥质陶较少。陶色以灰陶居多,次为褐陶、红褐陶、黑陶等。器形主要有鼎、罐、鬲、甑、盆、豆、簋、缸、瓮、罍、大口尊、盉、爵、器盖等。纹饰以绳纹为主,还有附加堆纹、弦纹、花边、云雷纹、连珠纹等。石器磨制较为粗糙,多为残断的生产工具,器形有斧、锛、铲、刀、钺等。

（四）下王岗遗址

下王岗遗址的二里头时代遗存分布较为广泛,不仅集中分布于遗址岗地高处,低处也发现有二里头时代地层及零星灰坑。该遗址共发现二里头时代灰坑 46 座,墓葬 6 座(瓮棺 3 座)、窑址 1 座。出土遗物主要有陶器、石器、骨器,还有极少量的玉器。其中陶器以夹砂灰陶为主,泥质灰陶次之,并有少量泥质黑陶和棕陶。器形主要有罐、鼎、钵、盘、豆、杯、壶、大口尊等。纹饰以绳纹为主,还有部分附加堆纹、弦纹、按窝、锯齿纹等。陶器的制作主要是轮制,也有少量手制和轮制兼用。石器多为磨制而成,部分为打制,器形有斧、铲、锛、凿、镰、网坠等。骨器有镞、锥、匕、凿等。此外还有少量玉饰、玉环、牙饰、玉戈、绿松石坠饰等。

(五)单岗遗址

单岗遗址位于河南省南阳市淅川县盛湾镇单岗村北,北临丹江,南距单岗村 250 米,面积约 20 000 平方米。2011—2012 年,郑州大学历史学院考古系对该遗址进行了勘探和发掘,发掘面积 5500 平方米。单岗遗址中二里头时代遗迹发现不多,仅发现灰坑 2 座,出土遗物也较少,仅出土鼎足 1 件,大口尊 3 件。

(六)盆窑遗址

盆窑遗址位于河南省南阳市淅川县滔河乡门伙村,地处丹江右岸的河谷平原上,向东 3 公里即为丹江、滔河交汇处,南距门伙遗址仅 500 余米,面积约 50 000 平方米。2010—2011 年中山大学人类学系对该遗址进行发掘,发掘面积 3200 平方米。发现的二里头时代遗迹主要是灰坑,出土陶器器形主要有深腹罐、圆腹罐、大口尊、深腹盆、鼎等。器物多为夹砂或泥质灰陶,多卷沿,器表绳纹整体较粗,有的呈麻纰状。

(七)门伙遗址

门伙遗址位于河南省南阳市淅川县滔河乡门伙村第二村民小组,地处丹江右岸的河谷平原上,北距盆窑遗址仅 500 余米。2007 年 8 月,中山大学人类学系开始对该遗址进行抢救性考古发掘,共发掘面积 1800 平方米,仅发现 2 座二里头时代墓葬,均为长方形竖穴土坑墓。出土有大口尊、敛口罐、甑、罐、小口瓮等陶器,纹饰以绳纹、附加堆纹为主。

(八)淅川李营遗址

李营遗址位于河南省南阳市淅川县上集镇李营村,2008 年 7—9 月由河南省文物考古研究所对其进行试掘,共开探方 2 个。遗址中未发现二里头时代的地层堆积及遗迹单位,但是在晚期(主要是东周时期)的遗迹和地层中发现有零星的二里头时代遗物,主要有大口尊、缸、鸡冠耳盆和鼎足。

(九)王营遗址

王营遗址位于河南省南阳市卧龙区潦河镇王营村,地处南阳盆地冲积平原中部,潦河自北向南从遗址西边流过。1999 年王营村一村民在将位于王营遗址之上的一个废弃大坑推平做鱼塘时发现 3 座二里头时代的水井,后由南阳市文物考古研究所对其进行了抢救性发掘,出土陶片,可复原器形有捏口罐、刻槽盆、高领罐、瓮、盖钮等。

(十)龚家村遗址

龚家村遗址位于湖北省十堰市郧阳区柳陂镇辽瓦村一组,东距辽瓦店子遗址3000 米。遗址位于汉江南岸台地上,南为高山,北为汉江,海拔 150.1 米。该遗址最早在 1958 年长江流域规划办公室考古队普查时发现,2010 年中国人民大学北方民族考古研究所对该遗址进行了发掘,发掘面积为 1951.5 平方米。该遗址的 H11 出土陶器以夹砂褐陶最多,纹饰主要为绳纹,器形主要有折肩瓮、侧装三角形鼎足、圆腹罐、小口罐等。发掘者认为其年代为新石器时代晚期,或可晚至商初。

(十一)郧阳区李营遗址

李营遗址位于湖北省十堰市郧阳区安阳镇李营村四组,地处鄂西北秦岭与巴山余脉之间的汉水北岸一级阶地之上,北部为李营小河环绕,海拔 168~170 米,遗址面积约 50 000 平方米。2011 年 10 月—2012 年 6 月,湖北省文物考古研究所、武汉大学考古系、郧阳博物馆先后对该遗址进行了发掘,发掘面积 4000 平方米,发现了一批二里头时代遗存,包括灰坑、灰沟等遗迹 54 个,以及大量陶器、石器等遗物。其中陶器以夹砂陶居多,泥质陶次之,陶色以灰、红褐、磨光黑陶等最多,器形主要有深腹罐、圆腹罐、敛口鼎、大口尊、敛口瓮、大口缸、深腹盆、豆、器盖等。

除以上遗址外,淅川马岭、文坎,丹江口熊家庄等遗址也发现有二里头时代遗存,但具体材料尚未公布。

二、典型遗址的分组

目前豫西南鄂西北地区经发掘的二里头时代遗址共 14 个,但发掘材料公布得比较少,因此仅选择材料相对丰富的遗址进行层位关系的梳理,并对其分组。

（一）王树岗遗址

该遗址在早年修筑焦枝铁路时被扰乱,发掘的各探方内形成了现在认为的二次堆积,各层出土遗物早晚时代混杂,因而地层已无实际意义。其中在 T5、T4 中各发现1 座保存较好的二里头文化灰坑,分别为 97XWH1、H2,二者没有叠压打破关系,且出土遗物亦无明显变化,因此可将王树岗二里头遗存归为 1 组,以 H1、H2 为代表（图31）。

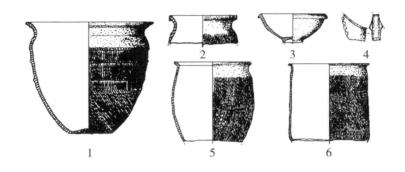

1. H2:2;2. H2:5;3. H1:4;4. H2:54;5. H1:8;6. H1:9。

图31 王树岗遗址二里头时代陶器

（二）穰东遗址

观察穰东遗址各探方二里头时代遗存的叠压打破关系,排除不见遗物的单位后,其层位关系有以下 4 组,每组从上到下的关系顺序如下。

T6③ → T6④ → T6⑤

T2④ → T2⑤

T1④ → M2 → T1⑤

T5③ → H10 / H12 → T5④

由于穰东遗址各探方间地层堆积一致,因此根据各探方地层关系进行串联,可合并为以下 1 组层位关系。

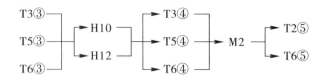

根据典型单位的层位关系及各单位出土陶器的类型学排比,将其分为三组。

第一组:主要有 T2⑤、T6⑤、M2 等单位,以 T6⑤为代表。

第二组:主要有 T2④、T5④、T6④、H12 等单位,以 H12、T6④为代表。

第三组:主要有 T3③、T6③、T5③、H10 等单位,以 T6③、H10 为代表。

根据层位关系可知,第一组最早,第二组稍晚,第三组最晚。这三组都以深腹罐、圆腹罐、深腹盆、豆、大口尊、高足鼎等为典型陶器组合,纹饰以绳纹最多,鸡冠耳、花边口装饰等也较多出现(图 32)。其主要器形的演变一脉相承,体现出较强的连贯性,应是同一文化不同发展阶段的具体表现。

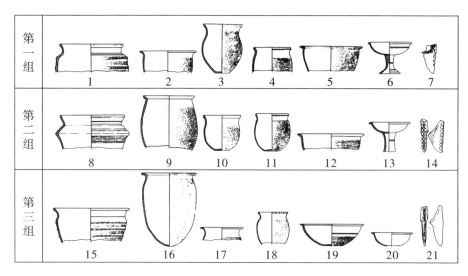

1. T4⑤:2;2. H8:2;3. T6⑤:1;4. H9:7;5. T6⑤:2;6. M2:4;7. T4⑤:4;8. T6④:8;9. H12:9;
10. H1:1;11. H12:1;12. H7:2;13. T6④:2;14. T6④:4;15. T6③:33;16. H10:1;17. H10:12;
18. H5:2;19. H5:1;20. H10:4;21. T6③:11。

图 32　穰东遗址二里头时代陶器分组

(三)八里桥遗址

观察八里桥遗址各探方二里头遗存的叠压打破关系,排除不见遗物的单位后,其层位关系有 3 组,每组从上到下的关系顺序如下。

断崖②→H1→H2→断崖③

T1①→H4→T1②→┬→H6──────┐
　　　　　　　　└→G1→H15→H16┘→T1③

T4②→H5→┬→H7──┐
　　　　　　└→H17┘→T4③

根据典型单位的层位关系及各单位出土陶器的类型学排比,可将其归为 1 组,主要以 H6、H7、H15、H16 等单位为代表(图 33)。

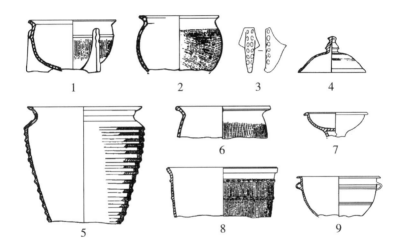

1. H7:48;2. H6:2;3. G1:1;4. H4②:8;5. 94FB0:9;6. H2:2;7. 4FB0:13;8. H7:20;9. H7:26。

图 33　八里桥遗址二里头时代陶器

（四）下王岗遗址

1971—1974 年发掘的下王岗遗址二里头时代遗存的主要层位关系有 3 组,每组从上到下的关系顺序如下。

T8①→H16→T8②

T9①→H62→T9②

T20①→┬→H245──┐
　　　　└→H249┘→T20②A

此外,根据报告公布的各探方的层位对照关系可知,出有遗物的T7②、T12②A、

T15②A、T18②A、T19②A、T21②A、T22②A 等与 T20②A 为相互对应的同一文化层堆积。

2008—2010 年发掘的二里头时代遗存的层位关系主要有以下 4 组。

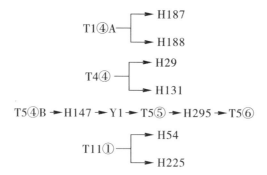

根据典型单位的层位关系及各单位出土陶器的类型学排比,可将下王岗二里头时代遗存分为两组(图34)。

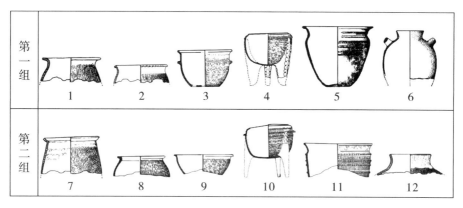

1.T5⑥:8;2.H131:2;3.H29:3;4.T5⑥:1;5.T19②A:9;6.T12②A:10;7.Y1:2;8.T5⑤:23;

9.T5⑤:25;10.H54:3;11.H147:1;12.T5⑤:24。

图34 下王岗遗址二里头时代陶器

第一组:主要包括 20 世纪 70 年代发掘的 T12②A、T15②A、T18②A、T19②A、T21②A、T22②A、T20②A、H245、H249、H16、H62,以及 2008—2010 年发掘的 T5⑥、H295、H187、H188、H29、H131 等单位。

第二组:主要有 2008—2010 年发掘的 T5⑤、H147、Y1、H54、H225 等单位。

从层位关系来看,第二组晚于第一组。从器形来看,这两组均以侧装三角形高足的盆形鼎或敛口罐形鼎、深腹罐、(花边)圆腹罐、带鸡冠耳的盆形甑、大口尊等为典型器物组合,主要器形的演变具有较强的连贯性,属于同一考古学文化的不同发展阶段。

（五）单岗遗址

该遗址仅发现二里头时代灰坑 2 座,分别为 H176、H191。其中,H176 仅出土鼎足 1 件,H191 出土大口尊 3 件,可复原者 1 件,均为敞口,卷沿,斜长颈,折肩(图 35)。据此可将单岗遗址二里头时代遗存归为 1 组,以 H176、H191 为代表。

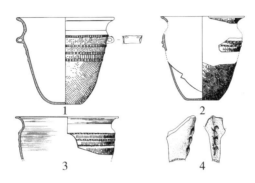

1. H191：1；2. H191：3；3. H191：2；4. H176：1。

图 35　单岗遗址二里头时代陶器

（六）王营遗址

王营遗址发现有二里头时代水井 3 座,分别为 J1、J2 和 J3,其中 J1 出土陶器数量稍多,主要有捏口罐、高领罐、刻槽盆、矮领瓮(图 36)等,根据陶器形态将其归为一组。

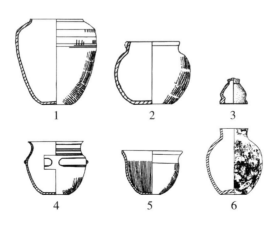

1. J1：12；2. J1：1；3. J1：15；4. J1：10；5. J1：12；6. J2：1。

图 36　王营遗址二里头时代陶器

第二节　二里头时代遗存的文化属性、分期、年代及类型

本节在上文对豫西南鄂西北地区典型二里头时代遗址进行分组的前提下,确定这类遗存的文化属性,进而对出土典型陶器进行型式的划分,对文化进行分期,并明确每期的年代及文化类型。

一、文化属性

在二里头时代之时,与豫西南鄂西北地区相邻的中原地区是二里头文化的分布区域。二里头文化遗存最早发现于河南登封玉村遗址[①],至 1956 年发掘郑州洛达庙遗址,出土了大批具有独立文化面貌的文化遗存,当时被命名为"洛达庙类型文化"[②]。自 1959 年至 1978 年,中国科学院考古研究所开始对偃师二里头遗址进行持续发掘,发现该遗址二里头文化堆积典型、考古学文化连续不断,还有高规格的宫殿、宫墙、作坊等遗存,相比洛达庙遗址具有更广泛的代表意义,因此夏鼐先生正式将其命名为二里头文化[③]。此后这一名称被学术界认可,沿用至今。

观察豫西南鄂西北地区二里头时代遗存的陶器可知,其典型陶器组合为深腹罐、圆腹罐、花边口沿罐、盆形鼎、敛口鼎、大口尊、深腹盆、刻槽盆、高柄豆、圈足盘等。陶器以夹砂和泥质灰陶为主,褐陶、黑陶、红陶等较少。纹饰中盛行粗细不等的绳纹,有部分弦纹、篮纹、按窝等,部分陶器装饰花边或鸡冠耳。深腹罐卷沿或折沿,深腹较胖,圜底或平底,如穰东 T6③:1(图 37,4)与灰嘴 J1②:2(图 37,11)类似。鼎多呈盆形,下装三角形或刀形足,足装得较高,足身多饰按窝,也有部分敛口罐形鼎,如下王岗 H244:8(图 37,2)与二里头Ⅱ・Ⅴ T116④:12(图 37,9)接近。大口尊敞口,折肩,深腹,平底或凹圜底,如下王岗 T19②A:9(图 37,1)与二里头Ⅷ T14④:11(图 37,8)相像。甑呈盆形,侈口,腹稍鼓,如下王岗 H245:5(图 38,3)和煤山 H3:18(图 37,10)基本类似。豆类盛行高柄、浅盘的作风,卷沿或沿下垂,如穰东 H7:1

---

① 韩维周、丁伯泉等:《河南登封县玉村古文化遗址概况》,《文物参考资料》1954 年第 6 期,第 18–24 页。
② 河南省文化局文物工作队第一队:《郑州洛达庙商代遗址试掘简报》,《考古》1959 年第 10 期,第 48–51 页。
③ 夏鼐:《碳–14 测定年代和中国史前考古学》,《考古》1977 年第 4 期,第 217–232 页。

（图 37，7）和二里头ⅥT4③：11（图 37，14）形制一致。

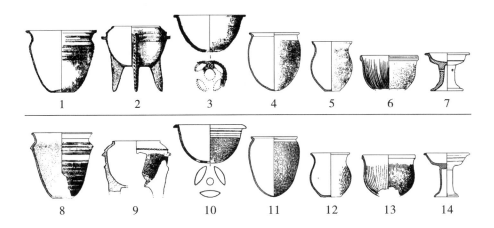

1. 下王岗 T19②A：9；2. 下王岗 H244：8；3. 下王岗 H245：5；4. 穰东 T6③：1；5. 穰东 T6⑤：1；
6. 穰东 T5④：1；7. 穰东 H7：1；8. 二里头ⅧT14④：11；9. 二里头Ⅱ·ⅤT116④：12；10. 煤山 H3：18；
11. 灰嘴 J1②：2；12. 洛达庙 T26：20；13. 二里头ⅣT11④：11；14. 二里头ⅥT4③：11。

图 37　二里头时代遗存与二里头文化陶器对比

从该地区出土的二里头时代遗存陶器来看，其性质属于二里头文化。

二、典型陶器型式的划分

为了更加准确地反映豫西南鄂西北地区二里头文化发展的阶段性，本书选择典型单位中出现较多、变化较大的器形如深腹罐、鼎、圆腹罐、豆、盆、大口尊等进行型式分析，以获得其阶段性的演变特征。

1. 深腹罐

该地区二里头文化最主要的器形。多为夹砂灰陶。根据整体形态的变化可分为三型。

A 型　鼓腹深腹罐　根据整体形态的变化分为三式。

Ⅰ式　卷沿，略束颈，腹外鼓较甚。标本穰东 T2⑤：2（图 38，2），夹砂灰陶。侈口，圆唇。腹饰细绳纹。

Ⅱ式　卷沿或折沿，稍有颈，腹部略鼓，最大腹径居中。标本穰东 H12：9（图 38，9），夹砂棕黄陶。侈口，尖圆唇。腹饰中绳纹。标本八里桥 H2：2，夹砂褐陶。

方圆唇。腹部饰中绳纹。

Ⅲ式 卷沿或折沿,束颈,上腹圆鼓,下腹急收为小圜底,最大径靠上。标本穰东T6③:1(图38,16),夹砂灰陶。侈口,圆唇。腹饰粗绳纹。标本王树岗H1:8,夹砂灰陶。侈口,圆唇。腹部饰粗绳纹。

A型深腹罐的变化规律为:由略束颈变为束颈,最大腹径由下向上移。

B型 直腹深腹罐 根据整体形态的变化分为三式。

Ⅰ式 平卷沿,直腹较深。标本穰东H8:1(图38,3),夹砂灰陶。侈口,方圆唇。腹饰细绳纹。

Ⅱ式 小卷沿略耷,直腹,下腹略鼓。标本穰东H12:8(图38,10),夹砂棕黄陶。侈口,圆唇。腹饰细绳纹。

Ⅲ式 翻卷沿,腹壁深且直。标本王树岗H1:9(图38,17),夹砂褐陶。侈口,圆唇。腹饰粗绳纹。标本穰东T6③:5,夹砂灰陶。侈口,尖圆唇。腹饰粗绳纹。

B型深腹罐的变化规律为:由平卷沿变为翻卷沿。

C型 橄榄形罐 不分式。标本王树岗H1:6(图38,18),夹砂灰陶。侈口,略束颈,深腹略呈橄榄形,凹圜底。腹部满饰绳纹。

2. 圆腹罐

该地区二里头文化主要器形之一。多为夹砂灰陶,圆腹。根据口沿的不同分为两型。

A型 束颈圆腹罐 数量较多,根据整体形态的变化可分为三式。

Ⅰ式 侈口,长颈微束,深腹,平底。标本穰东T6⑤:1(图39,3),泥质灰陶。尖唇,口外有一周浅凹槽,平底。颈、腹部饰细绳纹。

Ⅱ式 侈口,颈部变短,束颈,圆鼓腹。标本穰东T6④:7(图39,11),夹砂灰陶。圆唇,口外贴一周泥条。颈及腹部中绳纹。标本八里桥H6:1,夹砂灰陶。方唇。腹部饰中绳纹。

Ⅲ式 口部外敞较甚,沿部近平,束颈,腹部较瘦。标本穰东H10:12,夹砂灰陶。圆唇。颈部抹光,腹部饰粗绳纹。王树岗H1:11(图39,19),夹砂褐衣灰陶。方唇,唇部有一周凹槽。腹部饰粗绳纹。

A型圆腹罐的变化规律为:由侈口变为敞口,颈部由长变短,颈部由微束变为束颈,腹部由瘦变圆鼓。

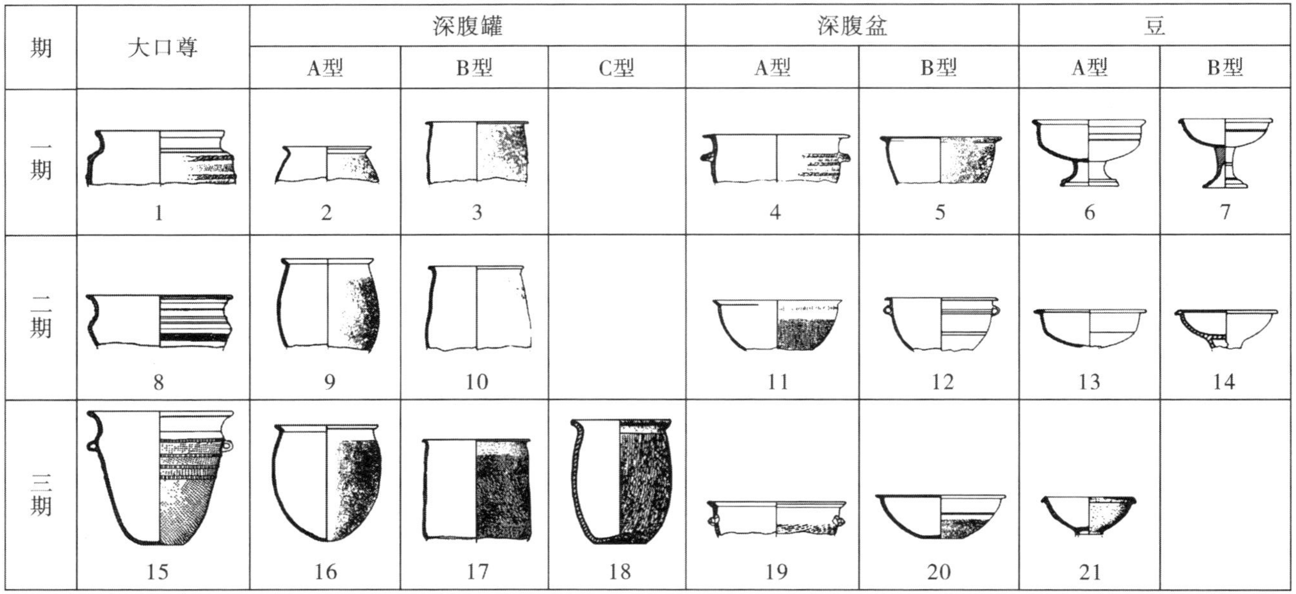

1.穰东T4⑤:2;2.穰东T2⑤:2;3.穰东H8:1;4.穰东T2⑤:1;5.穰东T6⑤:2;6.穰东M2:5;7.穰东M2:4;8.八里桥H7:3;9.穰东H12:9;10.穰东H12:8;11.八里桥H6:28;12.八里桥H7:26;13.穰东H2:1;14.八里桥94FB0:13;15.单岗H191:1;16.穰东T6③:1;17.王树岗H1:9;18.王树岗H1:6;19.穰东T6③:13;20.穰东H5:1;21.王树岗H1:4。

图38 豫西南鄂西北地区二里头文化陶器分期Ⅰ

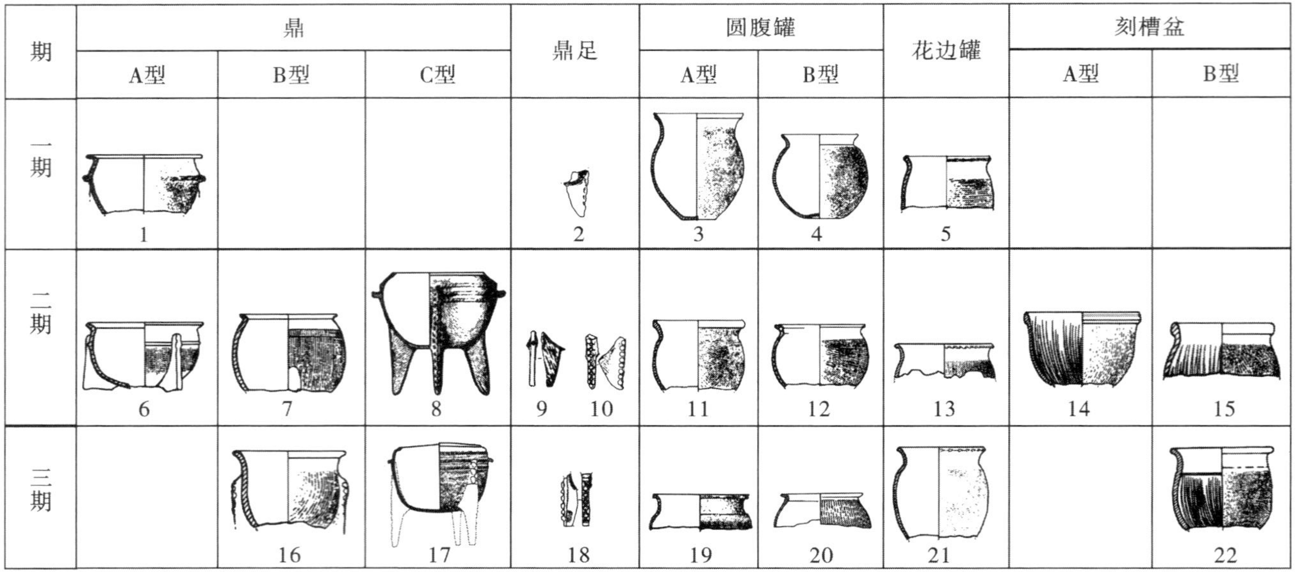

图39 豫西南鄂西北地区二里头文化陶器分期Ⅱ

1.襄东H9:9;2.襄东T4⑤:4;3.襄东T6⑤:1;4.襄东H9:1;5.襄东H9:7;6.八里桥H7:48;7.八里桥H7:47;8.下王岗T20
②A标本;10.襄东T6④:7;12.八里桥H6:2;13.下王岗H131:2;14.下王岗H131:2;14.八里桥T5④:1;15.八里桥H6:4;16.襄东T5④:1;15.八里桥H6:4;16.襄东H5:13;17.下王岗
H54:3;18.王树岗H2:48;19.王树岗H1:11;20.下王岗T5⑤:23;21.襄东H5:2;22.襄东T6③:2。

B 型 卷沿圆腹罐 根据整体形态的不同分为三式。

Ⅰ式 侈口,斜卷沿,沿稍长,束颈,圆鼓腹。标本穰东 H9:1(图39,4),夹砂灰陶。尖圆唇,凹圜底。颈部抹光,腹部饰细绳纹。标本穰东 H9:6,夹砂棕黄陶。尖唇,口外有一周凹槽。颈部抹光,腹部饰细绳纹。

Ⅱ式 侈口,卷沿,沿稍平,短束颈,圆鼓腹,整体较矮胖。标本八里桥 H6:2(图39,12),夹砂黑皮灰陶。腹饰中绳纹。

Ⅲ式 侈口,卷沿,沿近平,无颈,鼓腹。标本下王岗 T5⑤:23(图39,20),夹砂灰陶,鼓腹,沿下满饰绳纹。

B 型圆腹罐的演变规律为:沿由上仰变为近平,颈部由长变短,器物由稍高变得矮胖。

3. 花边罐

该地区二里头文化主要器形之一。多为夹砂灰陶,侈口。根据整体形态的变化可分为三式。

Ⅰ式 侈口,粗颈略束,颈较短,筒腹较深。标本穰东 H9:7(图39,5),夹砂灰陶。卷沿,方圆唇。腹部饰细绳纹。

Ⅱ式 侈口或卷沿,束颈,鼓腹。标本下王岗 H131:2(图39,13),泥质灰陶。卷沿,颈较短,腹部饰绳纹。标本八里桥 H6:8,夹砂灰陶。卷沿,束颈较矮。沿外侧饰花边,腹部饰中绳纹。

Ⅲ式 敞口,束颈,颈较长,鼓腹。标本穰东 H5:2(图39,21),夹砂灰陶。方圆唇。唇外饰三角形花边一周,腹部饰中绳纹。

花边罐的变化规律为:由侈口变为敞口,颈部由短变长,由略束颈变为束颈,由直腹变为鼓腹。

4. 大口尊

该地区二里头文化主要器形之一。多为泥质灰陶。根据整体形态的变化可分为三式。

Ⅰ式 侈口,微束颈,折肩,肩部折角较大,胖腹,口径小于肩径。肩腹饰附加堆纹及绳纹。标本穰东 T4⑤:2(图38,1),夹砂灰陶。圆唇。领部抹光并饰凹弦纹,腹饰附加堆纹和细绳纹。

Ⅱ式 侈口微卷,束颈,肩部锐折,斜腹较瘦,口径略小于肩径或与肩径相当。标本八里桥 H7:3(图 38,8),泥质灰陶。圆唇,口径与肩径相当。肩部饰多周弦纹。标本八里桥 94FB0:9,夹砂灰陶。尖唇,束颈,口径略小于肩径。肩部以下饰箍状附加堆纹和中绳纹。

Ⅲ式　侈口,唇部微卷,长弧领,折肩,肩部不甚明显,斜瘦腹,口径大于肩径。标本单岗 H191:1(图 38,15),泥质灰陶。圆唇,平底。颈部饰有一周凹弦纹,肩部饰有两个对称横贯耳,贯耳上部饰有两个圆形泥饼,肩部和上腹饰有四周索状附加堆纹,肩部以下饰浅方格纹。标本王树岗 H2:57,泥质黑衣灰陶。圆唇。肩部以下饰附加堆纹及绳纹。

大口尊的变化规律为:领部由矮变高,由束颈变为不束颈,口径逐渐变大,折肩角度由大变小,腹部由胖变瘦。

5.鼎

该地区二里头文化主要器形之一。均为夹砂陶,高鼎足。根据鼎身的形态可分为三型。

A 型　盆形鼎　器身呈深腹盆形。根据整体形态的变化分为二式。

Ⅰ式　侈口,折沿,鼓腹,腹中部接高鼎足。标本穰东 H9:9(图 39,1),夹粗砂灰陶。圆唇,上腹饰一周附加堆纹并两鸡冠耳。腹饰细绳纹。

Ⅱ式　侈口,卷沿或折沿,弧腹略鼓,圜底或平底,自颈部接高鼎足。标本八里桥 H7:48(图 39,6),夹粗砂灰陶。折沿,方圆唇,圜底。肩部饰一周附加堆纹,腹饰绳纹。标本下王岗 T7②:17,夹砂灰陶。平卷沿略下斜,平底。肩部饰一周附加堆纹并两鸡冠耳,腹饰绳纹。鼎足上部饰两排指窝纹。

A 型鼎的变化规律为:鼎足的位置逐渐上升,由腹中部变为颈部;鼎身腹部由鼓腹变为弧腹,深度越来越浅。

B 型　罐形鼎　器身呈圆腹罐形。根据整体形态的变化可分为二式。

Ⅰ式　折沿,圆腹,器身中部接鼎足。标本八里桥 H7:47(图 39,7),夹粗砂红褐陶。圆唇。肩部饰两周弦纹,腹饰中绳纹。

Ⅱ式　敞口,卷沿,弧腹,器身上腹部接鼎足。标本穰东 H5:13(图 39,16),夹砂灰陶。圆唇。腹饰粗绳纹。

B 型鼎的变化规律为:鼎身由圆腹变为弧腹,接鼎足的位置由低变高。

C 型　敛口鼎　敛口,无领,折肩,近肩部接高鼎足。根据形态的变化可分为二式。

Ⅰ式 腹部弧收,底较小,腹稍浅。标本下王岗 H244:8(图 39,8),夹砂灰陶。圆唇,平底,自颈部侧装三角形鼎足。肩部饰三周附加堆纹并两鸡冠耳,腹部满饰绳纹,鼎足侧面有两排指窝纹。

Ⅱ式 腹部弧收较缓,底较大,腹较深。标本下王岗 H54:3(图 39,17),夹砂灰陶,底稍圜。肩部饰三周附加堆纹和两鸡冠耳,腹部饰绳纹,鼎足两侧捏两排指窝。

C 型鼎的变化规律为:鼎腹逐渐变深,底由小变大。

6. 鼎足

均为夹砂陶。基本均为扁三角形足。根据形态的变化分为三式。

Ⅰ式 足身呈扁平的三角形,足背面较细,足尖较直。足外侧多饰指窝纹。标本穰东 T4⑤:4(图 39,2),夹砂红褐陶。足外侧饰两排指窝纹。

Ⅱ式 足尖外撇,新出现足背方而厚者。足外侧饰指窝纹或锯齿纹。标本下王岗 T20②A 标本(图 39,9),夹砂灰陶。整体方而厚,足外侧饰一按窝,足两面饰宽条纹。标本穰东 T6④:4(图 39,10),夹砂红褐陶。足背较方,饰两排按窝。

Ⅲ式 足背方而厚,饰按窝。标本王树岗 H2:48(图 39,18),夹砂褐衣灰陶。足外侧饰按窝,两面局部饰绳纹。

鼎足的变化规律为:足尖由较直变为外撇,足背由较细变为方背较厚。

7. 深腹盆

多为泥质灰陶。根据口沿的不同可分为二型。

A 型 折沿 依据腹部的变化分为三式。

Ⅰ式 平折沿,深直腹,下腹弧收。标本穰东 T2⑤:1(图 38,4),泥质灰陶。侈口,尖圆唇。上腹饰两鸡冠耳,腹部饰附加堆纹及细绳纹。

Ⅱ式 斜折沿,弧腹,腹稍浅。标本八里桥 H6:28(图 38,11),夹砂灰陶。侈口,圆唇。腹饰中绳纹。

Ⅲ式 斜折沿,浅弧腹。标本穰东 T6③:13(图 38,19),泥质灰陶。侈口,尖圆唇。上腹饰两个鸡冠耳,腹饰粗绳纹。

A 型深腹盆的变化规律为:由平折沿变为斜折沿,腹部由深直腹变为浅弧腹。

B 型 卷沿 依据整体变化分为三式。

Ⅰ式 卷沿稍仰,颈部略束,腹部较直较深。标本穰东 T6⑤:2(图 38,5),泥质灰陶。侈口,尖圆唇。腹部饰细绳纹。

Ⅱ式　卷沿略下奓,斜弧腹较浅。标本八里桥 H7:26(图38,12),泥质灰陶。侈口,尖圆唇。上腹饰一对桥型耳,腹饰弦纹。标本穰东 H12:5,泥质灰陶。敞口,尖圆唇。上腹饰两个鸡冠耳,腹饰中绳纹。

Ⅲ式　卷沿下奓,浅弧腹,下腹急收。标本穰东 H5:1(图38,20),泥质灰陶。敞口,圆唇,凹圜底。上腹磨光饰凹弦纹,下腹饰粗绳纹。

B型深腹盆的变化规律为:沿部由斜卷变为下奓,腹部由深弧腹变为浅弧腹。

8.刻槽盆

为泥质或夹砂陶。根据器身形态分为二型。

A型　器身呈盆形。侈口,口外贴泥条一周,束颈,鼓腹。不分式。标本穰东 T5④:1(图39,14),夹砂棕黄陶。侈口,尖圆唇,弧腹。腹部饰中绳纹。标本八里桥 H7:28,泥质黑皮灰陶。圆唇。腹部饰中绳纹。

B型　器身呈圆腹罐形,侈口或敞口,束颈,鼓腹。根据整体变化可分为二式。

Ⅰ式　口微侈近直,微束颈,鼓腹。标本八里桥 H6:4(图39,15),夹砂灰陶。直口微侈,圆唇,束颈。腹饰中绳纹。

Ⅱ式　敞口,束颈较长,鼓腹。标本穰东 T6③:2(图39,22),夹砂灰陶。圆唇。颈部抹光,腹部饰粗绳纹。

B型刻槽盆的变化规律为:由侈口变为敞口,束颈由短变长。

9.豆

均为泥质陶。根据豆盘的深浅分为二型。

A型　深盘豆　根据其整体形态的变化分为三式。

Ⅰ式　近直口,折沿,上腹较直,下腹弧收,圜底。束腰柄,覆盘器座。标本穰东 M2:5(图38,6),泥质棕黄陶。圆唇。腹饰凹弦纹。

Ⅱ式　卷沿,斜弧腹,下腹部折收。标本穰东 H2:1(图38,13),泥质棕黄陶。敛口,圆唇。腹饰凹弦纹。

Ⅲ式　卷沿下奓,弧腹,平底。王树岗 H1:4(图38,21),泥质灰陶。敞口,方唇,弧腹内收,平底略凹。

A型深盘豆的演变规律为:由折沿变为卷沿下奓,由折腹变为弧腹,腹由深变浅。

B型　浅盘豆　根据其变化分为二式。

Ⅰ式　敞口，翻卷沿，弧腹稍深，圜底，束腰喇叭形器座。标本穰东 M2:4（图38,7），泥质黑陶。圆唇。通体磨光，豆盘腹部饰凸弦纹，豆柄饰凹弦纹。

Ⅱ式　侈口，卷沿下奓，弧腹稍浅，圜底，束腰豆柄。标本穰东 T6④:2，泥质黑陶。敞口，圆唇。通体磨光，豆柄饰凹弦纹。标本八里桥 94FB0:13（图38,14），泥质褐陶。圆唇。柄上饰两镂孔。

B 型浅盘豆的变化规律为：由敞口变为侈口，卷沿下奓更甚，腹逐渐变浅。

三、分期

豫西南鄂西北地区二里头文化典型器形的不同型式之间存在相对稳定的共存关系，这种共存关系是同一考古学文化各个时期文化特征的具体体现，由此可将该地区二里头文化遗存分为三段。

第一段：目前仅在穰东遗址发现，典型单位有穰东遗址第一组 T2⑤、T4⑤、T6⑤、M2 及 H9 等。本段陶器组合为 A 型Ⅰ式和 B 型Ⅰ式深腹罐，A 型Ⅰ式和 B 型Ⅰ式深腹盆，Ⅰ式大口尊，A 型Ⅰ式和 B 型Ⅰ式圆腹罐，Ⅰ式花边罐，A 型Ⅰ式鼎和Ⅰ式鼎足，A 型Ⅰ式和 B 型Ⅰ式豆。除部分陶器器表素面磨光外，多数饰较细的绳纹，此外附加堆纹、弦纹、按窝、花边也有一定数量。存在一定数量的鸡冠耳。

第二段：分布较为广泛，在穰东、下王岗、八里桥、王营等遗址均有发现。典型单位有穰东遗址第二组 T6④、H12，八里桥遗址 H6、H7、94FB0，下王岗遗址第一组 T19②A、T5⑥，及王营遗址 J1 等。本段陶器组合为 A 型Ⅱ式、B 型Ⅱ式深腹罐，A 型Ⅱ式、B 型Ⅱ式圆腹罐，Ⅱ式花边罐，A 型Ⅱ式、B 型Ⅱ式深腹盆，Ⅱ式大口尊，A 型Ⅱ式、B 型Ⅰ式及 C 型Ⅰ式鼎，Ⅱ式鼎足，A 型、B 型Ⅰ式刻槽盆，A 型Ⅱ式、B 型Ⅱ式豆。除少量陶器器表素面或磨光外，中绳纹是本段最重要的纹饰，附加堆纹、弦纹、花边、按窝少量存在。鸡冠耳、桥型耳也部分出现。

第三段：在穰东遗址、下王岗遗址、王树岗等遗址发现。典型单位有穰东遗址第三组 T6③、H10、H5，王树岗遗址 H1、H2，单岗遗址 H191 及下王岗遗址第二组 T5⑤、H54 等。本段陶器组合为 A 型Ⅲ式、B 型Ⅲ式和 C 型深腹罐，A 型Ⅲ式和 B 型Ⅲ式圆腹罐，Ⅲ式花边罐，Ⅲ式大口尊，B 型Ⅱ式和 C 型Ⅱ式鼎，Ⅲ式鼎足，A 型Ⅲ式豆，A 型Ⅲ式和 B 型Ⅲ式深腹盆，B 型Ⅱ式刻槽盆。粗绳纹是本段最多的纹饰，此外还有附加堆纹、弦纹、按窝、花边等。鸡冠耳、桥型耳数量很少。

从陶器形态和组合特征等方面观察,以上三段典型器形的演变存在较强的承袭性,因此这三段应为同一考古学文化连续发展的不同阶段。同时,每段之间均存在差异,因此每一段均可视为一个时段。准此可将豫西南鄂西北地区二里头文化划分为三期(表6):第一期目前在豫西南鄂西北地区发现较少,分布范围也较小,为二里头文化在该地区初步形成的时期。第二、三期为二里头文化在本地区持续发展繁荣的时期,在多个遗址中均有发现。可以说,这三期代表了豫西南鄂西北地区二里头文化发展的各个阶段。

表6　豫西南鄂西北地区二里头文化各期典型陶器共存关系

分期	深腹罐			圆腹罐		花边罐	大口尊	深腹盆		鼎			鼎足	刻槽盆		豆	
	A型	B型	C型	A型	B型			A型	B型	A型	B型	C型	A型	A型	B型	A型	B型
第一期	Ⅰ	Ⅰ	—	Ⅰ	Ⅰ	Ⅰ	Ⅰ	Ⅰ	Ⅰ	Ⅰ	—	—	Ⅰ	—	—	Ⅰ	Ⅰ
第二期	Ⅱ	Ⅱ	—	Ⅱ	Ⅱ	Ⅱ	Ⅱ	Ⅱ	Ⅱ	Ⅱ	Ⅰ	Ⅰ	Ⅱ	√	Ⅰ	Ⅱ	Ⅱ
第三期	Ⅲ	Ⅲ	√	Ⅲ	Ⅲ	Ⅲ	Ⅲ	Ⅲ	Ⅲ	—	Ⅱ	Ⅱ	Ⅲ	—	Ⅱ	Ⅲ	Ⅲ

此外,一些遗址虽有二里头文化遗存,材料尚未系统公布,但已经有部分照片等资料公开发表。为了检验本书分期的正确性,我们可以通过观察分析这些遗址的二里头文化遗存是否能在分期中找到相对的位置来验证。

1. 盆窑遗址

盆窑遗址中发现有属于二里头文化的灰坑若干个。经领队王宏先生的允许,笔者曾参观过盆窑遗址出土的部分二里头文化陶器。其中,H376出土圆腹罐(图40,4)夹砂灰陶,卷沿,圆唇,束颈,圆鼓腹,最大腹径在中腹部,与八里桥第一组H6:2相似。H376出土深腹罐(图40,5)夹砂灰陶,卷沿,圆唇,束颈深腹微鼓,圜底,最大腹径居中,与穰东第二组H12:9近似。H53出土鼎足(图40,3)夹砂褐陶,鼎足外侧饰按窝,足身也有按压痕迹,足尖稍外撇,与穰东第二组H6:5类似。H414出土大口尊(图40,1、2)肩部不明显,口径大于肩颈,接近本地区二里头文化三期的特征。因此,盆窑遗址二里头文化遗存的时代大致相当于二里头文化第二、三期。

1、2. H414 出土大口尊；3. H53 出土鼎足；4～6. H376 出土圆腹罐、深腹罐。

图 40　盆窑遗址二里头文化陶器

2. 门伙遗址

门伙遗址仅发现二里头时代墓葬 2 座。观察公布的 M1 出土的陶器,其中圆腹罐(图 41,3)侈口卷沿,圆鼓腹,最大腹径在中腹,与盆窑遗址 H376 出土圆腹罐接近。M1 出土的豆(图 41,1)卷沿下奔,腹较深,与穰东第二组 H2:1 相似,因此 M1 年代应为本地区二里头文化二期。由于门伙遗址材料公布很少,只能说该遗址含有本地区二里头文化二期遗存,但不能排除是否有属于其他期别的二里头文化遗存。

图 41　门伙遗址二里头文化 M1 出土陶器

资料来源:采自《河南省南水北调中线工程文物保护项目年报(2007)》

3. 淅川李营遗址

淅川李营遗址中未发现二里头时期的地层堆积及遗迹单位,但是在晚期(主要是东周时期)的遗迹和地层中发现有零星的二里头文化遗物。其中大口尊敞口,肩微折,口径大于肩颈,肩部饰一周附加堆纹,下饰绳纹,如 T1Y1 工作坑出土大口尊(图42,1)大敞口,肩部不明显,下腹较瘦,凹圜底,口径大于肩颈,与穰东第三组 T6③:33、单岗第一组 H191:1 接近。T2H13:9 缸(图42,2)敞口,沿微卷,深直腹,腹部饰多周附加堆纹和绳纹,与八里桥第一组 H7:21 类似。T1⑤:1 鼎足(图42,4)呈扁平三角形,足背稍曲,足尖稍外撇,足两侧均饰多个按窝,与穰东第二组 T6④:4、八里桥第一组 G1:1 形似。T2H13:12 深腹盆(图42,6)侈口,卷沿,腹稍鼓,上腹饰鸡冠耳,与穰东第三组 T6③:6 相像,只是前者鸡冠耳的位置装的较高。总体来看,淅川李营遗址二里头文化遗存的年代大致相当于本地区二里头文化的二、三期。

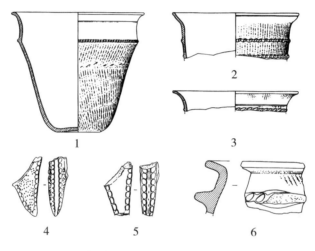

1. T1Y1 工作坑标本;2. T2H13:9;3. T2H13:13;4. T1⑤:1;
5. T2⑦:3;6. T2H13:12。

图42　淅川李营遗址二里头文化陶器

4.龚家村遗址

发掘者认为龚家村遗址 H11 年代在新石器时代晚期,或晚到商初,笔者不认同此种观点。观察 H11 出土的陶器,整体上带有较为浓郁的二里头文化风格。如:H11:3 瓮(图43,1),敛口、折肩,器身饰多重弦纹,与王营 J1:12 相似。H11:12 三角形鼎足(图43,3)较为矮粗,足尖外撇,内外两侧从上到下装饰有多个按窝,与穰东 T6④:4 类似。H11:16 器耳(图43,6)呈竖桥型,其上有竖行的突棱,上部装饰有两个小泥饼,与八里桥 H6:69 相近。因此龚家村遗址二里头文化相当于本地区二里头文化第二期。

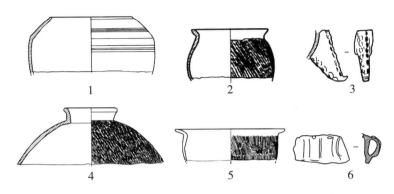

1. H11：3；2. H11：10；3. H11：12；4. H11：2；5. H11：5；6. H11：16。

图43 龚家村遗址二里头文化陶器

5. 郧阳区李营遗址

该遗址的发掘简报中公布的二里头文化遗迹层位关系简单，均没有叠压打破关系，因此具体观察对比陶器特征来确定其期别。其中：李营H7：11圆腹罐（图44，2）为夹砂灰黄陶，卷沿，颈部稍束，圆鼓腹，最大腹径在中腹部，与门伙M1出土的圆腹罐无论是陶质陶色还是特征都非常接近。李营H6：28豆圈足（图44，1）上半部向外鼓起，中部束腰，下部呈喇叭状，圈足外饰数周凸弦纹，与下王岗H16：15相似，唯后者圈足上部接豆盘处有穿孔。李营H70：59花边圆腹罐（图44，3）侈口，束颈，溜肩，口沿外部饰一周花边，腹部饰竖绳纹，与穰东H12：1基本相同。李营H70：31敛口鼎（图44，4）圆腹，近平底，侧装三个扁三角形鼎足，装鼎足位置在上腹部，与下王岗T5⑥：1近似，只是前者肩部有三个鸡冠形耳。李营H49：34大口尊（图44，5）侈口，束颈，肩部微折，口径大于肩径，斜腹，肩、腹部饰附加堆纹，与单岗H191：3、穰东T6③：33、下王岗T5⑤：22都较为相似。李营H67：55深腹罐（图44，6）卷沿，颈部稍束，上腹稍鼓，下腹收为尖圜底，整体形态与穰东T6③：1、王树岗H1：8接近。

综上，我们可将郧阳区李营遗址二里头文化遗存大致分为两组：第一组以H6、H7、H70为代表，其年代相当于本地区二里头文化第二期；第二组以H49、H67为代表，其年代相当于本地区二里头文化第三期。

此外，2011年、2013年湖北大学历史学院在湖北省郧县（今十堰市郧阳区）尖滩坪遗址进行了发掘,发表的简报中称在该遗址发现一灰坑 H13,其年代为二里头文化早期①,而《淅川下王岗:2008—2010 年考古发掘报告》中则认为 H13 无法归属二里头文化②,笔者认同此种观点。H13 出土遗物较少,仅公布了一件釜和一件豆,简报中称 H13 釜与下王岗遗址二里头文化一期 H41:2 相近。本书第一章已经指出,所谓的下王岗遗址二里头文化一期应仍属王湾三期文化范畴,而 H13 出土的豆折沿、浅盘、器柄饰数周弦纹,也能在该地区王湾三期文化陶器中找到同类器,因此尖滩坪 H13 大体仍应不出王湾三期文化范畴。

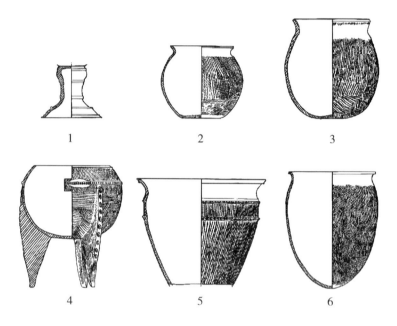

1. H6:28;2. H7:11;3. H70:59;4. H70:31;5. H49:34;6. H67:55。

图44　郧阳区李营遗址二里头文化陶器

准此,豫西南鄂西北地区二里头文化一期遗存仅在穰东遗址发现。二里头文化二期在穰东、八里桥、下王岗、盆窑、门伙、淅川李营、郧阳区李营遗址中存在。二里头文化三期遗存在穰东、王树岗、单岗、盆窑、门伙、淅川李营、郧阳区李营及龚家村遗址中均有发现(表7)。

---

① 武汉大学历史学院考古系、郧县博物馆:《湖北郧县尖滩坪遗址发掘简报》,《江汉考古》2015 年第 3 期,第 26 页。

② 中国社会科学院考古研究所:《淅川下王岗:2008—2010 年考古发掘报告》,科学出版社,2020 年,第 390 页。

表7 豫西南鄂西北地区二里头文化遗址分期

期	穰东	下王岗	八里桥	王树岗	单岗	王营	盆窑	门伙	淅川李营	龚家村	郧阳区李营
一期	第一组	—	—	—	—	—	—	—	—	—	—
二期	第二组	第一组	√	—	—	√	√	√	√	√	第一组
三期	第三组	第二组	—	√	√	—	√	—	√	—	第二组

四、年代

豫西南鄂西北地区二里头文化的年代分为相对年代和绝对年代。相对年代的判断可通过与中原地区二里头文化的对比确定,绝对年代的推断主要依靠碳十四测年数据。

(一) 相对年代

对二里头文化最重要的遗址——二里头遗址进行分期,是二里头文化分期工作的基础。关于二里头遗址的分期,在20世纪60年代二里头遗址发掘之初,发掘者曾依据当时的材料将其分为早、中、晚三期。[1] 此后随着二里头遗址发掘工作的持续开展,新的材料不断出现,到20世纪70年代,晚于三期(晚期)的地层及遗存被发现,发掘者将其定为二里头遗址第四期。[2] 除"四期说"外,关于二里头文化的分期还存在"两期说"及"三期说"的观点。其中"两期说"以邹衡、李维明先生为代表。邹衡先生将二里头文化分为两期四小段[3];李维明先生将其划分为早、晚两大阶段,四个小段,八组[4]。"三期说"主要以袁广阔、董琦先生为代表。其中袁广阔先生将二里头文化划分为三期七段[5],董琦先生将二里头文化划分为三期五组[6]。观察"两期说"可以发现,其早期一、二段,晚期三、四段分别相当于"四期说"的第一至四期,因此"两期说"本质上与"四期说"是基本相同的。由于"四期说"基本能够囊括目前所发现的二里头文化遗存,因此本书采用"四期说"的分期方法。

---

① 中国社会科学院考古研究所洛阳发掘队:《河南偃师二里头遗址发掘简报》,《考古》1965年第5期,第215–224页。

② 中国社会科学院考古研究所二里头工作队:《河南偃师二里头早商宫殿遗址发掘简报》,《考古》1974年第4期,第234–248页。

③ 邹衡:《试论夏文化》,《夏商周考古学论文集》,文物出版社,1980年,第120–121页。

④ 李维明:《二里头遗址二里头文化陶器编年辨微》,《中原文物》1991年第1期,第32–38页。

⑤ 袁广阔:《二里头文化研究》,郑州大学博士学位论文,2005年,第57页。

⑥ 董琦:《虞夏时期的中原》,科学出版社,2000年,第88页。

第一期:以二里头一期为代表,还有煤山三期、稍柴一期、王城岗二里头一期、郑窑一期、新砦三期等。

第二期:以二里头二期为代表,还有稍柴二期、洛达庙一期、王城岗二里头二期、皂角树一期、锉李五期、郑窑二期、杨庄三期等。

第三期:以二里头三期为代表,还有煤山四期、稍柴三期、洛达庙二期、王城岗二里头三期、皂角树二期、郑窑三期等。

第四期:以二里头四期为代表,还有洛达庙三期、王城岗二里头四期、皂角树三期等。

通过对比豫西南鄂西北地区与中原地区的二里头文化,我们能够确定前者与二里头文化分期的对应关系。

第一期:以深腹罐、圆腹罐、花边罐、大口尊、鼎、深腹盆、豆、刻槽盆等为典型陶器组合。陶质以夹砂陶最多,泥质陶次之,陶色以灰陶为主,棕黄陶次之,黑陶也有一定数量,红陶较少。纹饰主要有绳纹、附加堆纹、弦纹、花边等,还有少量篮纹、方格纹。绳纹细而工整,少见交错的现象。观察陶器的具体形态,整体与二里头文化二期接近。如:穰东 M2:1 爵(图 45,4)敞口、束腰,流尾皆上翘,束腰,圜底,与二里头二期 V M22:1(图 45,8)相似。穰东 M2:2 鬶(图 45,3)敞口、流上翘,束腰,三袋足瘦削,宽带把,把上刻有凹槽,腰部饰弦纹,与二里头二期 V M22:8(图 45,7)接近。穰东 H9:6 圆腹罐(图 45,2)侈口,尖唇,束颈,圆腹,与二里头二期 V D2H12:1(图 45,6)基本相同。穰东 T4⑤:1 大口尊(图 45,1)口径小于肩径,与杨庄三期 T19⑥:1(图 45,5)近同。因此本地区二里头文化第一期的年代相当于中原地区二里头文化的第二期。

第二期:仍以深腹罐、圆腹罐、花边罐、大口尊、鼎、深腹盆、豆、刻槽盆等为典型陶器组合,此外还有缸、捏口罐、敛口瓮、鬲等。仍以夹砂灰陶为主,褐陶次之,还有部分黑陶、红陶。纹饰以绳纹为主,附加堆纹、弦纹、花边、按窝等也有一定量。绳纹整体较之上一期变粗,也有部分细绳纹。观察陶器的具体形态,穰东 H12:9 深腹罐(图 46,1)折沿,最大腹径靠上,与煤山二里头三期 T27②:5(图 46,7)相似。穰东 T5④:1 刻槽盆(图 46,4)侈口,口沿加厚似宽带,鼓腹,与二里头三期 Ⅳ T11④:11(图 46,10)类似。八里桥 H7:3(图 46,2)大口尊侈口,束颈,口径基本与肩径相等,与煤山二里头三期 H52:4(图 46,8)接近。本期鼎类的鼎足安装位置普遍较高,多自颈或肩下接鼎足。如:下王岗 H244:8 敛口鼎无领,折肩,肩部饰两鸡冠耳,自肩部接高鼎足,与二里头三期Ⅱ·ⅤT116④:12形似。八里桥H7:48盆形鼎(图46,3)折沿,弧腹,自颈下接鼎足,与二里头三期ⅣH40:29(图46,9)基本相同。八里桥H6:27深腹盆(图46,6)卷沿,沿稍下奪,斜腹,与稍柴三期T7②:5(图46,12)接近。下王岗H249:9盆形甑(图46,5)折沿,深弧腹,圜底,与二里头三期ⅣH5:11(图46,11)近似。准此,该地区二里头文化二期的年代相当于中原地区二里头文化的第三期。

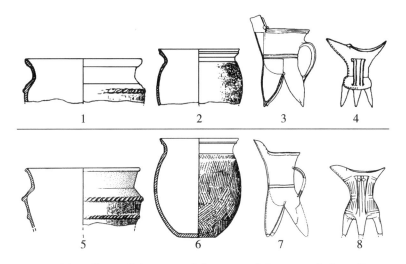

1.穰东T4⑤:1;2.穰东H9:6;3.穰东M2:2;4.穰东M2:1;5.杨庄T19⑥:1;
6.二里头ⅤD2H12:1;7.二里头ⅤM22:8;8.二里头ⅤM22:1。

图45　一期与二里头文化二期陶器对比

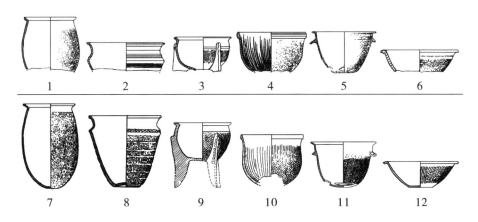

1.穰东H12:9;2.八里桥H7:3;3.八里桥H7:48;4.穰东T5④:1;5.下王岗H249:9;6.八里桥
H6:27;7.煤山T27②:5;8.煤山H52:4;9.二里头ⅣH40:29;10.二里头ⅣT11④:11;11.二里头Ⅳ
H5:11;12.稍柴T7②:5。

图46　二期与二里头文化三期陶器对比

第三期:典型陶器组合与前期相比基本没有变化,仍以深腹罐、圆腹罐、花边罐、鼎、大口尊、深腹盆、刻槽盆等为基本组合。在陶系上夹砂灰陶所占比例进一步扩大,其他陶色很少。纹饰上以较粗的绳纹为最多,绳纹多较为杂乱,附加堆纹、花边、按窝、弦纹等仍部分存在。观察陶器的具体形态,本期开始出现二里头文化四期才有的橄榄形罐。如:王树岗 H1:6、辽瓦店子 H156 罐均为侈口,束颈,深鼓腹,平底,与深腹罐有一定差别,而与二里头四期 V H53:23 罐较为接近。深腹罐侈口、束颈,最大腹径在上腹部,如穰东 H10:1(图47,1)与洛达庙三期 T66:7(图47,6)基本相同。大口尊多数口径大于肩径,折肩不明显,下腹急收,如穰东 T6③:33(图47,2)与二里头四期Ⅵ M9 东 H:1(图47,7)酷似。深腹盆卷沿下垂,腹浅,下腹急收,凹圜底,如穰东 H5:1(图47,3)与二里头四期 V H201③:2(图47,8)相像,唯后者口沿下垂更甚。王树岗 H1:4(图47,4)豆卷沿下垂,弧腹,与二里头四期 V H101:14(图47,9)形似。穰东 H10:3 器盖(图47,5)呈覆盘形,与二里头四期 V H84:14(图47,10)接近。因此该地区二里头文化三期的年代应相当于中原地区二里头文化的第四期。

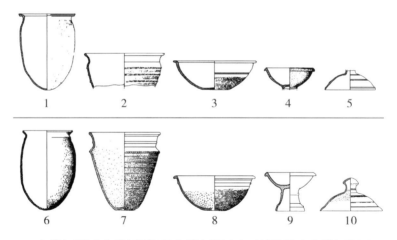

1.穰东 H10:1;2.穰东 T6③:33;3.穰东 H5:1;4.王树岗 H1:4;5.穰东 H10:3;
6.洛达庙 T66:7;7.二里头 Ⅵ M9 东 H:1;8.二里头 V H201③:2;9.二里头
V H101:14;10.二里头 V H84:14。

图47 三期与二里头文化四期陶器对比

综上所述,豫西南鄂西北地区二里头文化的第一至三期分别相当于中原地区二里头文化的第二至四期。其中第一期为本地区二里头文化的形成时期,分布范围小,目前仅在邓州穰东遗址发现。此时以深腹罐、圆腹罐、花边罐、鼎、大口尊、豆、深腹盆为代表的二里头文化典型陶器组合已经形成。第二、三期，二里头文化在本地区持续发展，分布范围变广，并自白河流域向西南、向南深入至丹江流域。第二、三期仍延续了第一期的基本陶器组合，并新出现了少量的鬲等器物。豫西南鄂西北二里头文化第一至三期基本概括了本地区二里头文化发展演变的脉络。

(二)绝对年代

豫西南鄂西北地区的二里头遗址发现、发掘都较少，目前尚未见到公开发表的碳十四测年数据，而中原地区的诸二里头文化遗址多有碳十四测年数据公开发表。在已经确定该地区与中原地区二里头文化分期的对应关系以后，我们可以利用后者的绝对年代对前者的绝对年代进行推测。

对中原地区二里头文化的绝对年代的认识，随着各遗址碳十四测年数据的不断增加，以及测年技术的改进不断发生变化。20 世纪 80 年代，有学者根据二里头遗址的 33 个测年数据将二里头文化的绝对年代定为公元前 1900—前 1500 年[1]，这种观点在相当长的时间内被学术界广泛采用。1996 年"夏商周断代工程"启动，关于夏代的年代学研究是其中一个重要的课题。2000 年公布的阶段性成果中，发表了采用高精度系列样品方法对二里头遗址采集的系列样品进行年代测定的结果，将二里头文化的绝对年代定为公元前 1880—前 1520 年[2]。其后不久，随着新砦期遗存的发现以及它属于王湾三期文化与二里头文化之间过渡性遗存性质的确定，有学者通过将新砦期遗存、二里岗文化以及二里头文化的系列样品进行拟合，将二里头文化年代的上限定为公元前 1750 年，下限定为公元前 1540 年。[3] 总体来看，对二里头文化的年代(尤其是始年)的测定，存在越来越晚的趋势。这种现象与新砦期遗存的发现和确认及新的测年方法的运用有关。采用最新的测年数据，二里头文化四期共历时约 200 年，每期约 50 年。豫西南鄂西北地区二里头文化的第一至三期相当于中原地区的二至四期，因而其绝对年代大约为公元前 1700 年至前 1540 年。

当然，由于碳十四测年的精度常受到样品种类、测定方法的限制以及考古认识的

① 仇士华、蔡莲珍等:《有关所谓"夏文化"的碳十四年代测定的初步报告》,《考古》1983 年第 10 期,第 923-928 页。
② 夏商周断代工程专家组:《夏商周断代工程 1996—2000 年阶段成果报告·简本》,世界图书出版公司北京公司,2000 年,第 77 页。
③ 仇士华、蔡莲珍等:《关于二里头文化的年代问题》,《二里头遗址与二里头文化研究——中国·二里头遗址与二里头文化国际学术研讨会论文集》,科学出版社,2006 年,第 323 页。

左右,对其完全采信或者置之不理都不是科学的态度,因此对二里头文化绝对年代的判定只是在目前材料下的一种推断。

五、类型

二里头文化分布范围较大,北可至太行山南麓沁河以西地区,南到信阳地区,西南可达湖北十堰郧阳区(原郧县)、襄阳一带,西抵关中东部,东达豫东杞县地区。[①] 在文化主体属于二里头文化的前提下,不同地区往往形成区别于其他地区的独特的文化面貌,这些独特的文化面貌是对二里头文化进行文化类型划分的依据。

关于二里头文化的类型划分,学术界已经进行过较多有益的探讨,主要有以下几种观点:《中国考古学·夏商卷》将二里头文化划分为五个地方类型,分别为二里头类型、东下冯类型、牛角岗类型、杨庄类型、下王岗类型。[②] 董琦先生将二里头文化划分为四个地方类型,分别为二里头类型、东下冯类型、南沙村类型、下王岗类型。袁广阔先生将其划分为洛达庙类型和杨庄类型。靳松安先生认为二里头文化的文化面貌在相当广阔的区域内存在较强的一致性,下王岗类型、南沙村类型等命名很难成立。对于豫西南鄂西北地区的二里头文化,有学者将豫西南鄂西北地区的二里头文化划分为下王岗类型。[③] 也有学者认为处于二里头文化分布边缘地区的遗址虽有一定的个性,但是远未达到划分为不同地方类型的程度,所谓的"下王岗类型"很难成立。[④]

以往有学者划分下王岗类型主要依据的是所谓下王岗二里头文化一期文化面貌较为复杂包含了较多客省庄文化因素。但在前文中,我们已经分析过从文化属性来看,下王岗二里头文化一期其实仍属于王湾三期文化范畴,只有下王岗二里头文化三期才是二里头文化遗存,其中已经少见除二里头类型之外的文化因素。观察豫西南鄂西北地区的二里头文化遗存,大部分遗址的陶器无论从器形还是陶系、纹饰方面,都与二里头文化核心区域保持着较高程度的一致性。当然,由于远离二里头文化中心区,豫西南鄂西北地区的二里头文化还是出现有一定的地方特征。如:八里桥遗址中大口尊、瓮等器肩部饰牛鼻形耳、贴小泥饼;穰东遗址出有相当比例的棕黄陶、红

① 袁广阔:《二里头文化研究》,郑州大学博士学位论文,2005 年,第 72 页。
② 中国社会科学院考古研究所:《中国考古学·夏商卷》,中国社会科学出版社,2003 年,第 89 页。
③ 董琦:《虞夏时期的中原》,科学出版社,2000 年,第 86 页。
④ 靳松安:《河洛与海岱地区考古学文化的交流与融合》,科学出版社,2006 年,第 114 页。

褐陶;下王岗遗址大口尊多器形矮胖,与二里头文化杨庄类型的大口尊更接近。但这些地方特征与遗存中表现出的典型的二里头类型特征相比数量很少。此外,尽管整个豫西南鄂西北地区从自然环境来看可分为南阳盆地和丹江下游流域两个自然小区,但目前这两个小区发现的二里头文化遗址数量都不多,内涵也不够丰富,尤其是在丹江下游流域,目前发表的材料很少。自龙山晚期以来,该地区已经纳入华夏集团的控制范围,原属于苗蛮集团的石家河文化因素基本消失殆尽。因此从二里头文化的整体文化面貌来看,该地区尚不足以构成一个新的地方类型,仍应归入二里头类型之中。

第三章

龙山晚期至二里头时代的聚落及其演变

考古学研究中的聚落考古学是以聚落遗址为单位来开展工作和进行考古学研究的一种方法。[①] 聚落考古学的研究内容包括三个方面,即单个聚落形态和内部结构的研究,聚落分布和聚落之间关系的研究,聚落形态历史演变的研究。[②]

第一节　龙山晚期聚落

聚落形态的变迁从空间范围上讲可以分为两大部分:一是单个聚落遗址内部的变迁,二是区域聚落形态的变迁。

一、单个聚落

豫西南鄂西北地区目前发现并经过考古发掘的王湾三期文化遗址中未发现属于王湾三期文化时期的城址,多是普通聚落。受限于发掘面积或发掘位置,目前发现的聚落构成单元较为单一,遗迹主要有灰坑、墓葬、瓮棺、陶窑、房址等,早晚长期延续使用的聚落更少。在这种情况下,本书选择经过科学发掘整理、文化延续时间稍长、遗存较为丰富的下寨、下王岗遗址进行单个遗址的聚落考古分析,以了解其聚落布局及不同期别聚落形态的演变。要了解聚落的内部结构和平面布局,关键是确定一系列相应遗存的共时性问题,现在一般的方法是在层位关系的基础上,通过类型学分析来

①　栾丰实、方辉等:《考古学理论·方法·技术》,文物出版社,2002 年,第 116 页。
②　严文明:《聚落考古与史前社会研究》,《文物》1997 年第 6 期,第 27–35 页。

实现。① 即在对遗址进行分期的基础上研究聚落布局形态。

（一）下寨聚落

下寨遗址王湾三期文化聚落发现的材料较为丰富,聚落布局相对清晰,延续时间长,早晚关系明确,是本地区较为典型的一处王湾三期文化聚落。下寨遗址文化遗存涵盖仰韶、石家河、王湾三期、汉唐及明清时期等几个时期,其中王湾三期文化聚落主要集中分布于遗址的西南部,面积约 40 000 平方米。从发掘情况来看,聚落中普遍存在王湾三期文化堆积 1~2 层,被东周文化层所叠压,其下为生土。这说明在龙山时代晚期,王湾三期文化所代表的族群进入该遗址后并没有在石家河文化聚落之上继续生活,而是在其附近新选择了一个区域形成新的聚落。

下寨遗址王湾三期文化聚落内部的主要遗迹有灰坑、墓葬、瓮棺、灰沟、陶窑等。其中西区、中区和东区靠西的几个探方发现大量灰坑,还有个别灰沟、墓葬等,东区的墓葬及瓮棺葬较多,分布较为密集,这些遗迹单元构成了整个遗址的聚落布局。从以上数据可以看出,下寨遗址王湾三期文化聚落大致可分为两个区域,即东部的墓葬区和中、西部的生活区(图 48)。

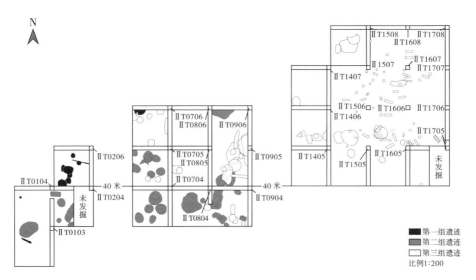

图 48　下寨聚落王湾三期文化遗迹分布

---

① 栾丰实:《关于聚落考古学研究中的共时性问题》,《考古》2002 年第 5 期,第 69-70 页。

1. 墓葬区

下寨遗址的墓葬区位于该遗址的东部的 T1506、T1507、T1606、T1607、T1608、T1705、T1706、T1707、T1708 这 9 个探方中,其中尤以 T1506、T1507、T1606、T1607、T1706 中最多。墓葬区中共发现 27 座墓葬和 45 座瓮棺,布局十分密集,少见同时期的灰坑等其他遗迹。

本书在第一章中对下寨遗址的王湾三期文化进行了分期,但分期的对象主要是灰坑,未涉及墓葬,这主要是因为墓葬区中的墓葬、瓮棺葬均开口于东周层下,打破龙山层,墓葬与墓葬、墓葬与瓮棺葬、瓮棺葬与瓮棺葬之间较少见打破关系。同时大多数墓葬没有随葬品,瓮棺葬的葬具保存得很差,较难拼对复原,因此很难具体地将墓葬或瓮棺葬归入分期体系之中。当然,这个墓地的年代也不是毫无线索,通过第一章的分析可知东区的龙山层只有 1 层,分布在该区靠西的几个探方之中的王湾三期文化灰坑基本属于二期三段,这些灰坑的开口层位既有打破龙山层的,也有开口于龙山层之下的,而东区的墓葬和瓮棺均打破龙山层,从层位关系来看它们的年代不应早于二期三段。此外,观察个别墓葬中的随葬品,部分形态已经接近新砦期遗存及二里头文化的同类器,也说明其时代较晚,因此可以推测这个墓地的年代也应为王湾三期文化二期三段。

墓葬区中墓葬形制较为一致,均为长方形或近长方形竖穴土坑墓,直壁或斜壁,平底。墓葬普遍较小,墓圹长度在 1~2 米,宽度普遍在 0.5 米以内,深度也很浅,多在 0.5 米以内,基本均仅可容身而已。除 M7 可能存在木质葬具外,其他墓葬均未发现葬具或者明显的葬具腐朽痕迹。墓葬的方向大致可分为东西向和南北向两大类,东西向的墓葬最多,在整个墓葬区都有分布,而南北向者较少,主要分布在墓葬区的东南部。东西向的墓葬中一般有人骨 1 具,葬式多为仰身直肢,极个别为侧身屈肢,头向以西向或西南向者较多,东向者少。南北向的墓葬中一般有人骨 1 具,葬式为仰身直肢,头向均为西北向。在这 27 座墓葬中,仅有 5 座墓葬发现有随葬品,随葬品多为 1、2 件,仅 M7 出有 5 件随葬品。随葬品为陶器或石器,陶器有罐、杯、瓠、豆等,石器有斧、凿等。

墓葬区中的瓮棺葬形制一致,均为圆形或近圆形的竖穴土坑,直壁或斜壁,平底。墓圹直径多在 0.5 米左右,深度在 0.5 米以内。葬具为 1 件或 2 件,1 件者多为残损的釜、罐、瓮或鼎,2 件者多在罐、瓮或釜之上倒扣 1 件残损的圈足盘、瓮、罐等或直接覆盖 1 片陶片。瓮棺内多有人骨 1 具,骨骼细小,可能为幼儿,但是保存得相当差。

　　总体来看,下寨遗址王湾三期文化聚落的墓葬区中各墓葬、瓮棺之间少见打破关系,墓葬区中很少见同时期的灰坑等其他遗迹,这说明这个墓葬区是经过人为规划的专用区域。墓葬区中墓葬一般埋葬成人,而瓮棺葬内多是幼儿,在布局上两者之间并没有明显的界限。墓葬的方向呈现出一定的规律,但墓葬内人骨的头向较为凌乱。这一方面表明这些墓葬可能还有年代的早晚;另一方面说明墓葬区虽经过人为规划,但其具体排列布局的规划并不严谨。该聚落的墓葬普遍规模很小,仅可容身而已,多数墓葬都没有随葬品出土,个别墓葬出土的随葬品不仅数量少,规格也不高,均是日常使用的陶器。瓮棺葬的葬具为 1 件者占大多数,保存不好且多为残损的陶器,这有可能是直接使用残损的陶器作为葬具,也可能与后世的破坏相关。

　　2. 生活区

　　下寨遗址王湾三期文化聚落的居住区主要分布在发掘区的中、西部及东部靠西的几个探方之中,发现的遗迹主要有灰坑、灰沟、陶窑等,没有发现房址。

　　通过第一章的分析可知,该聚落延续时间较长,自一期一段一直沿用至二期三段,进行分期分段的主要依据就是灰坑。灰坑可能是由于窖穴或其他坑废弃后倾倒垃圾而形成的,与聚落中居民的日常生活密切相关,灰坑分布的区域即可视为该聚落居民的生活区。下寨遗址王湾三期文化聚落发现的灰坑虽多,但是也有相当的数量没有出土遗物或出土遗物不足以判断其期别。为了保证所研究遗迹单位的共时性,本书仅选择能够确定期别的灰坑进行探讨。

　　一期一段的灰坑主要发现于发掘区的西区及中区个别探方,遗迹主要为灰坑,数量较少。灰坑平面多呈椭圆形,直壁平底或斜壁圜底者较多,还有部分袋状坑,一般较大、较深。灰坑中出土遗物以陶片、石块、兽骨等居多。总体来看,一期一段之时下寨聚落的面积还很小,人类活动遗留下的遗迹与遗物也不丰富,是该聚落初步形成的时期。

　　二期二段的遗迹主要为灰坑,还有少量灰沟等,这些遗迹主要分布在发掘区的西区及中区,其中中区分布更多,出土遗物更丰富。这一段灰坑的数量较一期一段增幅很大,以椭圆形,直壁平底或斜壁圜底者较多,袋状坑的数量也有所增加。灰坑中的遗物仍以陶片、石块、兽骨居多。该段较之一期一段在聚落面积上有了较大的扩增,聚落的生活区在上一段的基础上向东有所发展,此时应是该聚落较为繁盛的一个阶段。二期三段的遗迹仍主要为灰坑,主要分布在发掘区的中部及东部靠西的几个探方之中。从数量上来看,这一阶段的灰坑数量与上一段基本持平,出土遗物也比较丰富。灰坑仍以椭圆形、直壁平底或斜壁圜底者较多,袋状坑数量较上一段有所减少。出土遗物的种类与上一段基本相同。此外在聚落东区的 T1507 中发现窑址1 处,从层位来看可能也属于本段。窑址仅残存部分火膛和火道,火塘为半圆形,火道有南北两条,东西残存最长约 182 厘米,南北最宽约 103 厘米,自身残存深度最深约 25 厘米。该窑址规模不大,可能是此时聚落内部一处较小的制陶地点。总的来说,进入二期三段以后原属于该聚落一部分的西区已经基本废弃,中区则继续沿用,并且聚落继续向东扩展。该段此聚落面积基本跟二期二段持平,是聚落继续发展的时期。

下寨遗址王湾三期文化聚落居住区的发展经历了一个由西向东的过程。栾丰实先生指出,聚落内部的结构或聚落布局发生重要变化,表明同一个遗址上一个旧聚落的终止和新聚落的开始,新旧聚落的交替有取代和连续发展的文化内部发生重要变化两种情况。[1] 下寨遗址王湾三期文化聚落从早到晚的变化应该属于后一种情况,即是连续发展的文化内部发生变化的具体体现。具体来说,应该是聚落的繁盛壮大导致居住区向东部的迁移和扩大。

由上可知,下寨遗址王湾三期文化聚落有以下几个特点。

第一,该聚落面积不大,仅 4 万平方米左右,也未发现较高规格的遗迹或者遗物。有学者对郑洛地区王湾三期文化聚落进行统计,根据其面积分为 4 级,其中面积40 万～100 万平方米为 Ⅰ 级聚落,15 万～40 万平方米为 Ⅱ 级聚落,5 万～15 万平方米为 Ⅲ 级聚落,5 万平方米以下为Ⅳ级聚落。[2] 按照此标准,下寨遗址属于小型聚落。

第二,王湾三期文化人群在进入下寨遗址时没有选择在该遗址原石家河文化聚落上继续生活,而是寻找一块新的区域形成了新的聚落。

第三,聚落的规模经历了由小到大的过程。一期一段,聚落主要位于发掘区的西区,规模较小,遗存也不丰富。二期二段之时随着生产力的发展、人口的增多,聚落面积有所扩大,开始向东部扩展。在二期三段之时,最初形成聚落的西区已经基本被废

---

① 栾丰实:《关于聚落考古学研究中的共时性问题》,《考古》2002 年第 5 期,第 69—70 页。
② 赵春青:《郑洛地区新石器时代聚落的演变》,北京大学出版社,2001 年,第 142 页。

弃,中区作为聚落的中心区域持续发展,继而向东继续扩展,同时在生活区的东部边缘形成一个墓葬区,其中墓葬和瓮棺的埋葬位置、方向还经过大体的规划。

(二)下王岗聚落

下王岗遗址历经两次较大规模的发掘,发掘面积达 5311 平方米,整个遗址基本被全面揭露出来。其中 20 世纪 70 年代发掘的区域较为集中,主要分布于遗址的偏北部,2008—2010 年发掘的区域位于第一次发掘区域的北部及南部。发掘揭露出下王岗遗址文化内涵包括仰韶、屈家岭、石家河、王湾三期、二里头、西周等多个时期。其中王湾三期文化遗存有文化层堆积 1 ~ 5 层,一般叠压于石家河文化或屈家岭文化堆积之上,被二里头文化堆积叠压。这说明王湾三期文化人群进入下王岗遗址以后直接在原石家河或屈家岭文化聚落上生活,形成了王湾三期文化聚落。遗憾的是,《淅川下王岗:2008—2010 年考古发掘报告》中仅公布了各时期房址、墓葬和瓮棺的分布图,没有灰坑、陶窑、灶等遗迹的分布图,因此我们主要使用 20 世纪 70 年代发掘报告中的遗迹分布图并结合 2008—2010 年发掘的数据进行分析。

通过第一章的分析可知,下王岗遗址的王湾三期文化年代分别属于豫西南鄂西北地区王湾三期文化的二期二段和二期三段,这表明该遗址作为王湾三期文化的聚落,经历了两个发展的阶段。

下王岗遗址 20 世纪 70 年代发掘的王湾三期文化二期二段遗迹较为丰富,主要有灰坑 118 座、陶窑 3 座、墓葬 29 座、瓮棺 24 座、灶 4 处(图 49)。其中灰坑分布在发掘区的各处,以袋状坑最多,约能占到灰坑总数的一半,且坑壁都经过修整。陶窑分布于发掘区西部,三座陶窑间距较近,可能为聚落中一处较为集中的制陶场所。墓葬在发掘区东部略多于西部,但其分布亦较为分散,且墓葬头向较乱,说明此时聚落中尚没有整体规划的墓葬区。灶分布在发掘区东部,相距不远。2008—2010 年发掘的王湾三期二期二段遗迹数量较少,大部分为灰坑,还有少量的灶、灰沟、瓮棺、窑址等遗迹,总数大约为 70 个。[①] 这些遗迹分布在发掘区的北部的 T1 ~ T6 及中部 T8、T10、T11、T12 等探方中。灰坑中袋状坑不多。总体来看,王湾三期文化二期二段之时,聚落位于遗址中、北部海拔在 156 ~ 158 米的地区,尤以海拔 158 米地区即遗址的最高点

---

① 本书认为下王岗王湾三期文化二期二段遗存主要包括《淅川下王岗:2008—2010 年考古发掘报告》所划分的龙山早期Ⅰ段、中期Ⅱ段及中期Ⅲ段的个别单位。此遗迹数量是根据该报告遗迹登记表所计算出的。

分布遗迹最多,但似乎聚落中并没有清晰的功能区划,灰坑、灶等生活遗迹与墓葬、窑址杂处在一起,显得比较凌乱。

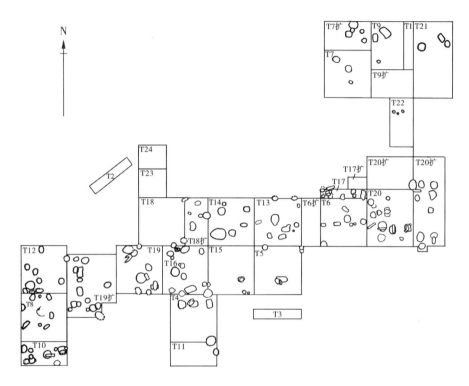

图49　20世纪70年代发掘下王岗聚落王湾三期文化二期二段遗迹分布

资料来源:采自《淅川下王岗》

20世纪70年代发掘的王湾三期文化二期三段遗迹较少,主要分布在发掘区的中部,东部、东北部也有零星发现。发现的遗迹主要有灰坑28座、房址2座、瓮棺24座(图50)。其中灰坑主要分布在聚落中部,前一段较多出现的袋状坑本段已经很少。房址位于发掘区中部,两座房址间隔不远,均为圆形半地穴式建筑,房址的居住面经过修整。房址面积仅5~6平方米,规模较小。瓮棺基本集中在发掘区中部,分布较为密集。2008—2010年发掘的王湾三期文化二期三段遗迹数量较多,主要有大量的灰坑和少量瓮棺、墓葬、房址、灰沟,数量在近190个[1],同样主要分布在发掘区的北部的T1~T6及中部T8、T10、T11、T12中,亦无明显的功能区划。

---

① 本书认为下王岗王湾三期文化二期三段遗存主要包括《淅川下王岗:2008—2010年考古发掘报告》所划分的龙山中期Ⅲ段的大部分单位及晚期Ⅳ、Ⅴ段单位。此遗迹数量是根据该报告遗迹登记表所计算出的。

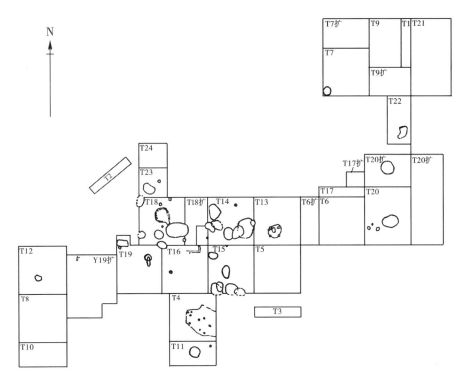

图 50　20 世纪 70 年代发掘下王岗聚落王湾三期文化二期三段遗迹分布

资料来源:采自《淅川下王岗》

综上,下王岗王湾三期文化聚落有以下几个特点:

第一,聚落面积较小,总面积大致为遗址的近半,约 3000 平方米。从聚落中未发现较高规格的遗迹及遗物来看,它应是一个普通小型聚落。该聚落是王湾三期文化人群直接在该遗址屈家岭、石家河文化聚落之上兴建的聚落。

第二,该聚落在王湾三期文化二期二段、二期三段这两个使用时段中,边界范围基本没有变化,均主要分布于遗址的中北部海拔较高处。这一方面说明该聚落的人群规模应该一直维持在一个较为稳定的状态;另一方面也可能是受限于下王岗遗址三面环水、发展空间有限的自然环境。并且在这两个时期中,无论是灰坑,还是墓葬、窑址、房址等遗迹混杂在一起,没有明显的分布规律,显然未经人为规划,整个聚落无法区分出明显的居住区与墓葬区。

第三,尽管该聚落在王湾三期文化二期二段、二期三段这两个时期的边界没有变化,但在聚落中遗迹分布的区域却有所转移。二期二段时,遗迹更多地分布在聚落中部即 20 世纪 70 年代发掘的区域;而二期三段时,聚落中部的遗迹数量急剧减少,在聚落的南、北部即 2008—2010 年发掘区域中遗迹数量较二期二段大大增加。这说明人群对聚落内空间的利用在不同时期是有所变化的。

二、区域聚落

豫西南鄂西北地区的考古工作虽然开展得较早,但经发掘的王湾三期文化遗址却不多。除已经发掘的含有王湾三期文化遗存的遗址之外,在本地区内进行的考古区域调查所取得的资料也为开展聚落考古的研究提供了重要材料。

本地区新石器时代聚落遗址的调查工作开展得较早,既有较为全面的文物普查[①],也有一些河流流域的区域性调查。这些调查工作中,1958—1959 年由中国社会科学院考古研究所长江工作队等单位在湖北郧县(今湖北十堰市郧阳区)和均县(今湖北丹江口市)进行的考古调查与试掘,发现了 6 个龙山晚期遗址。[②] 1991 年,由北京大学考古实习队、南阳市文物研究所对唐白河流域及淮源地区六县市十三处遗址进行调查,发现龙山晚期遗址 4 个(除八里岗外)。[③] 2007—2008 年,依托于"南阳盆地新石器时代——夏商时期聚落形态研究"课题,北京大学考古文博学院、南阳市文物考古研究所对白河流域的六县市进行区域考古调查,发现龙山晚期遗址 29 个。[④]

在以上区域性考古调查公布的材料中,调查者明确地将调查区域遗址中的石家河早中期、龙山晚期遗存区分开来,说明他们已经意识到该地区龙山晚期遗存是一种具有与石家河文化不同属性的考古学文化。龙山晚期遗存的年代大致与石家河文化晚期相当。调查者一方面指出汉水中游"龙山时代晚期,主要有源于本地区和江汉平原的石家河文化、关中地区的客省庄文化和中原地区的龙山文化三支考古学文化在此碰撞发展,面貌十分复杂,显得扑朔迷离"[⑤];另一方面又指出"汉水中游地区龙山文化晚期的文化面貌几乎与中原地区没有区别"。通过第一章的分析可知,龙山晚期石家河文化已经基本退出豫西南鄂西北地区,取而代之的是属于中原文化系统的王

---

① 国家文物局:《中国文物地图集·河南分册》,中国地图出版社,1991 年。

② 中国社会科学院考古研究所长江工作队:《湖北郧县和均县考古调查与试掘》,《考古学集刊 4》,中国社会科学出版社,1984 年,第 93 页。

③ 北京大学考古实习队、河南省南阳市文物研究所:《1991 年唐白河流域及淮源史前遗址的考古调查》,《江汉考古》1996 年第 2 期,第 1—10 页。

④ 北京大学考古文博学院、南阳市文物考古研究所:《白河流域史前遗址调查报告》,文物出版社,2013 年。

⑤ 北京大学考古文博学院、南阳市文物考古研究所:《白河流域史前遗址调查报告》,文物出版社,2013 年,第 4 页。

湾三期文化,再结合调查材料所公布的采集到的龙山晚期陶器,我们可以确定,这些所谓的"龙山晚期文化遗存"就是王湾三期文化。

此外,《中国文物地图集·河南分册》中介绍的豫西南地区龙山文化遗址很多,但书中仅笼统指出为"龙山文化"遗存,在这一地区龙山时代先后有两种文化,即石家河文化和王湾三期文化存在,遗址中的龙山文化究竟是何种性质并不明确。我们进行聚落考古研究之前,必须明确所研究的聚落的文化属性,只有对属于同一考古学文化、具有共时性的聚落进行研究,才能得出科学的结论。因而《中国文物地图集·河南分册》提供的资料不能直接使用,可作为豫西南地区区域考古调查工作的辅助资料进行参考。

以上的调查及发掘工作主要在白河流域、丹江下游地区进行,在唐河、西峡等地调查工作开展较少。查阅《中国文物地图集·河南分册》可知,西峡县境内含有龙山文化的遗址数量较少,只有杨岗、上营、秧地遗址三处,唐河县境内有两处,为冢子坡、后杜楼遗址。《中国文物地图集·河南分册》所言的龙山文化既包括石家河文化,也包括王湾三期文化,因此这几处遗址的具体文化属性尚不能确定。但可以肯定的是,在这两个地区王湾三期文化遗址数量很少。综合以上资料,目前豫西南鄂西北地区发现的王湾三期文化遗址共58个(表8)。

表8　豫西南鄂西北地区王湾三期文化聚落统计

序号	遗址	位置	面积 (万平方米)	时代
1	西高营	新野县	10	仰韶、石家河、王湾三期、周
2	马鞍山	新野县	1.5～2	仰韶、王湾三期
3	光武台	新野县	2	仰韶、王湾三期、二里头、周
4	杨岗	邓州市	10	仰韶、屈家岭、石家河、王湾三期
5	房山	邓州市	2.6	王湾三期
6	翟官坟	新野县	1.5	仰韶、石家河、王湾三期
7	后英庄	南阳市	6	仰韶、王湾三期
8	邓禹台	新野县	3	仰韶、屈家岭、石家河、王湾三期
9	下岗	邓州市	8	仰韶、屈家岭、王湾三期
10	竹筲陂	邓州市	5	屈家岭、石家河、王湾三期

续表8

序号	遗址	位置	面积（万平方米）	时代
11	王李营	南阳市	4.2	屈家岭、石家河、王湾三期
12	叶胡桥	南阳市	3	王湾三期
13	郭庄	镇平县	6.2	仰韶、王湾三期
14	张小凹	南阳市	3.6	石家河早中期、王湾三期
15	莲花池	南召县	0.7	仰韶、王湾三期
16	潘寨	南召县	1.5～2	石家河、王湾三期
17	观岭	南召县	6～7	仰韶、石家河、王湾三期
18	冢上寺	镇平县	6.5	仰韶、屈家岭、石家河、王湾三期
19	香花寨	内乡县	1.5～2	仰韶、屈家岭、王湾三期、周
20	巫马期	内乡县	2	屈家岭、王湾三期、汉
21	小河	内乡县	3.5	仰韶、王湾三期
22	小寨	内乡县	2	仰韶、屈家岭、王湾三期
23	黄龙庙岗	内乡县	2	仰韶、王湾三期、商、周
24	黄山	南阳市	10	裴李岗、仰韶、屈家岭、王湾三期
25	茶庵	内乡县	4	仰韶、屈家岭、王湾三期、周
26	竹园	南召县	7.6	仰韶、王湾三期
27	寨上	南召县	4	仰韶、王湾三期
28	凉马台	南召县	2	仰韶、王湾三期
29	老龙冢	邓州市	2.2	仰韶、屈家岭、王湾三期
30	八里岗	邓州市	5～6①	仰韶、屈家岭、石家河、王湾三期
31	下寨	淅川县	4	仰韶、屈家岭、石家河、王湾三期、东周
32	水田营	淅川县	1.5	王湾三期、二里头、东周
33	下王岗	淅川县	0.3②	仰韶、屈家岭、石家河、王湾三期、二里头、西周、汉
34	沟湾	淅川县	6	仰韶、屈家岭、石家河、王湾三期
35	马岭	淅川县	3	仰韶、王湾三期、二里头
36	龙山岗	淅川县	1	屈家岭、王湾三期

---

① 1997年发表的《河南邓州市八里岗遗址1992年的发掘与收获》公布八里岗遗址现存面积6万平方米左右,1994年发表的《河南邓州八里岗遗址的调查与试掘》报告该遗址面积约5万平方米。

② 下王岗遗址总面积0.6万平方米,从发掘情况看王湾三期文化聚落面积仅有约0.3万平方米。

续表 8

序号	遗址	位置	面积（万平方米）	时代
37	六叉口	淅川县	2.88	石家河、王湾三期
38	金营	淅川县	7	仰韶、王湾三期
39	盆窑	淅川县	5	王湾三期、二里头、商、周
40	乱石滩	丹江口市	0.06	仰韶、石家河、龙山晚期
41	青龙泉	郧阳区	4.5	仰韶、屈家岭、石家河、龙山晚期
42	大寺	郧阳区	0.5	仰韶、屈家岭、王湾三期、东周
43	店子河	郧阳区	0.4 以下①	仰韶、王湾三期、商、东周
44	牌坊岗	襄阳市	1.2	王湾三期
45	辽瓦店子	郧阳区	10～12②	王湾三期、二里头、商
46	花果园	丹江口市	0.15	王湾三期、汉
47	杨溪铺	郧阳区	6	王湾三期、周、汉
48	大沟岗	郧阳区	0.45	王湾三期、周、汉
49	习家店	郧阳区	1.2	王湾三期
50	谭家沟	丹江口市	0.24	王湾三期、周
51	三房包子	郧阳区	0.2	王湾三期、周
52	平高台	方城县	45③	王湾三期、汉
53	姚河	淅川县	24	王湾三期、汉、宋金
54	肖沟	淅川县	0.09④	仰韶、王湾三期
55	申明铺东	淅川县	1	王湾三期、两周、汉、六朝、唐
56	彭家院	丹江口市	1	屈家岭、王湾三期、东周
57	郭家道子	郧阳区	4	仰韶、屈家岭、王湾三期文化、东周、唐
58	南张家营	丹江口市	0.02⑤	王湾三期、春秋战国

---

① 店子河遗址两次发掘面积在 0.4 万平方米左右,其中发现的王湾三期文化遗存非常稀少,暂将聚落面积定为 0.4 万平方米以下。

② 辽瓦店子遗址的面积在公布的材料中有 10 万平方米、12 万平方米两种,故将其定在 10 万～12 万平方米。

③ 平高台遗址总面积 91 万平方米,王湾三期文化主要分布在遗址东部,发现 500 米×900 米的环壕聚落,暂以环壕聚落的面积作为该遗址王湾三期文化聚落的面积。

④ 肖沟遗址发掘简报中未提及遗址面积,发掘面积为 0.09 万平方米,暂以此作为聚落面积。

⑤ 南张家营遗址发掘简报中未提及遗址面积,发掘面积约为 0.01 万平方米,暂以此作为聚落面积。

确定位于不同地点的聚落遗址在年代上的共时性和非共时性,是进行区域聚落考古研究的基础和前提。[①] 在第一章中通过对豫西南鄂西北地区王湾三期文化进行分期,并与中原地区王湾三期文化进行对比得知,前者的相对年代大致相当于后者的晚期,绝对年代约为公元前 2200—前 1900 年或稍晚,因此本地区的王湾三期文化遗址应可视为在这期间基本共存的聚落。

1. 聚落的选址

豫西南鄂西北地区中部为南阳盆地,北、西及西南为秦岭、大别山余脉所形成的低山地,汉水、丹江、唐河、白河及其支流在这一地区形成较为密集的水网。独特的地理环境决定了聚落选址的规律,本地区王湾三期文化聚落的选址大致可分为以下两类。

第一类:分布于河流附近的土岗或低山岭之上。这类聚落数量最多,占全部聚落的半数以上,南阳盆地腹心地区地势较为平坦,靠近河流的土岗或山岭明显高出周围地面,成为古代人类最理想的聚居地,白河流域的聚落多属此类。如:观岭遗址位于南召崔庄乡后湖村一名为观岭的山岭上,高出周围地面 10～20 米;下岗遗址位于邓州林扒镇的黑龙庙与栗庄之间,地处一个高出周围地面 0～6 米的土岗上。

第二类:位于河谷两岸的二级阶地或山麓缓坡上。这类聚落数量少于第一类,主要分布在丹江口库区之内,这一地区为秦岭、大别山余脉所形成的低山地,河流在山间流过形成一定深度的河谷,背山临河的阶地较适宜人类居住。如:青龙泉遗址坐落于十堰市郧阳区东 5 公里汉水北岸、玉钱山南麓的二级阶地上;店子河遗址位于十堰市郧阳区西南青曲镇店子河村汉水北岸的二、三级台地上。

本地区王湾三期文化聚落的选址主要有两个特点——居高、临水。经统计聚落与河流的距离,发现距河流 1000 米以内的聚落数量达 80% 以上,其余距河流距离也均在 4000 米之内。根据遗址资源域分析的方法,国外一般以半径 5000 米的范围作为农耕定居社会聚落的资源域[②],山东大学王青先生通过实验将豫西北西金城龙山文化聚落的资源域半径概括为 4000 米[③]。水作为古代人类最重要的资源之一,是聚落选址至关重要的考量因素,本地区聚落距河流直线距离均不超过 4000 米,正处于学术界通常所认为的资源域范围内,说明古人有意识地选择距河流特定距离之内的地

---

① 栾丰实:《关于聚落考古学研究中的共时性问题》,《考古》2002 年第 5 期,第 65 页。
② 王青:《西方环境考古研究的遗址域分析》,《中国文物报》2005 年 6 月 17 日。
③ 王青:《豫西北地区龙山文化聚落的控制网络与模式》,《考古》2011 年第 1 期,第 60~70 页。

点作为聚居地以付出较少的时间和能量获得较大的资源利益。当然,在靠近水源的同时也考虑防洪和防御的需要,不能距河流过近,河旁台地或阶地就成为聚落最佳的选址地点。

2. 聚落的等级

确定聚落的等级,对于从宏观上分析认识某一地区内的聚落群有重要意义。在以往的聚落考古研究中,往往将遗址面积看作是确定一个聚落规模和划分聚落等级的重要标准之一,面积越大,聚落的规模越大,等级也越高。但对于调查的资料,按照聚落面积划分等级存在两个问题:第一,考古调查往往以采集到的遗物(主要是陶片)来判定聚落的有无,以陶片的分布范围确定聚落的面积。但后世人类的活动(尤其是农耕活动)可能会把遗址中的遗物人为地搬运到较远的地方,因而遗址的面积往往被人为扩大了。第二,考古发掘资料和调查资料表明,在黄河、长江的中下游地区,不同时期的聚落重合率高[1],而通过调查得出的遗址面积通常只是遗址中某个最大的聚落的面积,而不代表某个特定时期聚落的面积。因而,在遗址未经钻探、试掘或发掘的前提下,以不可靠的聚落面积作为划分聚落的等级结构的标准,并不能得出科学的结论。因此,一些学者提出,在划分聚落等级时,除了把规模大小作为一项指标外,还要把反映政治、经济、宗教等重要遗迹、遗物的有无看作重要指标。[2]

尽管使用调查材料进行聚落等级的划分存在一定的误差,但豫西南鄂西北地区以往发掘的王湾三期文化遗址数量较少且多集中于丹江口库区及其附近,其他地区的情况晦暗不明。调查资料作为发掘资料的补充,不失为研究聚落的重要材料,并且这种划分还是能大体展示出聚落的规模。因此本书主要利用本地区王湾三期文化聚落的面积,并结合部分遗址中王湾三期文化遗存的发现情况对聚落进行等级划分。

豫西南鄂西北地区王湾三期文化聚落面积普遍不大,多在10万平方米以内。其中调查的王湾三期文化遗址存在重复使用率较高的情况,且在重复使用的遗址中往往以仰韶或屈家岭文化堆积为主,仅有邓州房山、南阳叶胡桥等少数几个遗址以王湾三期文化遗存为主体。在调查的过程中判断王湾三期文化聚落存在与否往往通过地表采集的陶片,因而聚落的实际面积通常达不到调查的遗址面积。

---

① 燕生东:《关于判定聚落面积、等级问题的思考》,《中国文物报》2007年2月16日。
② 燕生东:《关于判定聚落面积、等级问题的思考》,《中国文物报》2007年2月16日。

有学者根据聚落面积将郑洛地区王湾三期文化聚落分为 4 级,其中面积 40 万～100 万平方米为 Ⅰ 级聚落,15 万～40 万平方米为 Ⅱ 级聚落,5 万～15 万平方米为 Ⅲ 级聚落,5 万平方米以下为 Ⅳ 级聚落。[①] 若根据此种聚落等级划分方法,则豫西南鄂西北地区的王湾三期聚落中 Ⅰ 级聚落仅发现一个,即平高台遗址面积为 45 万平方米,该遗址中发现有宽 20～40 米,深 4 米余的壕沟,彰显出它特殊的地位。Ⅱ 级聚落也仅发现一个,为姚河遗址,面积在 24 万平方米。该遗址尽管面积较大,但可能因为遗址遭到了严重的破坏,没有发现较高等级的遗存。Ⅲ 级聚落数量稍多,有 16 个,但其中更多的聚落面积在 5 万～10 万平方米,超过 10 万平方米者屈指可数。Ⅳ 级聚落数量最多,达 40 个,其中又尤以 2 万平方米以下的微型聚落最多。可以看出,随着面积的增大,豫西南鄂西北地区聚落的数量是急剧减少的(图 51)。

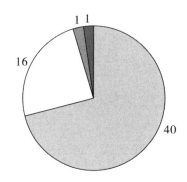

□5万以下　□5万~15万　▨15万~40万　■40万以上

图51　豫西南鄂西北地区王湾三期文化聚落面积饼状图

3. 聚落的群聚形态

史前,在氏族社会的基础上,聚落会以血缘为纽带近距离相聚在一起,并形成一种特定的空间与遗存形态,这种形态就称为"聚落群聚形态",这种形态实际也是史前社会组织的一种物化的反映。[②] 以往已有学者做过这样的研究及划分,并以组聚落、区聚落来对不同密切程度的聚落群进行命名。[③] 裴安平先生将聚落群聚的基本形态划分为"聚落群"与"聚落群团",聚落群是由聚落与聚落相聚而成,聚落群团是由聚落

---

① 赵春青:《郑洛地区新石器时代聚落的演变》,北京大学出版社,2001 年,第 142 页。
② 裴安平:《山西临汾盆地史前聚落群聚形态研究》,《南方文物》2013 年第 4 期,第 42-51 页。
③ 高江涛:《陶寺遗址聚落形态的初步考察》,《中原文物》2007 年第 3 期,第 13-20 页。

群与聚落群相聚而成,聚落的群聚形态从旧石器时代就已经初具雏形,而且纵贯整个史前时代。[①] 一般来说,聚落或聚落群之间的空间距离越近,它们之间的关系就越密切。

　　结合目前的调查及发掘资料观察豫西南鄂西北地区王湾三期文化聚落的分布,根据聚落间距离的远近,可将其分为 5 个聚落群(图52),分别为:Ⅰ.丹江中下游(库区段)聚落群,Ⅱ.汉水中游(库区段)聚落群,Ⅲ.白河上游聚落群,Ⅳ.湍河上游聚落群,Ⅴ.湍河、赵河与白河交汇处聚落群。这 5 个聚落群内部的各聚落之间距离都较近,它们之间的关系应当较为密切,而不同聚落群之间的聚落相距则较远。此外在聚落群之间还散布着少量聚落,这些聚落呈散点状分布于聚落群之间较大的空白区域之中,很难将其归入任何一个群聚落,这些聚落可能就是聚落群之间联系的桥梁和中转站。在这 5 个聚落群中,聚落群Ⅰ、Ⅱ、Ⅳ因位于秦岭、大巴山余脉之中,地貌为低山地,因而聚落多沿山间河谷呈条状分布。而聚落群Ⅲ、Ⅴ所处位置地势相对平坦宽阔,聚落呈团状分布。聚落群Ⅰ、Ⅱ之间距离更近,呈现出形成聚落群团的态势,表明它们可能有更为亲密的关系,而其他 3 个聚落群则相距稍远。

　　具体观察每个聚落的群聚方式,有助于推测该地区的社会等级分化情况。聚落群Ⅰ中以姚河遗址面积最大,属于Ⅱ级聚落;金营、盆窑遗址面积次之,为Ⅲ级聚落;其余 7 个均是面积在 5 万平方米以下的Ⅳ级聚落。聚落群Ⅱ中辽瓦店子、杨溪铺遗址面积稍大,为Ⅲ级聚落;其余 13 个遗址均为Ⅳ级聚落,且本聚落群中有相当数量面积在 1 万平方米以下的微型聚落。聚落群Ⅲ中,观岭、竹园遗址面积在 5 万平方米以上,属于Ⅲ级聚落;凉马台、潘寨、寨上遗址为Ⅳ级聚落。聚落群Ⅳ中各聚落面积都在 5 万平方米以下,均属Ⅳ级聚落。聚落群Ⅴ中 6 个遗址面积在 5 万～15 万平方米,为Ⅲ级聚落;其余 8 个遗址为Ⅳ级聚落。通过以上分析,我们可将豫西南鄂西北地区王湾三期文化聚落群的群聚方式分为三种:第一种为一个Ⅱ级聚落,少量Ⅲ级聚落和多个Ⅳ级聚落相聚成群,以聚落群Ⅰ为代表。第二种为少量Ⅲ级聚落与多个Ⅳ级聚落相聚成群,以聚落群Ⅱ、Ⅲ、Ⅴ为代表。在包含数个Ⅲ级聚落的聚落群中,Ⅲ级聚落之间往往距离较远,周围围绕着若干Ⅳ级聚落。第三种为多个Ⅳ级聚落相聚成群,以聚落群Ⅳ为代表。此时本地区出现一个面积大、规格高的Ⅰ级聚落——平高台遗址,由于目前方城地区考古工作做得较少,在其周围尚未确认有其他同时期聚落。但根据

---

　　① 裴安平:《史前聚落的群聚形态研究》,《考古》2007 年第 8 期,第 45-56 页。

郑洛地区王湾三期文化聚落分布的一般规律,如此大型规模聚落的周围必然有数个等级较低的聚落围绕。一些线索也显示在方城地区存在多个龙山时代的遗址,其中可能就有王湾三期文化遗址。[①] 此外,平高台遗址位于南阳盆地的东北边缘,是王湾三期文化南下豫西南地区必经之地,呈扼守方城垭口之势,地理位置极为重要。这说明平高台遗址极有可能是王湾三期文化南下后建立的一个重要据点,此后,王湾三期文化又以此为根据地向豫西南鄂西北地区逐渐扩展开来。

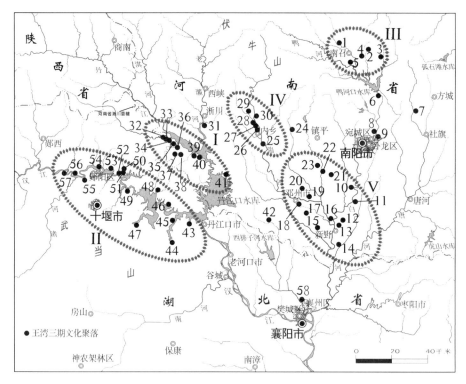

1. 观岭;2. 凉马台;3. 竹园;4. 潘寨;5. 寨上;6. 莲花池;7. 平高台;8 黄山;9. 张小凹;10. 后英庄;11. 翟官坟;12. 光武台;13. 马鞍山;14. 西高营;15. 杨岗;16. 邓禹台;17. 房山;18. 八里岗;19. 竹筲陂;20. 老龙家;21. 王李营;22. 叶胡桥;23. 郭庄;24. 冢上寺;25. 香花寨;26. 茶庵;27. 黄龙庙岗;28. 巫马期;29. 小寨;30. 小河;31. 沟湾;32. 盆窑;33. 下寨;34. 金营;35. 申明铺东;36. 水田营;37. 龙山岗;38. 六叉口;39. 下王岗;40. 马岭;41. 姚河;42. 下岗;43. 谭家沟;44. 南张家营;45. 花果园;46. 乱石滩;47. 彭家院;48. 习家店;49. 大沟岗;50. 郭家道子;51. 肖沟;52. 杨溪铺;53. 青龙泉;54. 大寺;55. 辽瓦店子;56. 店子河;57. 三房包子;58. 牌坊岗。

图52　豫西南鄂西北地区王湾三期文化聚落分布

① 国家文物局:《中国文物地图集·河南分册》,中国地图出版社,1991 年,第571 页。

在考古学研究中,聚落形态的等级越明显,一个社会的等级也就越森严。① 赵春青先生曾将郑洛地区的王湾三期文化聚落分为 A、B、C 3 个大的聚落群,其中聚落群 A 位于中心位置,而 B 和 C 则自西南向东北呈环状布列在主体聚落群外围。这些聚落群中,A 群内由 4 个 Ⅰ 级聚落、8 个 Ⅱ 级聚落以及 170 个左右的 Ⅲ、Ⅳ 级聚落组成较为复杂的聚落组合方式。而 B、C 群各小亚聚落群中则多由 Ⅰ、Ⅲ、Ⅳ 级聚落或 Ⅱ、Ⅲ、Ⅳ 级聚落组成,往往缺乏完整的聚落层次。② 赵先生的研究表明一个地区社会等级分化的程度与该地区和中心聚落群之间的距离呈正比,即越接近中心聚落群,社会的等级分化就越严重,反之则社会等级分化就越趋向简单。豫西南鄂西北地区位于王湾三期文化分布的西南边缘,其 5 个聚落群的等级结构相对较简单,表明这些聚落群中诸聚落之间的关系可能相对平等。之所以出现这种现象,是因为中心聚落群对分布于其外围聚落群的控制力往往是呈放射状扩散的,越靠近边缘,控制力越弱,当地的发展水平也较低,较难形成较高等级的中心聚落。虽然平高台遗址是本地区面积最大的一处一级聚落,但是它地处南阳盆地的东北边缘,距其他 5 个聚落群较远,中心聚落的性质不太明显,更有可能是王湾三期文化向豫西南鄂西北地区传播的一个重要据点。

4. 从聚落的分布看王湾三期文化的南下路线

从地理环境来看,豫西南地区主体为南阳盆地,盆地三面环山,北为伏牛山脉,东为桐柏山,西南为岩溶低山地。盆地南部新野一带与襄宜平原相接。南阳盆地北部虽与豫西地区相接,但北部多为山脉及丘陵分布,仅在盆地东北部方城县独树一带由于山地沉陷形成了一个东北窄西南宽的喇叭状地堑,被称为方城垭口,垭口东西长 15 公里,南北宽 20 公里,成为南下南阳盆地,北上中原的重要通道。

通过第一章对本地区王湾三期文化陶器的分析可知,它与主要分布于嵩山以南地区的王湾三期文化煤山类型关系更为密切。方城地区北部及东北部的平顶山、漯河地区就是王湾三期文化煤山类型的分布区域。在王湾三期文化晚期阶段,这一地区的人群通过方城垭口这一天然通道开始进入南阳盆地。进入盆地后顺盆地内的白河、湍河、赵河等主要河流南下,并在河岸二级阶地形成一个个小型聚落。还有一支

① ［英］科林·伦福儒、［英］保罗·巴恩著,中国社会科学院考古研究所译:《考古学:理论、方法与实践》,文物出版社,2004 年,179 页。
② 赵春青:《郑洛地区新石器时代聚落的演变》,北京大学出版社,2001 年,第 146 页。

向西推进,在丹水下游地区形成较为密集的遗址群,继而顺丹水而下,沿山间孔道到达汉水中游地区,也形成较为密集的遗址群。

总体来看,王湾三期文化的南下有两个特点:第一,在盆地中部地势平坦地区顺主要河流迁移,并在河流两岸定居;第二,在盆地西南部的低山地区主要顺山间孔道中的河谷平原迁移。

第二节　二里头时代聚落

豫西南二里头文化聚落的研究也可分为两个层次:一是单个聚落的分析,二是区域聚落的分析。

一、单个聚落

目前豫西南鄂西北地区发现的二里头文化遗址较少,限于发掘面积或发掘位置,发现的二里头文化遗迹多为灰坑、墓葬,且多数遗址中二里头文化遗存并不丰富,相当多的遗址仅发现几个灰坑或几座墓葬。通过第二章的研究可知,本地区很多二里头聚落的沿用时间不长,目前唯一发现的沿用时间较长的遗址穰东遗址发掘面积很小,遗迹也很少,唯有下王岗遗址发掘面积较大,布局较为清晰。因此本书主要对下王岗遗址二里头文化聚落进行分析。下王岗遗址二里头文化聚落延续时间不长,属于本地区二里头文化二期。该时期遗存叠压于西周文化层之下,分布不普遍,遗迹主要分布于遗址的中、东及东北部,文化堆积厚约 0.15 ~ 0.48 米。发现的遗迹主要有灰坑、墓葬和瓮棺(图53)。其中灰坑共有34座,口部形状有圆形、椭圆形、长方形和不规则形,椭圆形和不规则形坑数量较多,其次为圆形,长方形坑较少。灰坑结构多为直壁平底或锅底状,袋状坑数量很少。坑内出土遗物主要有陶片、石器、骨器、兽骨等。墓葬共有3座,数量少,且三者之间相距较远。墓葬开口于同一层位下,均为长方形竖穴土坑墓,墓口长在2米以内,宽在0.5米左右,深度在0.35米以下。墓葬方向较为统一,均在166° ~ 168°,墓葬中均无随葬品。墓内均埋葬人骨1具,其中两座葬式为仰身直肢葬,上肢一手放于身侧,一手置于腹上,面向西。另一座为蹲坐屈肢葬,头向下,双膝紧贴肩部,双手抱足。瓮棺共有3座,均为圆形竖穴土坑,葬具为陶罐1件,内盛装幼儿骨架,保存很差。总之,下王岗遗址二里头文化聚落沿用时间不长,在该遗址王湾三期文化聚落之上形成,聚落面积很小,遗迹种类少,亦没有明显的功能分区。

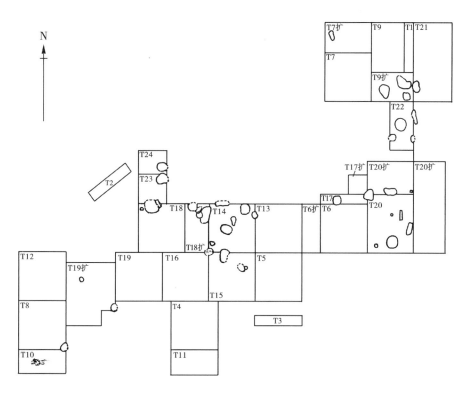

图53　下王岗聚落二里头文化遗迹分布

资料来源:采自《淅川下王岗》

除下王岗遗址揭露面积稍大之外,豫西南鄂西北地区其他二里头文化遗址多发掘面积很小。如八里桥遗址发掘面积70平方米,发现灰坑17座、沟1条,穰东遗址发掘面积325平方米,发现灰坑15座、墓葬1座。王树岗遗址仅发现二里头文化灰坑2座,门伙遗址发现二里头文化墓葬2座,盆窑遗址发现二里头文化灰坑9座等。

总体来看,豫西南鄂西北地区的二里头文化聚落普遍面积很小,遗存不丰富,聚落中遗迹种类多为灰坑、墓葬,少见其他遗迹。甚至部分遗址仅发现2、3个二里头文化灰坑或在地层中出土部分二里头文化陶片。出现这种情况,一方面是由于本地区考古发掘工作开展得仍十分有限,或一些遗址的发掘面积、发掘位置受限;另一方面也体现出二里头时代二里头文化在豫西南鄂西北地区已经相当衰败。

二、区域聚落

虽然豫西南鄂西北地区考古工作开展较早,但这一地区的二里头文化材料一直较为缺乏。20世纪七八十年代在淅川下王岗遗址最初发现了二里头文化遗存,后至2000年前后又陆续发现了邓州穰东[①]、方城八里桥、襄阳王树岗等遗址。这些遗址分布相对分散,发掘面积都不大,发现的二里头文化年代也较为单一。查阅《中国文物地图集》,也没有更多的关于该地区二里头遗址的线索。2007年以后,为配合南水北调丹江口库区建设,各文物部门在库区进行了大量的发掘工作,新发现了一些二里头文化遗址,包括淅川县盆窑、门伙、马岭、文坎、李营遗址,丹江口市熊家庄遗址,以及十堰市郧阳区(原郧县)龚家村、李营遗址等。

此外,北京大学文博学院等单位组织的在南阳盆地白河流域进行的区域考古调查中,也发现一处二里头文化遗址,即新野县光武台遗址,在遗址地表采集到二里头文化罐类口沿及鬲足,饰绳纹,证明该遗址可能存在二里头文化遗存。[②] 尽管新发现了一些材料,但是与新石器时代豫西南鄂西北地区遗址众多、聚落繁盛的情况相比,此时该地区的文化已经到达新石器时代以来衰落的顶点(表9)。

表9 豫西南鄂西北地区二里头文化聚落统计

序号	遗址	所在地	面积 (万平方米)	时代
1	穰东	邓州市	1.5	二里头
2	八里桥	方城县	10	二里头
3	下王岗	淅川县	0.6	仰韶、屈家岭、石家河、王湾三期、二里头
4	王树岗	襄阳市	0.5	二里头
5	盆窑	淅川县	5	王湾三期、二里头、二里岗、周
6	门伙	淅川县	不详	屈家岭、二里头、商、东周

---

① 穰东遗址最初发掘时被称为陈营遗址。见袁广阔:《邓州市陈营二里头文化遗址》,《中国考古学年鉴1990》,文物出版社,1991年,第244页。后发表简报时改称穰东遗址。见河南省文物考古研究所:《河南邓州市穰东遗址的发掘》,《华夏考古》1999年第2期,第7–24页。
② 北京大学考古文博学院、南阳市文物考古研究所:《白河流域史前遗址调查报告》,文物出版社,2013年,第323页。

续表 9

序号	遗址	所在地	面积 （万平方米）	时代
7	文坎	淅川县	不详	二里头
8	单岗	淅川县	2	屈家岭、二里头、东周
9	熊家庄	丹江口市	4	二里头、东周
10	龚家村	郧阳区	不详	二里头、商、周、汉
11	李营	郧阳区	5	二里头、六朝
12	光武台	新野县	2	仰韶、王湾三期、二里头、周
13	马岭	淅川县	3	仰韶、王湾三期、二里头
14	李营	淅川县	不详	石家河、二里头、周
15	王营	南阳市	不详	二里头

1. 聚落的选址

在目前发现的 15 个二里头文化聚落中,穰东、八里桥、文坎、王营、李营(郧阳区)等遗址面貌较为单纯,未发现早于二里头文化的遗存,其他遗址二里头文化聚落则是在较长时间内连续使用的遗址之上形成。

从聚落的选址来看,大体可以分为两类。第一类,位于河流两岸的冲积平原上,如穰东、八里桥、王树岗、光武台、王营遗址等。分布于南阳盆地的聚落主要属于该类。聚落通常周围地势较为开阔平坦,但同时距离河流仍保持着相当近的距离。第二种,位于河谷两岸的阶地之上,如淅川盆窑、门伙、下王岗、李营,郧阳区龚家村、李营等遗址。分布于丹江口库区的聚落主要属于该类。这种聚落所在地的地势稍高于周围,且跟河流的距离更近。

2. 聚落的等级

聚落面积普遍偏小,基本在 10 万平方米以下。① 有学者将洛阳盆地内的二里头文化聚落按照面积大小划分为四个等级,面积 100 万平方米以上的特大型聚落为Ⅰ级聚落,面积 30 万~100 万的大型聚落为Ⅱ级聚落,面积 5 万~30 万的中型聚落

---

① 文坎遗址面积约为 20 万平方米,但笔者曾赴该遗址参观,领队韩朝会老师告知该遗址二里头文化遗存很少,仅几个灰坑出有一些属于二里头文化的陶片,因此文坎遗址中二里头文化聚落面积达不到 20 万平方米,很可能属于一个Ⅳ级聚落。

为Ⅲ级聚落,面积5万平方米以下的小型聚落为Ⅳ级聚落。① 这种划分对二里头文化分布的边缘地区也有一定的意义。按此标准,豫西南鄂西北地区不见Ⅰ、Ⅱ级聚落,均为Ⅲ、Ⅳ级聚落,且以Ⅳ级聚落居多。

3. 聚落的群聚形态

观察这些遗址可以发现,除在丹江下游(库区段)较为集中地分布着几个二里头文化遗址之外,其他地区二里头文化遗址相当少,分布得也相当分散,遗址与遗址之间很难看出有什么联系(图54)。这可能与该地区考古工作做得不多有关,也反映出这个区域只是二里头文化分布的边缘区域。

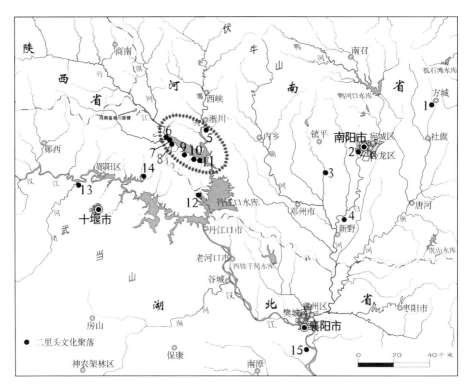

1. 八里桥;2. 王营;3. 穰东;4. 光武台;5. 李营;6. 盆窑;7. 门伙;8. 文坎;9. 单岗;10. 下王岗;

11. 马岭;12. 熊家庄;13. 龚家村;14. 李营;15. 王树岗。

图54　豫西南鄂西北地区二里头文化聚落分布

在二里头二期阶段,豫西南鄂西北地区仅出现一个二里头文化聚落,即穰东聚落。它面积很小,为Ⅳ级聚落。三期时,聚落数量较上一期增多,尤其在丹江下游(丹

---

① 王子孟:《洛阳盆地二里头文化期聚落形态考察》,山东大学硕士学位论文,2011 年,第 28 页。

江口库区)区域,几个聚落相距较近,形成一个聚落群。在这个聚落群中,盆窑遗址面积稍大,为Ⅲ级聚落,其余均为Ⅳ级聚落。而其余地区的聚落仍相距较远,呈散点状分布。到了四期,聚落数量与上一期基本持平,丹江下游区域的几个聚落仍表现出群聚的特征,聚落等级与上一期基本相同。在其他地区聚落稍有增多,既有Ⅲ级聚落,也有Ⅳ级聚落,但是它们之间仍相距很远。

综上,豫西南鄂西北地区二里头文化聚落的特点有两个:

第一,该地区二里头文化聚落从早到晚数量都不多,面积也不大。但晚期数量仍较早期有所增加。每一期都未出现较大的Ⅰ、Ⅱ型聚落,均为Ⅲ、Ⅳ型聚落。聚落中不见特殊的遗迹现象及较高规格的遗存。这表明该地区属于二里头文化分布的边缘地区。

第二,在该地区二里头文化二、三期,丹江下游(丹江口库区)出现聚落群聚的现象,形成一个聚落群,聚落群中的诸聚落存在较为密切的关系。聚落群的等级结构较为简单,均为一个Ⅲ级聚落和诸个Ⅳ级聚落组成。

第三节　龙山晚期至二里头时代聚落的变迁

本书通过对比豫西南鄂西北地区石家河文化、王湾三期聚落及二里头文化聚落的情况,探讨该地区龙山晚期至二里头时代聚落的变迁及其反映出的社会变化。

一、石家河文化聚落概述

在王湾三期文化出现之前,豫西南鄂西北地区为石家河文化青龙泉类型的分布区域。据统计,目前该地区发现的含有石家河文化遗存的遗址约有50个(表10)。这些遗址中多数延续时间很长,石家河文化聚落多是在屈家岭或仰韶文化聚落之上形成,单纯的石家河文化聚落较少。这些聚落中面积普遍不大,多在5万平方米(含5万平方米)以下,5万~10万平方米者有8个,10万平方米以上者仅有2个。

表 10 豫西南鄂西北地区石家河文化聚落统计

序号	遗址	位置	面积(万平方米)	序号	遗址	位置	面积(万平方米)
1	黄楝树	淅川县	14	26	双坟店	十堰市	不详
2	下寨	淅川县	2	27	七里河	房县	4
3	沟湾	淅川县	6	28	羊鼻岭	房县	0.5
4	下王岗	淅川县	0.6	29	杨岗	邓州市	8.4
5	李营	淅川县	不详	30	下岗	邓州市	10
6	老人仓	淅川县	不详	31	郭庄	邓州市	2
7	乱石滩	淅川县	0.06	32	八里岗	邓州市	5~6
8	张家台子	郧阳区	2.5	33	竹筲陂	邓州市	5
9	郭家道子	郧阳区	0.45	34	王李营	南阳市	4.2
10	青龙泉	郧阳区	4.5	35	张小凹	南阳市	3.6
11	庹家洲	郧阳区	6	36	新集	南阳市	3.3
12	中台子	郧阳区	4.5	37	潘寨	南召县	2
13	大寺	郧阳区	0.5	38	观岭	南召县	6~7
14	上宝盖	郧阳区	1.4	39	何家村	房县	3
15	水磨沟	郧阳区	0.4	40	归仙河	郧西县	0.11
16	张家台子	郧阳区	2.5	41	庹家湾	郧西县	4
17	康家湾	郧阳区	0.64	42	三步两道桥	襄阳	5
18	赵家湾	郧阳区	0.7	43	金汤寨	方城县	16
19	黑家院	郧阳区	0.28	44	邓禹台	新野县	3
20	郭家院	郧阳区	1.5	45	翟官坟	新野县	1.5
21	玉皇庙	丹江口市	1.5	46	西高营	新野县	10
22	彭家院	丹江口市	1	47	影坑	唐河县	2
23	石板滩	丹江口市	8	48	冢洼	镇平县	3.5
24	姚沟	丹江口市	0.039	49	冢上寺	镇平县	6.5
25	康家湾	十堰市	0.16	50	灰土坡	镇平县	2

豫西南鄂西北地区石家河文化聚落中,经考古发掘的仅有 10 余个,其中七里河、黄楝树、下寨遗址较为重要。

七里河聚落中发现房址 14 座,有地穴式房址、地面式房址和台基式建筑。其中 F8 为大型台基式建筑,方形,面积达 245 平方米。整体建筑为四居室,有 3 个门道、护墙1道、活动场地和散水(图55)。居室的墙体为木骨泥墙,为了防御南面山洪对房屋的冲刷和侵蚀,在房屋的南墙外紧贴南墙用红烧土垒筑了一道防山洪的矮墙。为了防潮,室内居住面、东西两侧的散水和房前门外的活动场地用红烧土铺设。为了抵御冬天的雨雪和室内防寒保暖,居室外设置一条长跨四室的前廊,廊外的门铺设门道并置雨篷。这座房址可以算是石家河文化房屋建筑水平的代表之作。[1] 聚落中灰坑、墓葬多分布在房址四周。

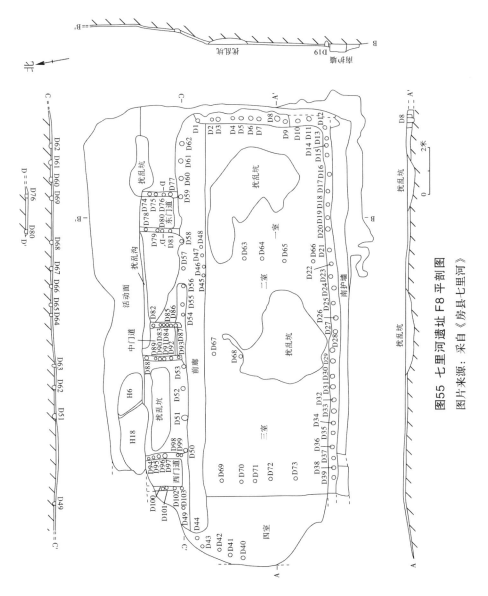

图55 七里河遗址F8平剖图
图片来源:采自《房县七里河》

---

① 湖北省文物考古研究所:《房县七里河》,文物出版社,2008年,第59页。

黄楝树聚落发现房址 6 座,共分为两排,其中东排有 5 座,北排 1 座。房址结构为木骨建筑,分单间、双间、多间三种形式,单间房屋面积多在 9.2 ~ 12.3 平方米,个别可达 30 平方米。如 F5 为一座三间房,中间为中厅,两侧为套间,总面积 43 平方米。门道可能位于中室,三间房居住面均涂 2 ~ 3 层白灰面,下面还垫有黄砂黏土,房内皆设火塘。在 F5 的东墙外有一露天灶,有三个灶口(图 56)。聚落中少量的瓮棺、墓葬较密集地分布在离房址稍远的地方。

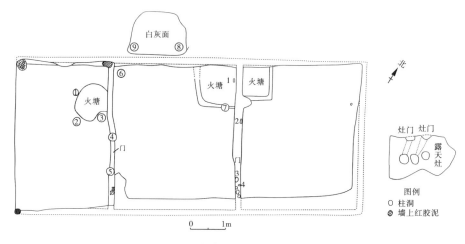

图 56　黄楝树遗址 F5 平剖面

图片来源:采自《河南淅川黄楝树遗址发掘报告》

下寨聚落中发现有一处较大规模的石家河文化墓地,共发掘 74 座墓葬。[①] 这些墓葬均为长方形竖穴土坑墓,墓葬方向可分为朝西、朝东、朝北三类,年代大致为石家河文化早期或中期(即本书的石家河早、晚期)。同一朝向的墓葬之间绝无叠压打破关系,说明不同时期墓地是经过布局和规划的。这些墓葬中半数以上出有随葬品 2 ~ 4 件,主要有钵、壶、罐、杯等陶器和凿、钺、环等玉、石器。其中 M207 长 2.6 米,宽 1.5 米,发现有木质葬具,随葬有玉钺、石凿、石环、陶罐、瓮和泥器等共 13 件,随葬品分别放置于木棺内和棺外,该墓葬的规模说明墓主可能在该聚落中具有较高的身份地位。

总体来看,豫西南鄂西北地区各石家河聚落内部的遗迹数量和种类虽不尽相

---

① 国家文物局:《河南淅川下寨遗址仰韶晚期至石家河文化时期墓葬》,《2013 中国重要考古发现》,文物出版社,2014 年,第 22 - 24 页。

同,但多数聚落还是有一定规划,生活区和墓葬区的区分较为明显。聚落内房址建筑水平较高,发现有单间或多间建筑,还有较大的台基式建筑。房屋多为木骨泥墙建筑,屋内有白灰面、火塘等。同时,聚落墓地中的随葬品多寡有别,可能体现出死者有一定的身份等级差距。

二、石家河文化时期至龙山晚期聚落的变迁

从石家河文化时期到龙山晚期,豫西南鄂西北地区考古学文化的性质发生了改变,即从属于苗蛮集团的石家河文化变为属于华夏集团的王湾三期文化。我们通过分别对两个时期的聚落进行研究,可以发现不同时期的聚落在数量、面积及布局等方面既存在相同或相似点,也存在一些差异。

1. 相似点

从数量和规模上来看,目前豫西南鄂西北地区发现的石家河文化聚落共50个,聚落面积普遍较小,多在10万平方米以下,10万平方米以上的聚落数量很少,该地区尚未发现此时期的城址或环壕聚落。该地区的王湾三期文化聚落共有58个,聚落面积普遍也不大,除出现平高台一个45万平方米的大型环壕聚落及面积24万平方米的姚河遗址外,其他聚落面积均在10万平方米以下。总的来看,无论从数量还是聚落规模来看,这两个时期基本持平。相比较石家河文化的腹地江汉平原及王湾三期文化的腹地豫西地区,豫西南鄂西北地区这两个时期的聚落无论从数量还是面积规模来看,都相差甚远。这是因为从位置上看,豫西南鄂西北地区的石家河文化青龙泉类型位于该文化的西北边缘地区,而本地区的王湾三期文化乱石滩类型位于该文化的西南边缘,均远离文化的中心分布区域。

从聚落的群聚来看,有学者研究指出豫西南鄂西北地区的石家河文化聚落基本可以分为东西两个单独的区域,其中西组主要以丹江口水库为中心,在附近的淅川县、丹江口市、房县及竹山县范围内分布,东组则主要分布在南阳盆地中的白河流域。[①] 王湾三期文化聚落则大致可分为五个聚落群,其中Ⅰ、Ⅱ聚落群主要分布在丹江口库区周围地区,而Ⅲ~Ⅴ聚落群主要分布在白河流域。因此石家河文化聚落和王湾三期文化聚落都存在较为明显的群聚现象,可以大致分为东西两个区域。

---

① 王富国:《汉水中游地区石家河文化研究》,郑州大学硕士学位论文,2012年,第60页。

从聚落等级来看,豫西南鄂西北地区的石家河文化聚落群中聚落的面积稍有大小的差别,出现了少量 10 万平方米以上的聚落。但在其中多数是经调查发现的长时期使用的聚落,本书所统计的面积只是整个遗址的面积,而石家河文化聚落的面积可能达不到这么大。唯一发掘的 10 万平方米以上的黄楝树聚落中,发现的单间和多间式建筑规格并不高,遗址中出土遗物也多为一般的陶器、石器或骨器,高规格的玉器或陶器少见。其他聚落中墓葬一般都为小型的土坑竖穴墓,随葬品较少,且多为普通陶器或石器。这表明聚落群中的聚落可能并不存在明显的等级分化,各聚落之间的关系和地位是相对平等的。王湾三期文化聚落中除出现平高台这一个大型聚落之外,其他 5 个聚落群中亦不存在明显的聚落等级差异。

2. 差异

尽管豫西南鄂西北地区的石家河文化及王湾三期文化聚落在数量、面积规模、群聚及聚落等级方面存在一定的相似性,它们之间还是有一定的差异的,主要表现在以下几个方面。

首先,该地区石家河文化聚落的分布区域较王湾三期文化聚落更广泛。石家河文化聚落的分布最西可达郧西县,向南在房县地区也有发现,而王湾三期文化聚落西不过十堰市郧阳区(原郧县),绝大部分聚落最南仅可达湖北省境内的丹江口水库南岸。

其次,王湾三期文化出现的平高台环壕聚落面积达 45 万平方米,这种规模的聚落不见于该地区的石家河文化。且平高台聚落所处的位置较为特殊——位于方城垭口附近,呈现出扼守方城垭口之势。在龙山时代,石家河文化的势力范围最北曾一度到达平顶山、禹州地区。龙山晚期王湾三期文化的南下可能与文献记载中的"禹征三苗"有关,这一点很多学者都曾指出过,而方城垭口则是自中原地区南下豫西南鄂西北地区的重要通道,掌握了这一通道便能以最少的代价发挥防止石家河文化北上进入王湾三期文化的腹心地区的巨大作用。

再次,尽管该地区石家河文化聚落和王湾三期文化聚落等级都不高,但具体来看似乎王湾三期文化聚落的等级更低。前者在七里河、黄楝树等聚落中发现有较多地面式的建筑,还发现有较大的台基建筑,房屋建造水平较高,而后者至今少见房址,发现的基本均为规模很小的圆形半地穴房址。前者在下寨聚落中的石家河文化墓地中发现有随葬品达 13 件的墓葬,墓中由木质单棺,随葬品还有象征身份的玉钺。后者发现的墓葬基本均为仅够容身的小型墓葬,少见葬具和随葬品。这固然可能与目前该地区王湾三期文化遗址的发掘工作做得不够有关,但也从一定程度上反映了这些聚落等级确实较低。

三、龙山晚期至二里头时代聚落的变迁

龙山晚期至二里头时代豫西南鄂西北地区的考古学文化由王湾三期文化变为二里头文化,中原地区已经从邦国时代进入了王国时代,该地区也成为中国历史上第一个王朝——夏朝的统辖地域,这两个时期该地区的聚落发生了较大的变化。

从聚落数量及面积来看来看,龙山晚期该地区的王湾三期文化聚落数量尚有近60个,到了二里头时代二里头文化聚落的数量却急剧减少,仅有10余个。从聚落面积来看,王湾三期文化尚存在一个大型环壕聚落,而二里头文化聚落基本均为10万平方米以下的普通聚落,还有很多聚落中仅发现数个灰坑,可见其规模之小。从聚落的布局及聚落中遗迹的情况来看,王湾三期文化部分聚落存在较为明显的人为规划现象,遗迹遗存较为丰富,还有一定规模的墓地。而二里头文化聚落很难看到人为规划或分区的迹象,遗迹多为灰坑,房址、墓葬、陶窑等其他遗迹很少见,出土遗物也不甚丰富。从聚落的分布及群聚来看,王湾三期文化聚落基本遍布豫西南鄂西北地区,存在明显的群聚现象,可以分为5个聚落群;而二里头文化聚落在白河流域很少发现,看不出群聚迹象,目前仅在河南境内的丹江口库区范围分布较为密集,可能属于一个聚落群。

总体来看,在龙山晚期华夏集团打败了曾经一度势力相当强大的苗蛮集团,成功占据了豫西南鄂西北地区,为了防止苗蛮集团的再度崛起,在该地区形成了具有扼守关隘意义的大型环壕聚落以及一系列内部关系相对密切的聚落群。这表明此时该地区被王湾三期文化所代表族群作为较为重要的一个统治区域。而到了二里头时代,自"禹征三苗"后苗蛮集团"后乃遂几",已经彻底衰败下去,豫西南鄂西北地区虽仍在夏王朝的控制范围之内,但与有丰富铜资源的江汉地区相比,这一地区显然不甚受统治者的重视,这里的聚落不但少,规模也很小,已经达到新石器时代以来衰败的顶点。

第四章

豫西南鄂西北与周邻地区考古学文化的互动

考古学文化不是孤立存在的,它在发展过程中往往与周邻的其他考古学文化发生互动,这种互动也往往不是均等的,而是有强与弱、主动与被动之分。由于考古学文化一般是和特定的人们共同体相对应的,考古学文化之间的互动关系其实反映的就是人们共同体之间的关系。[①]

第一节　豫西南鄂西北及其周邻地区的文化格局

豫西南鄂西北地区位于豫、鄂两省交界之处,向东北过方城垭口可抵豫中豫西地区,东部被伏牛山东延余脉与豫南驻马店地区相隔;向西溯汉水、丹水而上可达汉中、商洛地区;东南顺汉水而下可到达江汉平原腹心地区,是南北、东西交流的交通要道。明确豫西南鄂西北周邻地区龙山晚期至二里头时代的文化格局是研究该区域内各考古学文化互动情况的前提。

一、龙山晚期文化格局

龙山晚期豫西南鄂西北的周邻地区主要分布有以下 4 种考古学文化遗存。

1. 王湾三期文化

龙山时代晚期在渑池以东的豫西、豫中及豫南地区是王湾三期文化的主要分布区域,这一观点已得到大多数学者的认同。该文化在不同的区域表现出一定的地方

---

① 李伯谦:《关于考古学文化互动关系研究》,《南方文物》2008 年第 1 期,第 14～20 页。

特色,根据这种差异,我们一般将其分为嵩山以北地区的王湾类型,嵩山以南地区的煤山类型及豫南地区的杨庄二期类型。其中杨庄二期类型是由煤山类型向南传播并结合地方特色而形成,年代大约相当于本书所指的龙山晚期。

2. 白庙文化

主要指以白庙遗址早期遗存①为代表的一类考古学文化遗存,该类遗存还在宜昌大坪②、秭归王家坝③、宜都石板巷子④、茶店子⑤等遗址有所发现。目前对这类遗存的命名及文化性质学术界存在较大分歧,意见大致可分为三种:一种认为属于石家河文化。如张绪球先生则将其归入石家河文化季家湖—石板巷子类型中,年代为石家河文化晚期⑥。一种认为它是一种新的考古学文化。如孟华平先生将白庙早期遗存的一、二段与石板巷子遗存分别归为后石家河文化的白庙类型和石板巷子类型⑦,杨权喜先生称其为"石板巷子文化"⑧,王劲先生则称其为"三房湾文化",并区分为白庙类型和石板巷子类型⑨。于孟洲先生等将其命名为"白庙文化",但将石板巷子遗存从中区分出来⑩。另一种观点认为以石板巷子为代表的一类遗存是煤山文化在江汉地区的一种变体,命名为"石板巷子类型"⑪。

观察出土陶器,我们认为白庙遗存不是石家河文化,前者不见或少见后者典型的宽扁足盆形鼎、高领罐、缸、镂孔豆、红陶杯、陶塑等,前者大量出现的瓮、侈口罐、侧装三角形高足鼎、圈足盘等,亦基本不见于后者。前者以斜篮纹、方格纹、绳纹、叶脉纹等为主要纹饰,后者则以素面陶为主,纹饰中盛行横篮纹。白庙遗存也非王湾三期文化,前者的侧装三角形鼎足、瓮、圈足盘、豆等虽与后者同类器相似,但前者少见后者

① 湖北宜昌地区博物馆、四川大学历史系考古专业:《湖北宜昌白庙遗址试掘简报》,《考古》1983年第5期,第415-419页;三峡考古队:《湖北宜昌白庙遗址1993年发掘简报》,《江汉考古》1994年第1期,第22-34页;湖北省文物考古研究所:《1985—1986年宜昌白庙遗址发掘简报》,《江汉考古》1996年第3期,第1-12、54页。
② 三峡考古队:《宜昌大坪遗址发掘简报》,《江汉考古》1994年第1期,第35-38页。
③ 湖北省文物考古研究所:《秭归王家坝遗址发掘简报》,《湖北库区考古报告集(第一卷)》,科学出版社,2003年,第721-722页。
④ 宜都考古发掘队:《湖北宜都石板巷子新石器时代遗址》,《考古》1985年第11期,第961-976页。
⑤ 湖北省文物考古研究所:《宜都城背溪》,文物出版社,2001年。
⑥ 张绪球:《石家河文化的分期分布和类型》,《考古学报》1991年第4期,第389-412页。
⑦ 孟华平:《长江中游史前文化结构》,长江文艺出版社,1997年,第134页。
⑧ 杨权喜:《关于鄂西六处新石器时代晚期遗存的探讨》,《考古》2001年第5期,第40-47页。
⑨ 王劲:《后石家河文化定名的思考》,《江汉考古》2007年第1期,第60-72页。
⑩ 卢德佩:《鄂西发现的古文化遗存》,《考古》1986年第1期,第16-21、15页;于孟洲:《峡江地区夏商时期考古学文化研究》,吉林大学博士学位论文,2007年,第32页。
⑪ 白云:《关于"石家河文化"的几个问题》,《江汉考古》1993年第4期,第41-48页。

最为典型的折沿中口罐,而大量出现后者所没有的侈口罐、盘口罐等器。当然,宜昌以西以白庙为代表的遗存和宜昌以东以石板巷子为代表的遗存有一定的差别,主要表现在前者以侈口罐、盘口罐为主要炊具,鼎、釜类较少,而后者正好相反,但是两者更存在不少共有的器形,如瓮、圈足盘、钵、器盖等。这两个地区文化面貌的差别可能与地理位置上的差异有关——宜昌以西地区受渝东、峡江地区影响较大,而宜昌以东地区则受东部地区鼎发达的传统影响。[1] 总的看来,白庙遗存(包括石板巷子遗存)应为鄂西地区存在的一支独立的考古学文化,但从文化因素观察它并非由石家河文化发展而来,并且"后石家河文化"这种命名也不符合考古学文化一般的命名规律,白庙遗址连续发掘多次,遗存较为丰富,不妨暂称其为白庙文化。

白庙文化的年代上限一般认为晚于以往认为的石家河文化中期,即大致为龙山晚期,其下限存在争议。如孟华平先生认为下限在二里头文化三期[2],于孟洲先生则认为下限大致可到二里头文化一期[3]。本书认为白庙文化中较多的陶器如瓮、圈足盘、豆、器盖等仍保留了浓厚的龙山时代作风,在豫西南鄂西北地区王湾三期文化中多可找到可资类比的器物,其年代的主体仍应在龙山晚期的范围内,部分可能已经进入夏代纪年。

3. 肖家屋脊文化

指以肖家屋脊遗址石家河文化晚期遗存[4]为代表的一类遗存,在三房湾[5]、石板冲、贯平堰[6]、谭家岭[7]等遗址也有所发现,其年代晚于以往所认为的石家河文化中期(即本文的石家河文化晚期),大致相当于龙山晚期之时。关于这类遗存的性质大体有两种观点:第一种将其归入石家河文化之中,为石家河文化晚期阶段[8];第二种认为

---

① 孟华平:《白庙早期遗存及相关问题》,《江汉考古》1994 年第 1 期,第 99 页。
② 孟华平:《白庙早期遗存及相关问题》,《江汉考古》1994 年第 1 期,第 96 页。
③ 于孟洲:《峡江地区夏商时期考古学文化研究》,吉林大学博士学位论文,2007 年,第 86 页。
④ 湖北省荆州博物馆、湖北省文物考古研究所等:《肖家屋脊》,文物出版社,1999 年,第 237–271 页。
⑤ 湖北省文物考古研究所、北京大学考古文博学院:《湖北天门市石家河古城三房湾遗址 2011 年发掘简报》,《考古》2012 年第 8 期,第 29–41 页。
⑥ 湖北省文物考古研究所、中国社会科学院考古研究所:《湖北天门市石家河三处新石器时代遗址发掘》,《考古学集刊 10》,地质出版社,1996 年,第 48–67 页。
⑦ 湖北省荆州博物馆、北京大学考古学系等:《谭家岭》,文物出版社,2011 年。
⑧ 张绪球:《石家河文化的分期分布和类型》,《考古学报》1991 年第 4 期,第 389–412 页;中国社会科学院考古研究所:《中国考古学·新石器时代卷》,中国社会科学出版社,2010 年,第 662 页。

该类遗存是一种新的考古学文化,有肖家屋脊文化①、三房湾文化②等命名。

本书认为肖家屋脊晚期遗存非石家河文化,尽管前者沿用了部分后者的器形如腰鼓形中口罐、厚缘陶钵、红陶杯、三足杯、镂空束腰器座、覆碗器盖、陶塑等,但二者在陶系、纹饰及器形方面都表现出较大差异。前者红陶比例逐渐上升,夹砂陶多未经淘洗,砂粒粗大,后者以灰陶为主,以夹细砂者居多。后者器物中素面者较多,纹饰中以横篮纹或交错篮纹为主,而前者素面和有纹饰的陶器比例基本持平,以竖、斜篮纹为主,新出现了叶脉纹。后者常见的高领罐、长颈罐、陶尊、高圈足杯、喇叭形擂钵等器形在前者基本不见,而前者新出现的广肩罐、扁腹罐、凸底罐等器形亦不见于后者。因此肖家屋脊遗址为代表的这类遗存应是一支继当地石家河文化之后兴起的新的考古学文化,鉴于目前肖家屋脊遗址的材料最为丰富,可称其为肖家屋脊文化。除江汉地区外,鄂北地区的随州西花园③、佘家老湾④、金鸡岭⑤等遗址以及鄂西北地区稍靠南的房县七里河遗址龙山晚期遗存均表现出相似的面貌,也应为肖家屋脊文化的分布区域。

鄂西地区白庙文化和江汉平原及鄂北的肖家屋脊文化在时间上存在部分重合,有学者将其统归入后石家河文化,为两个不同的地方类型⑥,这种观点不可取。虽然这两类遗存都继石家河文化之后出现,但前者的主要来源明显不是石家河文化,且两者文化面貌的差异性较大,应为两支不同的考古学文化。

4. 客省庄文化

商洛地区的客省庄文化主要在商洛东龙山⑦、商县紫荆⑧、洛南焦村⑨等遗址发现。陶器中夹砂陶略多于泥质陶,陶色以灰、黑最多,红、红褐陶其次。素面抹光陶占有一定比例,纹饰中以细绳纹最多,其次为篮纹,还有少量弦纹、戳刺纹、刻划纹等。

① 何驽:《长江中游文明进程的阶段与特点简论》,《江汉考古》2004 年第 1 期,第 52-58 页。
② 王劲:《后石家河文化定名的思考》,《江汉考古》2007 年第 1 期,第 60-72 页。
③ 武汉大学历史系考古教研室、襄樊市博物馆等:《西花园与庙台子(田野发掘报告)》,武汉大学出版社,1993 年。
④ 湖北省文物考古研究所、随州市曾都区考古队:《2000—2001 年随州厉山佘家老湾遗址试掘报告》,《江汉考古》2011 年第 4 期,第 3-32 页。
⑤ 湖北省文物考古研究所、随州市博物馆:《随州金鸡岭》,科学出版社,2011 年。
⑥ 胡刚:《汉水流域夏商时期考古学文化研究》,西北大学博士学位论文,2013 年,第 63 页。
⑦ 陕西省考古研究院、商洛市博物馆:《商洛东龙山》,科学出版社,2011 年。
⑧ 商县图书馆:《陕西商县紫荆遗址发掘简报》,《考古与文物》1981 年第 3 期,第 33-47 页;王世和、张宏彦:《1982 年商县紫荆新石器时代遗址的发掘》,《文博》1987 年第 3 期,第 3-15 页。
⑨ 陕西省商洛地区图书馆:《陕西洛河上游两处遗址的试掘》,《考古》1983 年第 1 期,第 10-16 页。

典型陶器组合有单把鬲、敛口鼎、桶腹斝、宽折沿深腹或鼓腹罐、圆腹圜底罐、带双耳或鋬的圆腹罐、双耳或三耳杯等。以上陶器与关中地区的客省庄文化联系密切,其中单把鬲、小口折肩罐、桶腹斝、三耳杯、鼓腹罐等在老牛坡、赵家来、康家等遗址都能找到相似器形,有学者将其归入客省庄文化的康家类型①,可从之。

综上所述,在龙山晚期,豫西豫中及豫南地区主要分布有王湾三期文化的王湾类型、煤山类型及杨庄二期类型,陕西商洛地区分布的为客省庄文化康家类型,鄂西峡江地区分布的是白庙文化,鄂北及江汉平原腹心地区则是肖家屋脊文化的分布区。

二、二里头时代文化格局

二里头时代豫西南鄂西北的周邻地区主要分布有以下 3 种考古学文化。

1. 二里头文化

在二里头时代,河南省大部分地区、陕西东部地区及江汉平原地区都是二里头文化的分布区域。在如此大的区域内,二里头文化的面貌呈现出一定的地方特色,可分为不同的地方类型。

豫西、豫中地区为二里头文化分布的核心区域,是二里头类型的主要分布区域,豫南驻马店地区的二里头文化一般分为杨庄类型②,其时代大约在二里头文化二、三期。

江汉平原的二里头文化分布较为零散,主要有钟祥乱葬岗③、枣阳墓子坡④、荆州荆南寺⑤及黄陂盘龙城⑥。学术界一般认为乱葬岗、墓子坡遗址的二里头时代遗存为二里头文化,年代大约在三期,而盘龙城、荆南寺遗址夏代遗存的性质存在争议。有人认为盘龙城遗址的夏代遗存为二里头文化,而荆南寺遗址则表现出一定的地方因素,其性质较难判断。⑦ 也有人认为以荆南寺遗址为代表的遗存以土著特色为主,将

---

① 梁星彭:《试论客省庄二期文化》,《考古学报》1994 年第 4 期,第 397-424 页。
② 中国社会科学院考古研究所:《中国考古学·夏商卷》,中国社会科学出版社,2003 年,第 95-96 页。
③ 荆州市博物馆、钟祥市博物馆:《钟祥乱葬岗夏文化遗存清理简报》,《江汉考古》2001 年第 3 期,第 38-43 页。
④ 襄樊市文物普查办公室等:《襄樊市文物史迹普查实录》,今日中国出版社,1995 年。
⑤ 荆州博物馆:《荆州荆南寺》,文物出版社,2009 年。
⑥ 湖北省文物考古研究所:《盘龙城——1963—1964 年考古发掘报告》,文物出版社,2001 年。
⑦ 张昌平:《夏商时期中原与长江中游地区的文化联系》,《华夏考古》2006 年第 3 期,第 54-60 页。

其命名为"荆南寺类型"。① 还有学者认为两者均为二里头文化在江汉地区的地方类型——盘龙城类型。② 本书认为盘龙城第一、二期及荆南寺第一期出土的盆形鼎、深腹罐、花边罐、大口尊、豆等器物无论陶系、器形都与二里头文化类似,应是二里头文化,可以称其为盘龙城类型,其时代大约为二里头文化晚期。

陕西关中东部及商洛地区也发现有二里头文化遗存,早期发现的遗址主要有华县南沙村③、元君庙④等,遗存不丰富,文化面貌亦不清晰,有学者称其为二里头文化南沙村类型⑤。近年来在东龙山遗址⑥新发现了一类大致相当于二里头文化三、四期的遗存,其典型陶器组合主要为鬲、盆形鼎、大口尊、深腹盆、盆形甑、花边圆腹罐、双耳圆腹罐、豆等。尽管部分器形如圜底圆腹罐、花边圆腹罐等承袭自该遗址夏代早期的东龙山文化,但大量的盆形鼎、大口尊、深腹盆、豆等器物与二里头文化同类器差别不大,当属二里头文化无疑,有学者将其命名为"商洛类型"⑦,本书从之。

2. 朝天嘴文化

指以秭归朝天嘴 B 区夏代遗存⑧为代表的一类考古学文化遗存,主要分布于鄂西地区,在宜昌中堡岛⑨、路家河⑩、宜都红花套⑪等遗址也有所发现。关于这类遗存的性质目前主要有两种观点:一种将其归入三星堆文化在峡江地区的地方类型⑫,另一种认为其为一种独立的考古学文化⑬。关于朝天嘴类型的性质,于孟洲先生曾详细地对比了它与三星堆文化的陶器群,朝天嘴类型文化中的釜罐类、鬶和缸等器类基本不见于三星堆文化,而三星堆文化中的三足形炊器、圈足簋、翻领罐等亦不见于朝天

---

① 何驽:《荆南寺遗址夏商时期遗存分析》,《考古学研究(二)》,北京大学出版社,1994 年,第 96—97 页。
② 向桃初:《二里头文化向南方的传播》,《考古》2011 年第 10 期,第 47—61 页。
③ 北京大学考古教研室华县报告编写组:《华县、渭南古代遗址调查与试掘》,《考古学报》1980 年第 3 期,第 297—328 页。
④ 北京大学历史系考古教研室:《元君庙仰韶墓地》,文物出版社,1983 年。
⑤ 董琦:《虞夏时期的中原》,科学出版社,2000 年,第 19 页。
⑥ 陕西省考古研究院、商洛市博物馆:《商洛东龙山》,科学出版社,2011 年,第 69—134 页。
⑦ 陕西省考古研究院、商洛市博物馆:《商洛东龙山》,科学出版社,2011 年,第 278 页。
⑧ 国家文物局三峡考古队:《湖北秭归朝天嘴遗址发掘简报》,《文物》1989 年第 2 期,第 41—51 页;国家文物局三峡考古队:《朝天嘴与中堡岛》,文物出版社,2001 年。
⑨ 湖北省宜昌地区博物馆、四川大学历史系:《宜昌中堡岛新石器时代遗址》,《考古学报》1987 年第 1 期,第 45—97 页;国家文物局三峡考古队:《朝天嘴与中堡岛》,文物出版社,2001 年。
⑩ 长江水利委员:《宜昌路家河:长江三峡考古发掘报告》,科学出版社,2002 年。
⑪ 林春:《宜昌地区长江沿岸夏商时期的一支新文化类型》,《江汉考古》1984 年第 2 期,第 29—38、22 页。
⑫ 中国社会科学院考古研究所:《中国考古学·夏商卷》,中国社会科学出版社,2003 年,第 508 页。
⑬ 于孟洲:《鄂西峡江地区朝天嘴文化研究》,《考古》2010 年第 3 期,第 57—70 页。

嘴类型,说明这类遗存应为一支独立的考古学文化,可命名为朝天嘴文化①,本书赞同。

朝天嘴文化的年代的下限一般认为在殷墟文化时期,上限有不同意见,一种认为在二里头文化四期②,一种认为可早至二里头二期或稍晚③,还有人认为或可到二里头文化三期左右④。尽管存在争议,但毋庸置疑朝天嘴文化在夏代已经形成,它是峡江地区继白庙文化之后兴起的又一支土著文化。

3. 东龙山文化

指以商洛东龙山夏代早期遗存为代表的一类文化遗存,这类遗存叠压于客省庄文化层之上,又被夏代晚期遗存所叠压,其年代大致相当于二里头文化一、二期。此类遗存最初在关中东部的西安老牛坡⑤、蓝田泄湖⑥、华阴横阵⑦等遗址中被少量发现,商洛东龙山遗址资料的公布进一步丰富了其内容。对于关中东部至商洛地区夏代早期遗存的性质,学术界大致有两种意见:一种认为该类遗存与该地区遗址中夏代晚期遗存有较大差别,不宜归入二里头文化体系,称之为"老牛坡类型"文化遗存⑧,或者直接称其为"东龙山文化"⑨。一种将其归入二里头文化南沙村类型中⑩。商洛地区夏代早期遗存陶器盛行花边装饰、鸡冠状鋬、单耳、双耳或三耳,典型陶器组合为高领圆腹罐、圆腹圜底罐、花边口圆腹罐、长颈双耳罐、单耳长颈壶等。对比该类遗存与二里头文化可知,尽管前者新出现了少量瓠、大口尊、瓮等与二里头文化同类器形似的陶器,但前者的双耳罐、圆腹圜底罐、肥袋足鬲、三耳杯等器物基本不见于二里头文化,而二里头文化典型的深腹罐、高足鼎、盆形甑、深腹盆、三足盘、细柄豆、汲水罐等亦基本不见于前者。典型陶器组合的巨大差异表明以东龙山遗址夏代早期遗存为代表的一类遗存应为一种新的考古学文化,东龙山遗址目前发现的夏代早期遗

---

① 于孟洲:《峡江地区夏商时期考古学文化研究》,吉林大学博士学位论文,2007 年,第 43-44 页。
② 江章华、王毅等:《成都平原先秦文化初论》,《考古学报》2002 年第 1 期,第 1-22 页。
③ 孙华:《试论三星堆文化》,《四川盆地的青铜时代》,科学出版社,2000 年,第 142-144 页。
④ 于孟洲:《峡江地区夏商时期考古学文化研究》,吉林大学博士学位论文,2007 年,第 101 页。
⑤ 刘士莪:《老牛坡:西北大学考古专业田野发掘报告》,陕西人民出版社,2002 年。
⑥ 中国社会科学院考古研究所陕西六队:《陕西蓝田泄湖遗址》,《考古学报》1991 年第 4 期,第 415-448 页。
⑦ 中国社会科学院考古研究所陕西工作队:《陕西华阴横阵遗址发掘报告》,《考古学集刊 4》,中国社会科学出版社,1984 年,第 1-39 页。
⑧ 张天恩:《试论关中东部夏代文化遗存》,《文博》2000 年第 3 期,第 3-10 页;井中伟:《老牛坡类型及相关遗存再探讨》,《边疆考古研究 第 2 辑》,科学出版社,2004 年,第 191 页。
⑨ 张天恩:《论关中东部的夏代早期文化遗存》,《中国历史文物》2009 年第 1 期,第 17-24 页。
⑩ 董琦:《虞夏时期的中原》,科学出版社,2000 年,第 114-118 页。

存最为丰富,因此本书赞同"东龙山文化"的命名。

综上所述,二里头时代豫西、豫中、豫南、鄂北乃至江汉平原的广大地区均为二里头文化的分布区域,其中豫西及豫中地区为二里头类型的分布区域,豫南地区为杨庄类型,江汉平原地区为盘龙城类型。商洛地区在二里头文化一、二期时分布着东龙山文化,三、四期则成为二里头文化商洛类型的分布区。鄂西峡江地区则主要是朝天嘴文化的分布区。

第二节　龙山晚期与周邻地区考古学文化的互动

考古学文化不是凭空产生的,每一个考古学文化在其产生、发展、逐渐消亡的过程中既有对先前文化的继承发展,也有对同时期周邻文化因素的吸收、借鉴与融合,同时还要受到自然地理环境的制约和影响。[①] 龙山晚期与周邻地区考古学文化的关系可分为两个方面,一个是对年代早于其的考古学文化的继承,另一个是与同时期考古学文化之间的互动。

一、龙山晚期遗存文化因素分析

文化因素分析是指对考古学文化构成因素的分析,它与地层、类型学方法一样,是考古学基本方法之一。[②] 通过对一类考古遗存进行文化因素的分析,我们不但能确定其文化性质,还能揭示它与其他考古学文化的关系。为判断豫西南鄂西北地区龙山晚期遗存的文化性质,第一章对其进行了简单的文化因素分析。为了揭示此时期该地区考古学文化与周邻地区的互动,我们需要进行更细致的文化因素分析。

观察豫西南鄂西北地区王湾三期文化乱石滩类型的文化因素构成,我们可将其大致分为 5 群(图 57)。

---

① 李伯谦:《论文化因素分析方法》,《中国文物报》1988 年 11 月 4 日。
② 李伯谦:《论文化因素分析方法》,《中国文物报》1988 年 11 月 4 日。

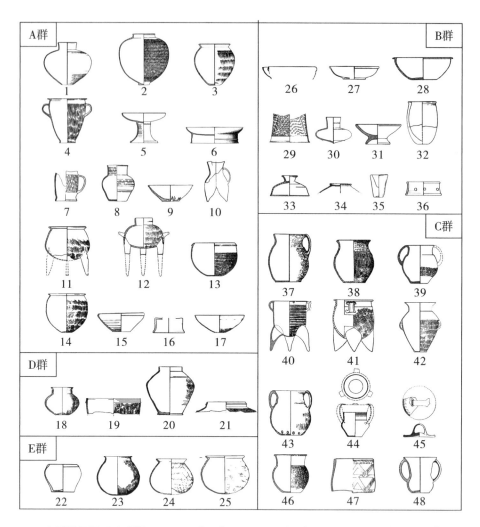

1. 下寨 H400：2；2. 马岭 W13：1；3. 水田营 H211：6；4. 下王岗 H221：8；5. 辽瓦店子 H187②：7；
6. 下寨 H415：3；7. 下王岗 T5⑨：8；8. 下王岗 T11④A：11；9. 沟湾 G10⑨：9；10. 下寨 H327：10；
11. 下寨 H19：4；12. 申明铺东 H2②：1；13. 辽瓦店子 H183：7；14. 下寨 H19：9；15. 沟湾 W31：3；
16. 水田营 H42：3；17. 下寨 T0705④：2；18. 下王岗 H248：32；19. 牌坊岗 T7②：9；20. 下王岗 T8③：5；
21. 牌坊岗 T4②：22；22. 下寨 H200：1；23. 下王岗 H166：1；24. 青龙泉 Z8：3；25. 下寨 H19：6；26. 乱
石滩 T6⑳：25；27. 下寨 H327：29；28. 下王岗 H145：3；29. 下寨 H343：4；30. 辽瓦店子 G21：50；
31. 下王岗 T6⑪：20；32. 下寨 H327：9；33. 金营 H32：1；34. 大寺 H6：23；35. 下寨 H86：4；36. 水田营
H108：1；37. 下王岗 H2：19；38. 下王岗 H157：5；39. 下王岗 H232：1；40. 辽瓦店子 H187②：2；41. 下
王岗 T5⑩：18；42. 大寺 T18②：47；43. 下王岗 H8：3；44. 大寺 T8②：4；45. 下王岗 T2⑦：3；46. 下王
岗 T1⑨：11；47. 下王岗 T3⑧：8；48. 辽瓦店子 G21：49。

图 57　王湾三期文化乱石滩类型陶器分群

A 群：主要包括侧装三角形高足鼎、中口罐、大口罐、小口高领瓮、矮领瓮、粗圈足
盘、高柄豆、钵、斜壁碗、高颈壶、罐形甑、折壁器盖、鬶、带把杯等。该群器物大部分直

接继承自王湾三期文化煤山类型,还有少量为乱石滩类型所特有的器形,如高领瓮形鼎身的锥形足鼎,厚缘深腹盆等。A 群陶器是王湾三期文化乱石滩类型最重要的组成部分,数量也最多。

B 群:主要包括红陶杯、束腰镂孔器座、宽扁鼎足、腰鼓形罐、带流盆、花边捉手和圈钮的器盖、圈足碗、陶塑等。这群器物是属于石家河文化的因素。此外,乱石滩类型中钵、钵形盆等器形流行口缘加厚或叠唇的作风,这种传统在当地石家河文化中较为常见。

C 群:主要包括饰双(三)大耳罐、折肩罐、双耳罐形甗、绳纹侈口罐、花边侈口罐、单耳罐、双耳深腹斝、桥形钮饼状器盖等,这些器物器身多饰竖绳纹,为典型的客省庄文化因素,在客省庄文化的诸多遗址中均能找到相同或类似的器物。

D 群:主要有扁腹壶、子母口双唇瓮、叶脉纹缸等,这些器形在肖家屋脊文化中较为常见。

E 群:主要有折沿圜底釜、深腹钵。为白庙文化因素。鄂西地区有着悠久的用釜传统,在史前城背溪文化至白庙文化时期,乃至夏商时期的朝天嘴至路家河文化时期,釜一直是重要的炊器。乱石滩类型中出现釜折沿、鼓腹、圜底,造型与白庙文化相似。

在以上 5 群陶器中,A 群陶器贯穿乱石滩类型发展的始终,发展演变规律清晰,数量最多,是乱石滩类型中最重要的一群陶器;B、C 群陶器也在乱石滩类型的两期中均有发现,种类不少,但数量不多,多在遗址中零星出现,且没有明显的演变规律;D、E 群陶器较之 B、C 群,无论从数量还是种类都更少,但也有个别器形如釜,成为乱石滩类型典型陶器之一。

二、对周邻考古学文化的继承

王湾三期文化乱石滩类型出现以前以江汉平原中部为中心,北到南阳至驻马店一线,南到洞庭湖地区,西至西陵峡西口,东抵鄂东麻城至大冶一线均为石家河文化的分布区域。豫西南鄂西北地区正处于石家河文化统治区的西北缘,它北部的豫西、豫中地区为王湾三期文化的统治区域。下面我们将分别探讨乱石滩类型在形成过程中对石家河文化及王湾三期文化其他类型文化因素的继承。

（一）对王湾三期文化其他类型的继承

在乱石滩类型出现之前,中原地区的王湾三期文化有煤山类型和王湾类型两个类型,两者大致以嵩山为界,前者主要分布在嵩山以南的北汝河和沙河流域,后者主要分布于嵩山以北、以东和洛阳平原周围。由于乱石滩类型距王湾类型分布区域较远而与煤山类型相邻,因而其在文化面貌上更接近煤山类型。

煤山类型陶器以夹砂或泥质灰陶为主,同时也有少量的泥质或夹砂红陶或黑陶。纹饰方面以篮纹最多,方格纹、绳纹次之,还有部分附加堆纹、弦纹、按窝等。陶器中鼎类与罐类为最主要的炊器,和小口高领瓮、矮领瓮、刻槽盆、钵、圈足盘、豆、器盖、觚形器等形成了基本的陶器组合,折腹盆,斝等器物较少。乱石滩类型陶器也以夹砂或泥质灰陶为主,纹饰以篮纹最为常见,陶器中以罐、鼎为主要炊器,基本不见斝、折腹盆,这些特征都与煤山类型吻合。

从陶器形制来看,乱石滩类型中最主要的 A 群陶器基本都能在煤山类型中找到相同或相似的器物。如:下寨 H19:9 大口罐(图58,1)泥质,沿面上鼓,腹较浅,与郝家台 W24:10(图58,6)基本相同。下寨 H19:4 鼎(图58,3)鼎身作垂腹釜形,与煤山 H25:2(图58,8)相似。水田营 H212:8 盆(图58,4)折沿、深弧腹,与瓦店ⅣT4H11:11(图58,9)类似。水田营 T0806⑤:8(图59,4)折壁器盖平顶、口沿外撇,与瓦店ⅣT3⑤:18(图59,9)近似。水田营 T1006⑤:43 盘形器(图59,5)与郝家台 J10:7(图59,10)相近,唯前者盘壁上的孔稍大。大寺 H15:1 小口高领瓮(图58,2)直口、广肩、弧腹,与王城岗 H538:4(图58,7)接近。下王岗 H14:5 豆(图58,5)侈口、喇叭形座,与王城岗 W5T0670⑤:70(图58,10)相像。下王岗 H257:6 杆形杯(图59,3)与王城岗 WT194H485:3(图59,8)形似。乱石滩 T3 ㉔:13 圈足盘(图59,1)圈足稍束,与瓦店ⅣT3H30:14(图59,6)形近。

以上分析说明了豫西南鄂西北地区的乱石滩类型是由中原地区的王湾三期文化煤山类型发展而来的。也就是说,在乱石滩类型形成的过程中,王湾三期文化煤山类型是其直接的来源。

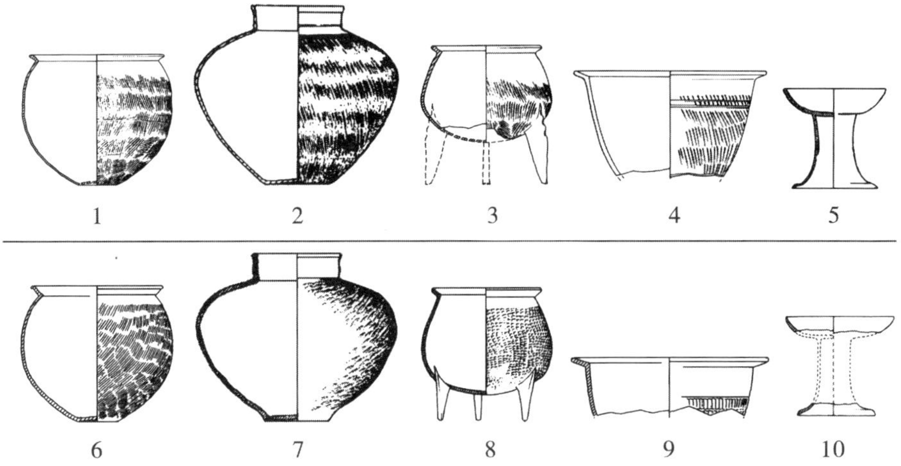

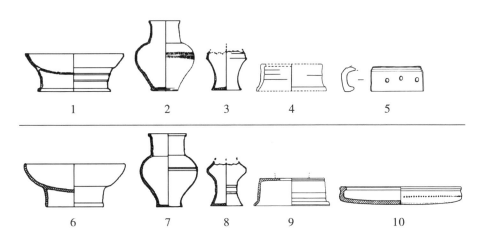

1. 下寨 H19：9；2. 大寺 H15：1；3. 下寨 H19：4；4. 水田营 H212：8；5. 下王岗 H14：5；6. 郝家台
W24：10；7. 王城岗 H538：4；8. 煤山 H25：2；9. 瓦店ⅣT4H11：11；10. 王城岗 W5T0670⑤：70。

图58 A群陶器与王湾三期文化陶器对比 Ⅰ

1. 乱石滩 T3②Ⓐ：13；2. 大寺 H5：4；3. 下王岗 H257：6；4. 水田营 T0806⑤：8；5. 水田营 T1006⑤：43；
6. 瓦店ⅣT3H30：14；7. 李楼 H1：1；8. 王城岗 WT194H485：3；9. 瓦店ⅣT3⑤：18；10. 郝家台 J10：7。

图59 A群陶器与王湾三期文化陶器对比 Ⅱ

(二)对石家河文化的继承

在乱石滩类型出现之前,豫西南鄂西北地区分布的考古学文化为石家河文化。尽管乱石滩类型的直接来源并不是石家河文化,但后者也对前者形成了一定的影响。

石家河文化陶器以泥质灰陶为主,素面陶数量很多,纹饰中以横篮纹和交错篮纹为主,典型器形主要有仰沿罐、腰鼓形罐、横装宽扁鼎足盆形鼎、红陶杯、镂空豆、缸等。乱石滩类型中的 B 群为石家河文化因素陶器,主要包括带流盆、折沿盆、圈钮器盖、圈足碗、红陶杯、宽扁鼎足等,这些陶器在石家河文化中能找到同类器。如:下王岗 H145:3 盆(图 60,3)折沿下卒,弧腹较深、凹圜底,这种盆在石家河文化青龙泉类型中很常见,与青龙泉 T71②B:25(图 60,11)类似,只是后者腹更深一些。带流刻槽盆也是青龙泉类型的典型器形,如乱石滩 T6 ⑳:25(图 60,2)与七里河ⅠT1G⑥a:32(图 60,10)接近。圈钮器盖、红陶杯、镂孔束腰器座是石家河文化各类中都较常见的器形,下寨、牌坊岗、下王岗、水田营等遗址少量出有这些器物,形制与石家河文化同类器几乎毫无二致。如:下寨 H233:1 红陶杯(图 60,6)与七里河ⅠT1F④a:8(图 60,14)基本相同;下寨 H384:1 束腰器座(图 60,7)与肖家屋脊 AT2015⑦:2(图 60,15)形似;下寨 H327:9 腰鼓形罐(图 60,1)与罗家柏岭 T11③:10(图 60,9)接近;下王岗 T7③:60 圈足碗(图 60,5)与青龙泉 T61②:2(图 60,13)接近;牌坊岗T4②:6 器盖(图 60,4),呈覆盘状,圈足钮,与青龙泉 T71②A:61(图 60,12)基本相同;下寨 H343:4 器座(图 60,8)周身布满镂孔装饰,其风格与七里河ⅠT8B④a:1(图 60,16)较为相像。

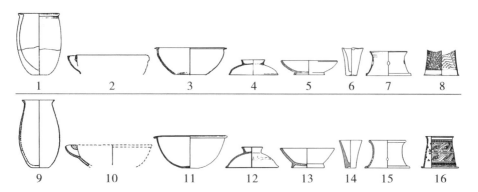

1.下寨 H327:9;2.乱石滩 T6 ⑳:25;3.下王岗 H145:3;4.牌坊岗 T4②:6;5.下王岗 T7③:60;
6.下寨 H233:1;7.下寨 H384:1;8.下寨 H343:4;9.罗家柏岭 T11③:10;10.七里河ⅠT1G⑥a:32;
11.青龙泉 T71②B:25;12.青龙泉 T71②A:61;13.青龙泉 T61②:2;14.七里河ⅠT1F④a:8;15.肖
家屋脊 AT2015⑦:2;16.七里河ⅠT8B④a:1。

图 60 B 群陶器与石家河文化陶器对比

豫西南鄂西北地区在乱石滩类型出现之前是石家河文化的分布区域,在龙山晚期之时,王湾三期文化急剧向南扩张,在豫西南鄂西北地区取代石家河文化形成了王湾三期文化的乱石滩类型。尽管文化性质发生改变,但豫西南鄂西北地区自屈家岭文化以来长时期作为江汉系统文化的控制地区,其部分传统和文化意识却在本地根深蒂固,在石家河文化消亡后仍在该地区得以部分保留。

综上,乱石滩类型虽然是在原石家河文化的分布区域发展起来的一支考古学文化,但其直接来源是嵩山以南地区的王湾三期文化煤山类型,同时石家河文化的少量陶器在乱石滩类型中得以继承。

三、与周邻考古学文化的互动

豫西南鄂西北地区与乱石滩类型基本属于同一时期的考古学文化,主要有豫南地区的王湾三期文化杨庄二期类型、陕西商洛地区的客省庄文化康家类型、鄂北及江汉平原的肖家屋脊文化以及鄂西地区的白庙文化。乱石滩类型与这些同时期的考古学文化之间存在着一定的互动。

(一)与杨庄二期类型的互动

从分布地域来看,乱石滩类型与杨庄二期类型东西相邻,中间被伏牛山东缘余脉所隔。由于伏牛山东缘余脉中天然存在一些较为平坦的山间孔道,因此乱石滩类型与杨庄二期类型之间也存在一定的交流与互动。主要表现在杨庄二期类型最典型的炊器鼓腹罐在乱石滩类型中也占相当比例,如下寨 H40:7 鼓腹罐与杨庄 W12:2 相似。此外,杨庄二期类型陶器纹饰以篮纹为主,方格纹和绳纹罕见,乱石滩类型纹饰中方格纹和绳纹也不多见。当然,由于这两者都大致形成于王湾三期文化的晚期,因此很难说在两者的这种交流和互动中哪种类型占据上风。我们只能说这两种类型由于分布地区相邻,在其产生后有一定的交流和互动,形成了一些独属于这两者的文化特色。

(二)与客省庄文化的互动

乱石滩类型中的 C 群为客省庄文化因素,主要包括其典型的双(三)大耳罐、折肩罐、双耳深腹斝、单耳罐、侈口花边罐等,种类不少,但数量不多,这些器物在客省庄文化中都能找到同类器。如:大寺 T8②:4 三耳罐(图 61,3)与东龙山 H168:4

(图 61,8)类似,大寺 T18②:47 折肩罐(图 61,1)与康家 H7:1(图 61,6)相似,只是前者口更外侈,肩部饰两耳。下王岗 H10:5 双耳罐形甗(图 61,2)与康家 H4:1(图 61,7)相像,下王岗 H157:5 绳纹侈口罐(图 61,5)与赵家来 F9:2(图 61,10)基本相同,下王岗 H2:19 单耳罐(图 61,4)与泄湖 H6:1(图 61,9)非常接近。乱石滩 T9㉒:8 双耳罐(图 62,5)与东龙山 H198:7(图 62,10)相近,唯后者口沿饰花边装饰。下王岗 T3⑧:8 罂(图 62,1)的罂身部分饰"之"字形刻划纹,和康家 H41:4(图 62,6)形近,辽瓦店子 H187②:2 罂(图 62,2)整体形态与东龙山 H148:8 接近,下王岗 T2⑦:3(图 62,3)、T4⑦:7 器盖呈饼形,其上装桥形钮,盖边缘压印为花边样式,与东龙山Ⅲ T12③:5(图 62,8)、横阵 H20:23 高度雷同。

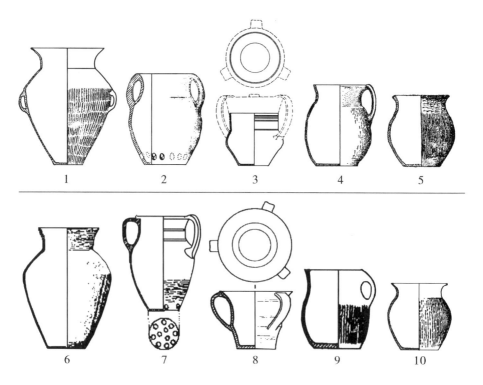

1.大寺 T18②:47;2.下王岗 H10:5;3.大寺 T8②:4;4.下王岗 H2:19;5.下王岗 H157:5;6.康家 H7:1;7.康家 H4:1;8.东龙山 H168:4;9.泄湖 H6:1;10.赵家来 F9:2。

图 61　C 群陶器与客省庄文化陶器对比 I

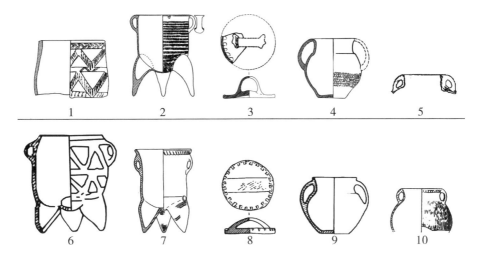

1.下王岗 T3⑧:8;2.辽瓦店子 H187②:2;3.下王岗 T2⑦:3;4.下王岗 H232:1;5.乱石滩
T9 ㉒B:8;6.康家 H41:4;7.东龙山 H148:8;8.东龙山Ⅲ T12③:5;9.东龙山Ⅲ T12③:4;10.东龙山
H198:7。

图62　C 群陶器与客省庄文化陶器对比Ⅱ

　　客省庄文化的康家类型主要分布在关中东部及丹江上游地区,与王湾三期文化
乱石滩类型的分布区域紧邻,但观察其文化面貌,受王湾三期文化的影响的器物数量
却很少。如横阵 T4A:4A 罐(图 63,1)折沿,鼓腹,饰方格纹,康家 H29:6 圈足盘
(图 63,3)、康家 H29:4 豆等为较明显的王湾三期文化器形。东龙山 H232:9 折壁器
盖(图 63,4)器身类似乱石滩类型的器盖,其器钮为蘑菇状高钮,这种器盖在乱石滩
类型虽然完整器发现较少,但在中原地区王湾三期文化中出现较多,考虑到商洛地区
与乱石滩类型分布区域直接接壤,这种器盖还是由豫西南鄂西北地区传播至商洛地
区的可能性更大。东龙山遗址出有部分釜,如东龙山Ⅲ T10③:11(图 63,2),这种现
象目前在其他客省庄文化遗址中基本不见。釜原也不是乱石滩类型的传统器形,只
是受有用釜传统的鄂西地区的白庙文化的影响,在乱石滩类型中部分出现。东龙山
遗址的陶釜折沿不明显,有的近似卷沿,束颈,饰细绳纹,与乱石滩类型折沿釜存在一
些差别。考虑到鄂西地区与商洛地区相距较远,交通不便,而自豫西南鄂西北地区溯
丹水而上便可直达商洛地区,因此商洛地区客省庄文化釜的根源虽不是乱石滩类
型,但可能是受乱石滩类型影响而少量出现。

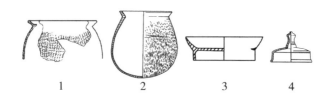

1. 横阵 T4A:4A;2. 东龙山Ⅲ T10③:11;3. 康家 H29:6;4. 东龙山
H232:9。

图63 客省庄文化中乱石滩类型因素陶器

从上述分析可以看出,乱石滩类型与客省庄文化的互动不是单方面的。在这种双方面的互动中,后者明显占据了更为主动的地位,对前者形成了较大的影响,而前者对后者的影响则寥寥可数。

（三）与肖家屋脊文化的互动

乱石滩类型中的 D 群为受肖家屋脊文化影响而出现的陶器,包括子母口双唇瓮、无箅深腹陶甑、沿部饰多周凹弦纹的缸、扁腹罐等,多为盛储器。虽然种类不少,但均不是乱石滩类型的常见器形,数量也很少。如:牌坊岗 T4②:22 瓮(图64,1)为子母口双唇,与金鸡岭灰土层 14:10(图64,6)相似。牌坊岗 T7②:9 缸(图64,5)口沿部分饰多周凹弦纹,腹部饰叶脉纹,与佘家老湾 T4③A:9(图64,10)相同。下王岗 T8③:5 罐(图64,2)直口、折肩,与西花园 H13 上:47(图64,7)类似,只是前者底部更大。下王岗 H123:1(图64,3)、马岭 H777:3 甑均为折沿、深斜腹,无底,需配合甑箅使用,与肖家屋脊 AT2206②:2(图64,8)基本相同。虽然折沿甑在杨庄二期类型中也有少量发现,但底部都有箅孔,这种无底的甑在肖家屋脊文化中较多,应为受其影响出现。下王岗 H248:32 壶(图64,4)侈口,直颈,扁腹,凹圜底,与肖家屋脊 H68:60(图64,9)、三房湾 T1④:24 都十分相像,其器身饰叶脉纹,也是肖家屋脊文化较常见的纹饰。

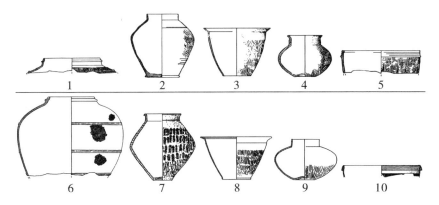

1.牌坊岗 T4②:22;2.下王岗 T8③:5;3.下王岗 H123:1;4.下王岗 H248:32;5.牌坊
岗 T7②:9;6.金鸡岭灰土层 14:10;7.西花园 H13 上:47;8.肖家屋脊 AT2206②:2;9.肖家
屋脊 H68:60;10.佘家老湾 T4③A:9。

图 64　D 群陶器与肖家屋脊文化陶器对比

肖家屋脊文化在乱石滩类型的影响下也出现一批器物,主要包括高领瓮、侧装三角形高足鼎、折沿深腹盆、曲腹盆、圈足盘、豆等,这些器物多能在乱石滩类型中找到同类器。肖家屋脊文化的高领瓮(发掘报告称其为广肩罐)数量很多,一般为泥质陶,高领较直,广肩,深腹,平底或凹圜底,腹部饰篮纹、方格纹或叶脉纹,这种器形是王湾三期文化典型器形,如佘家老湾 T9②:1(图 65,1)与下寨 H343:7(图 65,8)十分接近。高柄豆和圈足盘是肖家屋脊文化重要的两种器形,数量较多,豆盘部多呈侈口或敞口浅盘状,接高而细的喇叭型豆座,圈足盘的盘身也较浅,接粗矮圈足,这两种器形也是王湾三期文化所常见,如肖家屋脊 H546:1 豆(图 65,6)与下寨 H40:5(图 65,13)基本相同,三房湾 T1④A:20 圈足盘(图 65,5)和水田营 H238:2(图 65,12)类似,只是前者盘底下凸。侧装三角形足鼎、曲腹盆、折沿盆、折壁器盖等器物虽然数量不及以上三种器物,但无论是器形还是纹饰都表现出浓厚的王湾三期文化作风。如:西花园 H13 下:9 鼎(图 65,2)折沿垂鼓腹,侧装三角形鼎足,与青龙泉 H807:15(图 65,9)接近。佘家老湾 T1⑥:17 甗(图 65,3)折沿深弧腹,上腹饰两鸡冠耳,器身饰弦断篮纹,与水田营 H212:8(图 65,10)类似。肖家屋脊 H230:1 盆(图 65,4)上腹略鼓,下腹稍曲,凹圜底,与下寨 T0204⑥:1(图 65,11)基本相同。石板冲 T3④:34 折壁器盖(图 65,7)则与下寨 H325:4(图 65,14)非常接近。

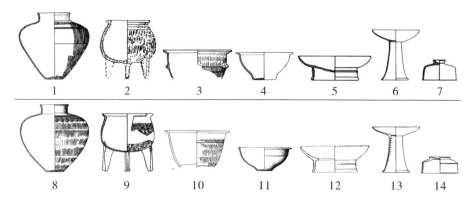

1.佘家老湾 T9②:1;2.西花园 H13 下:9;3.佘家老湾 T1⑥:17;4.肖家屋脊 H230:1;5.三房湾
T1④A:20;6.肖家屋脊 H546:1;7.石板冲 T3④:34;8.下寨 H343:7;9.青龙泉 H807:15;10.水田营
H212:8;11.下寨 T0204⑥:1;12.水田营 H238:2;13.下寨 H40:5;14.下寨 H325:4。

图65 肖家屋脊文化与乱石滩类型陶器对比

中原地区南下江汉流域的通道大致有两条:一条是自方城垭口进入南阳盆地,顺唐、白河而下,再通过随枣走廊进入江汉腹地;另一条是经过大别山和桐柏山之间三处较易通行的山间隘口即所谓的义阳三关(今湖北广水北的平靖关、武胜关、大悟县北的九里关)南下。前者可称为西道,后者可称为东道。① 肖家屋脊文化的分布地区大致在鄂北随州地区及天门市石家河遗址群分布区,通过西、东两道均可到达肖家屋脊文化分布区域,加之豫西南鄂西北的乱石滩类型与豫南的杨庄二期类型文化面貌差别不大,且肖家屋脊文化发现的王湾三期文化因素在这两种类型中基本都有发现。因此可以说肖家屋脊文化中王湾三期文化因素的出现可能是在乱石滩类型和杨庄二期类型的共同影响下出现的。

总体来看,在乱石滩类型与肖家屋脊文化的互动中,前者明显占据上风,对后者形成了较大的影响,后者中多种典型器形都是在前者的影响之下出现的。而后者对前者的影响相对小得多,且这种影响的出现不普遍,仅在个别遗址中有所发现。

(四)与白庙文化的互动

乱石滩类型中的 E 群陶器为白庙文化因素,是受其影响出现的陶器,主要有釜、

---

① 马保春、杨雷:《新石器时代晚期鄂豫陕间文化交流通道的初步研究》,《江汉考古》2007 年第 2 期,第 42-51页。

深腹钵,其中釜有一定数量,深腹钵只是零星出现。如:下寨H19:6(图66,1)、大寺H22:15(图66,2)釜与白庙T12⑤:57(图66,4)、石板巷子H11:1(图66,5)类似。下寨H200:1(图66,3)、下王岗H127:6和H128:3钵,均为敛口,厚缘,鼓腹,与石板巷子T2G2:1(图66,6)相似,只是前三者底均微凹,后者为平底,这种钵在白庙文化中较为常见。

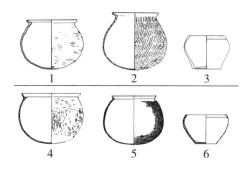

1.下寨H19:6;2.大寺H22:15;3.下寨H200:1;4.白庙T12⑤:57;

5.石板巷子H11:1;6.石板巷子T2G2:1。

图66 E群陶器与白庙文化陶器对比

白庙文化出现有较多的侧装三角形高足鼎、粗圈足盘、高柄浅盘豆、折沿中口罐、小口高领瓮等,几乎都能在乱石滩类型中找到同类器。如白庙文化鼎的鼎身呈折沿垂腹圜底釜形,侧装素面三角形高鼎足,腹饰篮纹或方格纹,这种鼎是乱石滩类型重要的炊器,只是乱石滩类型的鼎足有相当数量足外侧饰按窝,如石板巷子T12④:6(图67,2)与下寨H19:5(图67,9)几乎相同。白庙文化中的高领瓮、矮领瓮数量也较多,泥质陶,多广肩,高领瓮多直领,矮领瓮唇部外缘多加厚,腹饰篮纹或弦断篮纹。这两种器形是王湾三期文化的典型陶器,在乱石滩类型中所见甚多,白庙文化的瓮无论形制还是纹饰都与乱石滩类型同类器十分相似,如白庙T12⑥:16高领瓮(图67,1)与青龙泉Z8:5(图67,8)接近,白庙T28⑧:2矮领瓮(图67,4)与水田营H230:4(图67,11)类似。白庙文化中出有部分中口罐,夹砂陶,折沿,鼓腹或深腹,饰方格纹或篮纹,器形纹饰与乱石滩类型同类器毫无二致,如石板巷子T14③B:9(图67,3)与水田营H47:3(图67,10)相似。豆和圈足盘是白庙文化中常见的食器,其中豆盘多为侈口或敞口的浅盘形,接较细高的豆柄;圈足盘侈口,盘亦较浅,接粗矮的圈足。这两类器物的造型也与乱石滩类型中的同类器很接近,如石板巷子

T3⑤:1圈足盘(图67,5)与下寨 H212:1(图67,12)类似,白庙 T2③:24 豆(图67,6)与水田营 H93:10(图67,13)基本相同。此外,白庙文化中还出有少量的斜壁碗,与乱石滩类型同类器相似,如石板巷子 T13 ⒊Ⓑ:11(图67,7)与下寨 H15:4(图67,14)雷同。

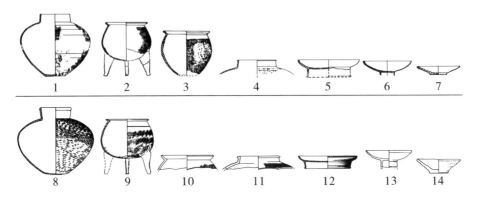

1.白庙 T12⑥:16;2.石板巷子 T12④:6;3.石板巷子 T14 ⒊Ⓑ:9;4.白庙 T28⑧:2;5.石板巷子 T3⑤:1;6.白庙 T2③:24;7.石板巷子 T13 ⒊Ⓑ:11;8.青龙泉 Z8:5;9.下寨 H19:5;10.水田营 H47:3;11.水田营 H230:4;12.下寨 H212:1;13.水田营 H93:10;14.下寨 H15:4。

图67　白庙文化与乱石滩类型陶器对比

观察乱石滩类型及白庙文化中由对方影响而出现的因素,我们可以发现前者受后者影响出现的陶器种类很少。其中尽管釜在乱石滩类型中有一定数量,但作为炊器,其地位仍无法与夹砂中口罐及鼎相比。白庙文化中乱石滩类型的因素种类较多,来自乱石滩类型的鼎类与釜、盘口深腹罐类并列为重要的炊器,高领瓮、矮领瓮则是白庙文化重要的盛储器,数量较多,圈足盘和豆更是其重要的食器。因此在乱石滩类型与白庙文化的互动中,前者明显为强势的一方,而后者势力相对较弱。

综上所述,在龙山晚期之时,王湾三期文化势不可当地向豫西南鄂西北地区挺进,在该地区形成了一个新的地方类型——乱石滩类型,并直接导致了石家河文化的衰败和消亡,以及江汉地区自屈家岭文化时期以来统一的文化格局的破裂。当然,尽管乱石滩类型直接脱胎于王湾三期文化煤山类型,但长久以来在该地区延续的一些传统和文化并未随着石家河文化的消亡而完全消失,而是融入乱石滩类型之中得以部分保留。

乱石滩类型形成以后并不是静止的、孤立的,它与周邻同时期的同一考古学文化的不同类型以及不同的考古学文化不断互动。这种互动往往不是平等、均衡的,可能会有快慢、强弱之别,主动、被动之别。[①] 从上述分析中可以看出,在与肖家屋脊及白庙文化的交流中,乱石滩类型明显占据上风,乱石滩类型中源自肖家屋脊及白庙文化的因素种类很少,这些器形也只是零星出现。而后二者中乱石滩类型的因素基本都是其典型的器形,包含炊具、盛储器、食器在内的多个种类,这些器形占到二者全部器形的近三分之一,数量较多。与客省庄文化的互动中,乱石滩类型中客省庄文化的因素的陶器种类稍多一些,但是数量不多,而客省庄文化康家类型中的乱石滩类型较为罕见,这固然与该地区客省庄文化遗址发现得不多有关,但更说明了在乱石滩类型与客省庄文化的互动中,前者并没有占据主动的地位。

第三节　二里头时代与周邻地区考古学文化的互动

二里头时代豫西南鄂西北地区的考古学文化为二里头文化,它与周邻地区的考古学文化的关系也表现在两个方面,一个是对年代早于其的考古学文化的继承,另一个是与同时期考古学文化的互动。

一、二里头时代遗存文化因素分析

观察豫西南鄂西北地区二里头文化的文化因素构成,我们可大致将其分为以下4群(图68)。

---

① 李伯谦:《关于考古学文化互动关系研究》,《南方文物》2008年第1期,第14-20页。

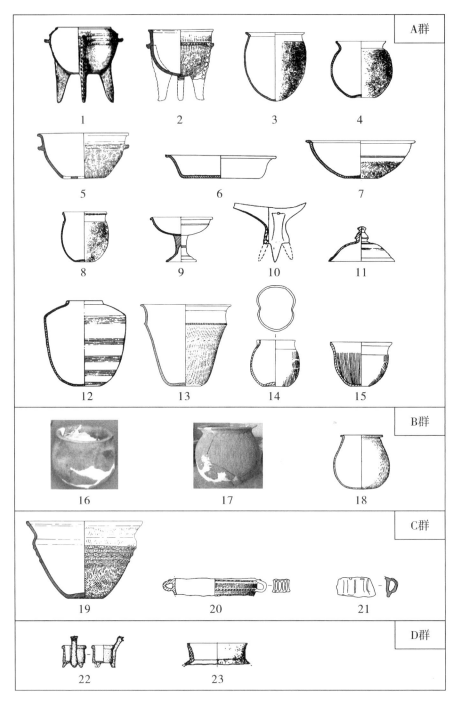

1.下王岗 H244:8;2.下王岗 T5⑥:2;3.穰东 T6③:1;4.穰东 H9:1;5.下王岗 H29:4;6.穰
东 H5:3;7.穰东 H5:1;8.穰东 H12:1;9.穰东 M2:4;10.八里桥 T4②:5;11.八里桥 H4②:8;
12.穰东 H10:15;13.李营 Y1(工作坑);14.王营 J3:1;15.王营 J1:12;16.门伙 M1;17.盆窑;
18.下王岗 T18②A:58;19.下王岗 H187:3;20.八里桥 H6:69;21.龚家村 H11:16;22.王树岗
H1:7;23.王树岗 H2:13。

图68 豫西南鄂西北地区二里头文化陶器分群

A 群：主要包括深腹罐、大口尊、深腹盆、圆腹罐、汲水罐、豆、盆形鼎、敛口鼎、刻槽盆、侈口缸、矮领瓮、菌状钮器盖等。该群陶器主要来自中原地区的二里头文化二里头类型，其陶器无论是器形还是纹饰风格都与二里头类型基本相同，在二里头类型中多能找到类似器物。该群数量最多，是构成这一地区二里头文化的主要因素。

B 群：主要为小卷沿圜底釜，在下王岗、盆窑、门伙等遗址中有少量出土。这种陶釜继承了乱石滩类型折沿，垂腹，圜底的风格，因此尽管釜的最终来源可以追溯到鄂西地区，但这种卷沿陶釜的来源还应是本地区的王湾三期文化乱石滩类型。

C 群：主要包括折肩不明显、器形矮胖的矮体大口尊，以及带泥饼装饰的竖桥形耳等。其中前者是二里头文化杨庄类型的典型器形，后者在二里头文化商洛类型中较为常见，因此该群是二里头文化杨庄类型和商洛类型影响出现的陶器。

D 群：主要有王树岗遗址出土的高领小罐和兽首三足杯等，为具有本地特色的一类陶器。

通过进行文化因素分析可知，豫西南鄂西北地区的二里头文化中，A 群为来自中原地区二里头文化二里头类型的因素，陶器无论种类还是数量都是最多的，为构成本地区二里头文化的最主要的一群陶器。B 群主要为继承自本地王湾三期文化乱石滩类型的陶器，在下王岗、门伙、盆窑等个别遗址有出土，数量不多。C 群主要是受与本地区二里头文化基本同时的二里头文化杨庄类型和商洛类型影响而出现的因素，数量也不多。D 群为具有本地特色的陶器，基本不见于其他文化。

二、对周邻地区考古学文化的继承

豫西南鄂西北地区在二里头文化出现之前主要是王湾三期文化乱石滩类型的分布区域。同时，该地区二里头文化的出现较中原地区晚一些，因而中原地区早于其出现的是二里头文化二里头类型。该地区二里头文化与这两者之间存在一定的互动。

（一）对二里头类型的继承

豫西南鄂西北地区的二里头文化中的 A 群陶器表明它是由中原地区的二里头文化二里头类型直接发展而来的。A 群中的深腹罐、圆腹罐、花边罐、鼎、大口尊、豆、深腹盆、刻槽盆等陶器是构成该地区二里头文化的典型陶器组合，与中原地区二里头文化同类器相似。如：下王岗 H244:8 鼎（图 69,1）敛口，折肩，侧装三角形高鼎足，肩部饰对称双錾，与二里头Ⅱ·ⅤT116④:2（图69,6）接近。王树岗 H1:8 深腹罐（图69,2）侈口，折沿，深腹微鼓，与二里头ⅤT201③:11（图69,7）几乎相同。豫西南鄂西北地区二里头文化常见两种盆，一种为卷沿深腹盆，另一种为侈口深腹盆，都能在中原地区二里头文化中找到类似器物。如下王岗 H290:1 侈口深腹盆（图69,3），深腹微鼓，底微凹，与二里头ⅤH87:11（图69,8）十分相似，只是后者为平底，穰东 H5:1 卷沿深腹盆（图69,4）沿下牟，弧腹，凹圜底，与二里头ⅤT201③:2（图69,9）相像。

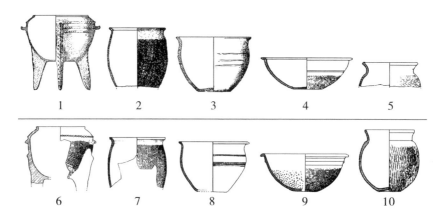

1.下王岗 H244:8;2.王树岗 H1:8;3.下王岗 H290:1;4.穰东 H5:1;5.穰东T6⑤:14;
6.二里头Ⅱ·ⅤT116④:2;7.二里头ⅤT201③:11;8.二里头ⅤH87:11;9.二里头ⅤT201
③:2;10.二里头ⅧH21:5。

图69 豫西南鄂西北地区与中原地区二里头文化陶器对比Ⅰ

　　除了这些出现较多、演变规律较清晰的陶器外，其他器形如侈口缸、敛口罐、圈足盘、矮领瓮等，虽然在本地二里头文化中出土稍少，也均能在中原地区二里头文化二里头类型中找到同类器。如:穰东 H10:15 矮领瓮（图70,1）矮领内敛，折肩，斜腹，与二里头Ⅱ·ⅤH107:11（图70,6）接近。李营 H13:9 缸（图70,2）侈口，深腹较直，与二里头ⅢH232:11（图70,7）接近，只是后者为鼓腹。下王岗 T20②A:16 罐（图70,3）敛口，折沿，鼓腹，与二里头ⅧT14④C:11（图70,8）基本相同。此外在穰东、八里桥等遗址出土的小高领罐、圈足盘等也均能在二里头文化中找到同类器。

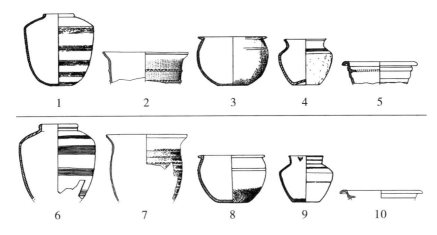

1. 穰东 H10:15；2. 李营 H13:9；3. 下王岗 T20②A:16；4. 八里桥 H17:1；5. 穰东 H12:4；6. 二里头 Ⅱ·Ⅴ H107:11；7. 二里头 Ⅲ H232:11；8. 二里头 Ⅷ T14④C:11；9. 二里头 Ⅷ T15③:2；10. 二里头 Ⅱ·Ⅴ T114④:11。

图70 豫西南鄂西北地区与中原地区二里头文化陶器对比Ⅱ

(二)对王湾三期文化乱石滩类型的继承

豫西南鄂西北地区王湾三期文化乱石滩类型之后出现的就是二里头文化。虽然两者分布地域相同,在年代上前后相继,但是从考古发现来看,该地区的二里头文化并不是在乱石滩类型的基础上发展而来的。

二里头文化中,B群陶器为受乱石滩类型影响出现的陶器,主要是垂腹釜。釜是南方地区的传统炊器,尤其在鄂西地区有着悠久的使用历史。龙山晚期乱石滩类型在豫西南鄂西北地区形成以后受鄂西地区白庙文化的影响出现部分釜,多呈卷沿或折沿,垂腹状,这种形态的釜被继乱石滩类型后出现的二里头文化所继承使用,数量不多。如下王岗 T18②A:58 釜卷沿垂腹,与下王岗乱石滩类型 H166:1 十分接近。

尽管豫西南鄂西北地区二里头文化是在王湾三期文化乱石滩类型之后形成的,两者分布地域相同,但从出土陶器来看,乱石滩类型的典型陶器在二里头文化时期基本都已发生变化,仅有釜类被后者继承使用。该地区的二里头文化并非由乱石滩类型发展演变而来,而是中原地区的二里头文化传播至此地形成,因此,豫西南鄂西北地区的二里头文化来源于中原地区的二里头文化。

三、与周邻地区考古学文化的互动

豫西南鄂西北地区在二里头文化时期,周边地区分布的主要有以下 5 种考古学文化或类型:豫南地区为二里头文化杨庄类型,商洛地区为东龙山文化和二里头文化商洛类型,鄂西地区为朝天嘴文化,江汉平原有二里头文化盘龙城类型。它们与该地区的二里头文化之间存在一定的互动。

(一)与杨庄类型及商洛类型的互动

豫西南鄂西北地区二里头文化的一至三期年代分别相当于中原地区二里头文化的二至四期,杨庄类型和商洛类型的年代分别相当于中原地区二里头文化的二、三期和三、四期,因此本地区二里头文化与后两者在时间上有交集。从分布地域来看,豫西南鄂西北地区的二里头文化向东穿越伏牛山东缘余脉可达杨庄类型的分布区域豫南地区,向西溯丹水河谷而上可到达商洛类型的分布区域陕西商洛地区,三者分布地域相距较近。

从目前的考古发现来看,三者之间确实存在一定的文化互动。杨庄类型流行一种较为矮胖的大口尊,折肩不明显,与二里头类型较瘦,深腹的大口尊有一定区别。豫西南鄂西北地区的二里头文化中也发现有部分矮胖的大口尊,如下王岗 H283:4、H187:3(图 71,1、2)分别与杨庄 J2:20、T19②:53(图 71,6、7)类似。陕西商洛地区自客省庄文化时期就流行在陶器上装竖桥形耳,有的还在耳上饰几道刻痕,这种习俗一直延续到二里头文化时期仍较为常见,部分耳上除划痕外还装饰小泥饼。豫西南鄂西北地区的二里头文化中也偶见这种情况,应是在商洛地区的二里头文化商洛类型的影响下出现的。如:单岗 H191:1 大口尊在肩部饰对称双竖桥型耳(图 71,5),上面贴两个小泥饼,与东龙山采:32、H28:17 的器耳(图 71,10、11)均十分类似;龚家村 H11:16(图 71,3)和八里桥 H6:69(图 71,4)竖桥形耳的表面饰竖划痕和两个小泥饼,与东龙山 H28:9、H34:10 的器耳(图 71,8、9)均非常接近。

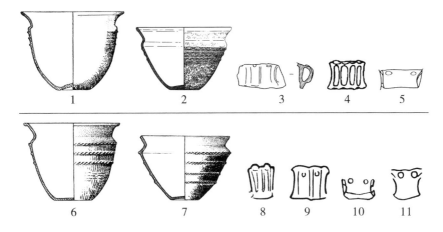

1.下王岗 H283:4;2.下王岗 H187:3;3.龚家村 H11:16;4.八里桥 H6:69;5.单岗
H191:1 器耳;6.杨庄 J2:20;7.杨庄 T19②:53;8.东龙山 H28:9;9.东龙山 H34:10 器耳;
10.东龙山采:32 器耳;11 东龙山 H28:17 器耳。

图71　二里头文化与商洛类型、杨庄类型陶器对比

(二)与东龙山文化的互动

在相当于中原地区二里头文化一、二期之时,陕西商洛地区主要分布的是东龙山文化,它不同于该地区早于其的客省庄文化,是一支以鬲、单耳壶、高领鼓腹罐、卷沿釜、花边圆腹罐、双耳长颈罐等为典型陶器组合的考古学文化。

从目前发现的情况来看,豫西南鄂西北地区的二里头文化基本不见东龙山文化因素,在东龙山文化中发现有部分二里头文化因素,主要为少量的大口尊、矮领圆腹瓮和瓿等器物。其中大口尊侈口,沿今折,桶腹,凹圜底,如东龙山Ⅲ T14②:5(图72,1),这种不折肩的大口尊在二里头文化杨庄类型中较常见。由于目前豫西南鄂西北地区二里头文化一期遗存仅在穰东遗址发现,文化面貌不甚清晰,暂未见到这种大口尊,但在八里桥遗址出土的 H16:1(图72,3)与东龙山Ⅲ T14②:5 类似,其年代稍晚于后者,因此有可能是该地区二里头一期杨庄类型的这种大口尊已经影响了豫西南鄂西北地区的二里头文化,并间接地影响了东龙山文化。东龙山遗址出土的H228:14 瓮矮领(图72,2),圆鼓腹,这种形制的瓮在豫西南鄂西北地区的二里头文化中存在,与穰东 T4⑤:5(图72,4)类似,应为受后者影响出现的器物。此外,东龙山文化中还出有一件陶瓿(M43:23),目前在豫南及豫西南鄂西北地区的二里头文化中尚未发现陶甗,可能是受中原地区二里头文化影响出现的器物。

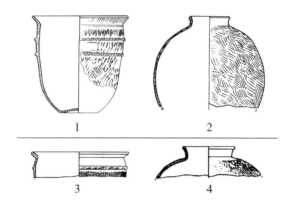

1.东龙山Ⅲ T14②:5;2.东龙山 H228:14;3.八里桥 H16:1;

4.穰东 T4⑤:5。

图72 东龙山文化与二里头文化陶器对比

东龙山文化中几乎不见豫西南鄂西北地区二里头文化因素的陶器,后者中受前者影响出现的陶器也不多。这一方面可能与东龙山文化与豫西南鄂西北地区二里头文化的面貌均不丰富有关,另一方面则说明上述两种文化的互动并不活跃,且后者可能在互动中占据更主动的地位。

(三)与朝天嘴文化、盘龙城类型的互动

在大致相当于豫西南鄂西北地区二里头文化二、三期之时,鄂西地区和江汉地区分别有朝天嘴文化和二里头文化盘龙城类型。其中朝天嘴文化以小平底罐、缸、釜、灯形器、鸟头把勺、侈口盆等为典型陶器组合,文化面貌与三星堆文化有较多相似之处。盘龙城类型目前仅在荆南寺、盘龙城等遗址有所发现,遗存很少,文化面貌仍不清晰。总体来看,豫西南鄂西北地区的二里头文化与鄂西地区的朝天嘴文化少有文化的交流与互动,两者中都几乎不见含有对方文化因素的陶器。至于江汉平原的二里头文化盘龙城类型,有学者认为是二里头文化直接传播的结果,是由豫东南经大悟、孝感一带传播至盘龙城,而后逆江而上至荆南寺遗址[1],与豫西南鄂西北地区的二里头文化关系不大。

---

① 张昌平:《夏商时期中原与长江中游地区的文化联系》,《华夏考古》2006 年第 3 期,第 54—60 页。

总之,尽管在二里头文化出现之前豫西南鄂西北地区为王湾三期文化乱石滩类型的分布区域,但该地区的二里头文化并非由乱石滩类型发展演变而来,而是由中原地区的二里头文化传播至此地形成。该地区的二里头文化在形成的过程中在一定程度上受到二里头文化杨庄类型和商洛地区的二里头文化商洛类型的影响,但这种影响微乎其微。该地区的二里头文化与东龙山文化也有一定的文化互动,前者在互动中似乎更主动,但这种互动也不甚活跃。此外,鄂西地区的朝天嘴文化和江汉平原的二里头文化盘龙城类型与豫西南鄂西北地区的二里头文化鲜有交流互动的迹象。

第四节　文化互动的方式及产生原因

龙山晚期自二里头时代是由新石器时代末期的"邦国时代"向历史时期的"王国时代"过渡的重要阶段,这种深刻的变化的发生必然为处于这一时期的考古学文化之间的文化互动打上深刻的烙印,对互动的产生原因及互动方式及途径产生深刻的影响。

一、龙山晚期文化互动的方式及产生原因

龙山晚期豫西南鄂西北地区的文化格局发生了巨大的改变,具体表现为原分布于该地的石家河文化突然消失,而后出现了由嵩山以南地区的王湾三期文化煤山类型发展而来的乱石滩类型。这一变化在原石家河文化分布的江汉地区及鄂西地区也引起了巨大的震荡,直接导致这两个地区文化发展原有的轨迹被打乱,在王湾三期文化的影响之下分别形成了肖家屋脊文化和白庙文化。自此,曾经兴盛一时的石家河文化彻底消亡,豫南、豫西南鄂西北、鄂西地区乃至整个江汉平原的文化格局彻底被推翻重建。

一般来说,一个考古学文化的消亡或可能是随着文化的发展自然地衰败乃至灭亡,或可能是在外力的强烈干扰之下消失,而这种外力既可能是人为的战争,也可能来自自然灾害的影响。观察石家河文化,在其晚期之时分布地区北尚可到达豫南驻马店地区和豫西南南阳盆地南缘,在江汉平原乃至洞庭湖平原这一广阔的地域内仍有密集的遗址分布,巨大的石家河城址以及其他石家河文化城址如阴湘城、鸡鸣城、鸡叫城等仍在继续使用之中,丝毫没有显示出自然衰败的迹象。但是,一些自然灾害

也不至于使在如此广阔地域中分布的一支考古学文化彻底覆亡,况且从目前的考古发现来看,也似乎并没有发现有自然灾害的痕迹。那么,石家河文化消失的原因只能来自人为的战争。从石家河文化消亡后王湾三期文化迅速占据原石家河文化分布的豫西南鄂西北及豫南地区,并对江汉地区及鄂西地区形成了较大的影响来看,石家河文化的消亡应与王湾三期文化有着密切的关系。

学术界一般认为石家河文化为苗蛮集团的考古学文化[1],而王湾三期文化则属于华夏集团,是夏王朝建立之前夏族的考古学文化。在文献记载中,华夏集团与苗蛮集团在尧舜禹时期曾发生过大规模的战争,如《吕氏春秋·召类》云:"尧战于丹水之浦,以服南蛮,舜却苗民,更易其俗。"《尚书·舜典》曰:"(舜)窜三苗于三危。"《墨子·非攻下》载:"昔者三苗大乱,天命殛之。日妖宵出,雨血三朝,龙生于庙,犬哭乎市,夏冰,地坼及泉,五谷变化,民乃大振。高阳乃命玄宫,禹亲把天之瑞令,以征有苗。四电诱祗,有神人面鸟身,若瑾以待,搤矢有苗之祥,苗师大乱,后乃遂几。"从文献记载来看,华夏集团与苗蛮集团的战争在尧帝之时就已经开始,但是在尧舜之时,在两个集团的势力抗衡中华夏集团似乎并没有占绝对优势,如《淮南子·修务训》就记载"舜南征三苗,道死苍梧",一直到大禹时期,苗蛮集团才得到彻底的瓦解,"后乃遂几"了。

从时间上来看,人们一般认为尧舜禹时期大致相当于新石器时代末期龙山时代时期,而大禹时期又属于这一时期的较晚阶段,可大致等同于本书所指的龙山晚期之时。从目前的发掘资料来看,在相当于尧舜时期的龙山时代晚期前段,石家河文化还处于较为兴盛的阶段,其分布地域广阔,最北可到达豫南驻马店地区,与王湾三期文化搭界。在瓦店、郝家台等王湾三期文化遗址中发现有石家河文化因素的宽扁鼎足、红陶杯、漏斗形刻槽盆、圈钮器盖、动物陶塑及束腰器座等。而石家河文化中也发现有少量王湾三期文化的斝、侧装三角形鼎足、小口高领瓮、斜壁碗等陶器。从两考古学文化中受对方影响出现的陶器数量来看,石家河文化对王湾三期文化的影响似乎更大一些。以往有多位学者指出龙山晚期豫南、豫西南鄂西北及湖北省大部分地区文化面貌的变化可能与文献记载中的禹与苗蛮集团的战争有关。如杨新改、韩建业

---

① 徐旭生:《中国古史的传说时代》,文物出版社,1985年,第57页;俞伟超:《先楚与三苗文化的考古学推测——为中国考古学会第二次年会而作》,《文物》1980年第10期,第1—12页;张绪球:《长江中游新石器时代文化概论》,湖北科技出版社,1992年,第319—323页。

先生指出"龙山后期,豫南及湖北的五类文化遗存和王湾三期文化已经属于同一个大的文化系统。……与文献中'禹征三苗'而使其'无世在下'的记载吻合"[①];"这样剧烈的变化,绝不可能是一般性的文化交流、贸易等可以解释,只有一种可能性,就是中原和江汉之间大规模的激烈战争所致,可能正好对应先秦文献所载的'禹征三苗'事件"[②]。尹弘兵先生认为"石家河文化晚期,由于中原文化因素的大量进入,江汉地区的考古学文化性质发生了质变,……这应是不同于石家河文化的另一支考古学文化",并指出这种变化与禹征三苗有着密切的关系。[③] 靳松安先生指出:"豫南、豫西南和鄂西北以及江汉地区龙山时代晚期后段文化性质的突变,应是'禹征三苗'这一重大历史事件考古学反映的观点是比较符合历史实际的。"[④]尽管以上几位先生对豫西南鄂西北、鄂西及江汉地区龙山晚期的考古学文化的性质持不同观点,但都指出它们是在中原文化的影响之下发生质变的,与文献记载中的"禹征三苗"有关。

本书认为,龙山晚期中原地区的王湾三期文化南下取代了豫西南鄂西北及豫南地区的石家河文化,在这两个地区形成了乱石滩类型和杨庄二期类型。这种替代不是在缓慢融合中完成的,而是在短时期内以疾风骤雨的方式进行的。这种变化与文献中"禹征三苗"的记载不谋而合,应是华夏集团对苗蛮集团战争的具体表现。此后强势的乱石滩类型在与鄂北、鄂西及江汉平原中心地区的互动中占据主动地位,强势地将其文化因素输出至这些地区,并直接导致江汉地区考古学文化发生质变,形成了肖家屋脊文化。至此,苗蛮集团土崩瓦解,"无世在下"。

龙山晚期鄂西地区的石家河文化也在王湾三期文化南下的冲击之下消亡,新形成一支考古学文化——白庙文化。关于白庙文化的起源,过去多认为其产生与中原地区的龙山时代文化关系密切。[⑤] 近年来随着渝东地区同时期考古学文化遗存的发现,不少学者指出白庙文化除受中原地区的影响外,也受到渝东地区考古学文化的强烈影响[⑥],受其影响而产生的侈口、盘口深腹罐成为白庙文化炊器系统的主体,这在该

---

① 杨新改、韩建业:《禹征三苗探索》,《中原文物》1995 年第 2 期,第 46-55 页。
② 韩建业:《龙山时代的文化巨变和传说时代的部族战争》,《社会科学》2020 年第 1 期,第 156 页。
③ 尹弘兵:《禹征三苗与楚蛮的起源》,《武汉科技大学学报(社会科学版)》2011 年第 2 期,第 136-142 页。
④ 靳松安:《王湾三期文化的南渐及其相关问题》,《中原文物》2010 年第 1 期,第 31-38 页。
⑤ 孟华平:《白庙早期遗存及相关问题》,《江汉考古》1994 年第 1 期,第 99 页。
⑥ 冰白:《三峡新石器时代至商周时期考古的新局面与新课题》,《武汉大学学报(人文科学版)》2004 年第 6 期,第 701-706 页;于孟洲:《峡江地区夏商时期考古学文化研究》,吉林大学博士学位论文,2007 年,第 35 页。

地区龙山晚期以前是不见的。

对于以尧舜禹为代表的华夏集团"征三苗"的具体原因,文献中有一些记载,如《尚书·吕刑》记载:"苗民弗用灵,制以刑,惟作五虐之刑曰法。杀戮无辜,爰始淫为劓、刵、椓、黥。越兹丽刑,并制罔差有辞。民兴胥渐,泯泯棼棼,罔中于信,以覆诅盟。虐威庶戮,方告无辜于上。"《史记·五帝本纪》云:"(尧之时)三苗在江淮、荆州数为乱。"《淮南子·齐俗训》曰:"故当舜之时,有苗不服,于是舜修政偃兵,执干戚而舞之。"从以上记载来看,尧舜禹征伐三苗的原因:一是苗民"弗用灵",即不遵守华夏集团的宗教习俗。徐旭生先生认为苗蛮集团信奉的是原始的巫教,而中原地区自帝颛顼以后就采信了宗教性较浓厚的宗教。[①] 杨新改、韩建业先生指出,从考古发现来看石家河文化中较多出现的具有宗教色彩的陶塑、红陶缸等与中原地区格格不入。[②] 二是苗蛮集团不服从于华夏集团的统治,数度为乱,这一点目前虽然从考古学上较难发现有明确的证据,但是从多个王湾三期文化遗址乃至在其腹地之中都发现有不少石家河文化因素陶器来看,后者确实对前者造成了较大的影响,很可能伴随这种文化互动就是小规模的战争。当然,除了上述原因之外,王湾三期文化自身的发展壮大及社会生产力的提高,必然需要更广阔的空间来提供迅速发展带来的资源需求,这也是造成其扩张的重要原因。

二、二里头时代文化互动的方式及产生原因

经过王湾三期文化势力范围向南的积极拓展,在龙山晚期华夏集团已经实际控制了豫西南鄂西北地区。到了二里头时代,一个具有国家形态的王朝——夏朝建立,豫西南鄂西北地区在夏王朝的实际控制范围之内,为夏王朝疆域的西南边界。

通过上文的研究我们可知,二里头时代豫西南鄂西北地区的二里头文化受豫南、商洛地区二里头文化杨庄类型和商洛类型部分影响,除此之外其与周邻地区同时期其他考古学文化互动和交流很少。总体来说,该地区二里头文化并不发达,对周邻其他同时期考古学文化影响很小。究其原因可能是,二里头时代苗蛮集团的覆灭和西方有扈氏、东方东夷民族的崛起和威胁,导致夏王朝战略重点的转移。是时整个江汉

---

① 徐旭生:《中国古史的传说时代》,文物出版社,1985 年,第 76-86 页。
② 杨新改、韩建业:《禹征三苗探索》,《中原文物》1995 年第 2 期,第 46-55 页。

地区已在华夏集团的控制之下,因而二里头文化向南的传播往往以抢占战略要地为主要目的,进而控制通向江汉地区的咽喉要道,所以在豫西南鄂西北地区乃至整个江汉地区的二里头文化遗址多呈分散式布局,以点为主,点线结合。在这种战略布局下,豫西南鄂西北地区尽管成为夏王朝直接统辖的区域,但该地区分布的聚落等级偏低,分布零散,体现出其力量的相对薄弱,在这种情况下就很难对周邻其他考古学文化形成较强劲的影响了。

结　语

　　本书首先通过对豫西南鄂西北地区龙山晚期至二里头时代考古学文化遗存进行全面的梳理和综合分析,初步建立了该地区龙山这一时期考古学文化的时空框架;其次运用聚落考古方法,考察了该地区龙山晚期至二里头时代考古学文化中单个聚落的形态及区域聚落的分布、选址、等级划分,区域聚落的群聚现象及不同时期聚落的变迁;最后运用文化因素分析法考察了本地区不同考古学文化的文化因素来源的情况,并探讨了与周邻地区考古学文化纵向及横向的互动情况。现将本书主要结论综述如下:

　　(一)豫西南鄂西北地区龙山晚期至二里头时代考古学文化的时空框架

　　龙山晚期豫西南鄂西北地区的考古学文化为王湾三期文化,目前来看其分布区域北达河南省淅川县,南至湖北省丹江口库区南岸,西不过郧西县,东不过襄阳市。该地区的王湾三期文化可分为两期三段,其中一期一段相当于中原地区王湾三期文化晚期三段,二期二、三段相当于晚期四段。该地区王湾三期文化延续时间较长,部分遗址的年代下限已经进入二里头时代,绝对年代为公元前2200—前1900年或稍晚。从文化面貌来看,该地区的王湾三期文化更接近煤山类型,但也表现出一定的地方特色,可将其划分为一个新的地方类型——乱石滩类型。

　　二里头时代该地区的考古学文化为二里头文化,在南阳盆地中分布很少,在丹江口库区中分布稍集中。该地区的二里头文化可分为三期,分别相当于中原地区二里头文化的二至四期。从文化面貌来看,该地区的二里头文化与中原地区的二里头文化二里头类型接近,地方特色较少,不宜划分为新的地方类型。

　　(二)豫西南鄂西北地区龙山晚期至二里头时代的聚落

　　通过对下寨、下王岗等典型聚落进行单个聚落的研究可知,豫西南鄂西北地区王湾三期文化聚落面积普遍较小、聚落等级较低,聚落中有简单的功能区划,同一考古学文化不同时期聚落往往表现出一定的变化。通过进行区域聚落的研究,明确了聚落选址具有居高、邻水的特点。该地区王湾三期文化聚落两极分化严重,根据聚落的面积及聚落中遗存的发现情况可将其划分为三个等级:一级聚落数量极少,面积巨大,规格较高;二、三级聚落数量很多,但其面积差异并不很大,且均未发现高规格的遗存,因此二、三级聚落都是小型普通聚落,地位也相对平等。根据该地区王湾三期文化诸聚落之间距离的远近可将其分为 5 个聚落群,分别为丹江中下游(库区段)聚落群、汉水中游(库区段)聚落群、白河上游聚落群、湍河上游聚落群、湍河赵河与白河交汇处聚落群。这 5 个聚落群内部各聚落之间距离较近,它们的关系应当较为密切,而不同聚落群之间的聚落相距则较远,聚落群中等级结构简单,普遍缺乏完整的聚落层次。

通过对下王岗遗址二里头文化单个聚落进行研究可知,聚落内遗存数量少,种类也不丰富,聚落中未见明显的功能区划。通过对区域聚落的研究可知,该地区二里头文化聚落面积普遍很小,基本延续了王湾三期文化聚落居高、邻水的选址特点。根据聚落面积及聚落中遗存发现的情况可将其划分为两个等级,等级之间面积差异不大,均为小型普通聚落。南阳盆地的二里头文化聚落很少,没有明显的群聚现象,丹江口库区中的聚落呈现出一定的群聚现象,可划分为一个聚落群,聚落群中等级结构较简单。

豫西南鄂西北地区石家河文化聚落与王湾三期文化聚落有部分相似的地方,如数量及规模上基本持平,两种考古学文化聚落均较为明显地表现出群聚现象等;同时也表现出一定的差异性,主要为石家河文化聚落的分布区域较王湾三期文化聚落更广泛,王湾三期文化出现一个面积达 45 万平方米的大型聚落,而石家河文化聚落面积基本都在 10 万平方米以下。该地区石家河文化聚落可分为 2 个聚落群,王湾三期文化可分为 5 个聚落群。虽然两种文化聚落的等级都不高,但从聚落内房址等遗迹的发现情况来看,似乎王湾三期文化聚落的等级更低一些。与该地区王湾三期文化聚落相比,二里头文化聚落数量急剧减少,聚落内不见明显的功能区划,面积小,遗存等级很低,聚落的群聚现象也仅见于丹江口库区地区,表现出在二里头时代豫西南鄂西北地区的考古学文化已经达到新石器时代以来衰败的顶点。

(三)豫西南鄂西北与周邻地区考古学文化的互动

豫西南鄂西北地区王湾三期文化乱石滩类型的直接来源是中原地区王湾三期文化煤山类型,同时也吸收保留了本地区石家河文化的少量因素。乱石滩类型与江汉平原、豫南、鄂西及商洛地区同时期的考古学文化存在互动的现象。具体来说,在乱石滩类型形成的过程中受豫南王湾三期文化杨庄二期类型一定的影响,在与商洛地区客省庄文化的互动中客省庄文化占据了较为主动的地位,乱石滩类型对客省庄文化的影响较小。在与江汉地区肖家屋脊文化和鄂西地区白庙文化的互动中,乱石滩类型明显占据了主动地位,对后两者造成了较大的影响,而后两者对乱石滩文化的影响则很小。

豫西南鄂西北地区二里头文化的直接来源为中原地区二里头文化,同时保留了该地区王湾三期文化乱石滩类型的少量文化因素。该地区二里头文化与豫南、商洛地区的二里头文化杨庄类型、商洛类型存在一定的互动。该地区二里头文化与商洛地区东龙山文化的交流互动并不频繁,两者对对方的影响力都很有限。该地区二里头文化与江汉平原的二里头文化盘龙城类型及鄂西地区的朝天嘴文化鲜有文化互动的迹象。

龙山晚期豫西南鄂西北地区的王湾三期文化乱石滩类型与周邻地区存在着较为频繁的文化互动。在互动中乱石滩类型往往占据较为主动的地位,对周邻地区的考古学文化进行了较为强势的文化输出,并直接导致江汉地区及鄂西地区考古学文化性质的改变。这种现象与文献中"禹征三苗"并导致苗蛮集团"后乃遂几"的记载较为吻合,此时文化互动应主要伴随着战争进行。二里头时代该地区二里头文化与周邻地区文化互动不频繁,表明该地区作为夏王朝统治的西南边缘,并不是夏王朝重点经略的地区,直接导致该地区二里头文化不发达,因此少见对其他地区的文化输出。

豫西南鄂西北地区地处中原、江汉地区之间的交界地带,作为一个相对独立的自然区域在龙山晚期至二里头时代其考古学文化有着独特的发展体系。具体来说,在龙山晚期该地区原有的石家河文化的发展步伐被强势南下的王湾三期文化所打乱,导致其文化性质及族属均发生了改变。自此以后一直到二里头时代,该地区摆脱了苗蛮集团的控制,成为华夏集团的统治区域。该地区的考古学文化从文化面貌到聚落形态,再到与周邻地区文化的互动,都展现出不同于以往的特色。这些变化展现了华夏集团发展壮大的过程,对研究我国文明的形成与发展有重要的借鉴意义。

参考文献

一、古籍

[1]孙星衍.尚书今古文注疏[M].陈抗,盛冬铃,点校.北京:中华书局,2004.

[2]吕不韦.吕氏春秋[M].西安:三秦出版社,2009.

[3]司马迁.史记[M].哈尔滨:北方文艺出版社,2007.

[4]墨翟.墨子[M].北京:中华书局,2011.

[5]刘安.淮南子[M].哈尔滨:北方文艺出版社,2013.

二、考古调查与发掘报告

[1]韩维周,丁伯泉,张永杰,等.河南登封县玉村古文化遗址概况[J].文物参考资料,1954(6):18-24.

[2]中国科学院考古研究所洛阳发掘队.洛阳涧滨古文化遗址及汉墓[J].考古学报,1956(1):11-28.

[3]石龙过江水库指挥部文物工作队.湖北京山、天门考古发掘简报[J].考古通讯,1956(3):11-21.

[4]河南省文化局文物工作队第一队.郑州洛达庙商代遗址试掘简报[J].考古,1959(10):48-51.

[5]北京大学考古实习队.洛阳王湾遗址发掘简报[J].考古,1961(4):175-178.

[6]中国社会科学院考古研究所洛阳发掘队.河南偃师二里头遗址发掘简报[J].考古,1965(5):215-224.

[7]河南省博物馆长江流域规划办公室,河南省博物馆文物考古队河南分队.河

南淅川下王岗遗址的试掘[J].文物,1972(10):6-15,28.

[8]中国社会科学院考古研究所二里头工作队.河南偃师二里头早商宫殿遗址发掘简报[J].考古,1974(4):234-248.

[9]湖北省荆州地区博物馆.湖北松滋县桂花树新石器时代遗址[J].考古,1976(3):187-196,160.

[10]北京大学考古教研室华县报告编写组.华县、渭南古代遗址调查与试掘[J].考古学报,1980(3):297-328.

[11]商县图书馆.陕西商县紫荆遗址发掘简报[J].考古与文物,1981(3):33-47.

[12]陕西省商洛地区图书馆.陕西洛河上游两处遗址的试掘[J].考古,1983(1):10-16.

[13]湖北宜昌地区博物馆,四川大学历史系考古专业.湖北宜昌白庙遗址试掘简报[J].考古,1983(5):415-419.

[14]北京大学历史系考古教研室.元君庙仰韶墓地[M].北京:文物出版社,1983.

[15]中国社会科学院考古研究所长江工作队.湖北郧县和均县考古调查与试掘[C]//考古学集刊4.北京:中国社会科学出版社,1984:76-95.

[16]中国社会科学院考古研究所陕西工作队.陕西华阴横阵遗址发掘报告[C]//考古学集刊4.北京:中国社会科学出版社,1984:1-39.

[17]宜都考古发掘队.湖北宜都石板巷子新石器时代遗址[J].考古,1985(11):961-976.

[18]中国社会科学院考古研究所长江工作队.湖北均县乱石滩遗址发掘报告[J].考古,1986(7):586-596.

[19]湖北省博物馆.湖北当阳季家湖新石器时代遗址[C]//文物资料丛刊10.北京:文物出版社,1987:1-15.

[20]王世和,张宏彦.1982年商县紫荆新石器时代遗址的发掘[J].文博,1987(3):3-15.

[21]湖北省宜昌地区博物馆,四川大学历史系.宜昌中堡岛新石器时代遗址[J].考古学报,1987(1):45-97.

［22］湖北省宜昌地区博物馆. 白庙子遗址第二次试掘简报［J］. 中原文物, 1988（2）:6-8,18.

［23］中国社会科学院考古研究所. 东干沟龙山文化和二里头文化遗址［C］//洛阳发掘报告:1955—1960 年洛阳涧滨考古发掘资料. 北京:北京燕山出版社,1989:50-82.

［24］国家文物局三峡考古队. 湖北秭归朝天嘴遗址发掘简报［J］. 文物,1989（2）:41-51.

［25］河南省文物研究所,长江流域规划办公室考古队河南分队. 淅川下王岗［M］. 北京:文物出版社,1989.

［26］石河考古队. 湖北省石河遗址群 1987 年发掘简报［J］. 文物,1990（8）:1-16.

［27］中国社会科学院考古研究所陕西六队. 陕西蓝田泄湖遗址［J］. 考古学报,1991（4）:415-448.

［28］国家文物局. 中国文物地图集·河南分册［M］. 北京:中国地图出版社,1991.

［29］中国社会科学院考古研究所. 青龙泉与大寺［M］. 北京:科学出版社,1991.

［30］中国社会科学院考古研究所实验室. 放射性碳素测定年代报告（一九）［J］. 考古,1992（7）:655-662.

［31］中国社会科学院考古研究所实验室. 放射性碳素测定年代报告（二〇）［J］. 考古,1993（7）:645-649.

［32］武汉大学历史系考古教研室,襄樊市博物馆,随州市博物馆. 西花园与庙台子（田野考古发掘报告）［M］. 武汉:汉大学出版社,1993.

［33］三峡考古队. 湖北宜昌白庙遗址 1993 年发掘简报［J］. 江汉考古,1994（1）:22-34.

［34］三峡考古队. 宜昌大坪遗址发掘简报［J］. 江汉考古,1994（1）:35-38.

［35］襄樊市文物普查办公室,襄樊市博物馆. 襄樊市文物史迹普查实录［M］. 北京:今日中国出版社,1995.

［36］湖北省文物考古研究所,中国社会科学院考古研究所. 湖北天门市石家河三处新石器时代遗址发掘［C］//考古学集刊 10. 北京:地质出版社,1996:48-88.

[37]湖北省文物考古研究所.1985—1986年宜昌白庙遗址发掘简报[J].江汉考古,1996(3):1-12,54.

[38]北京大学考古系碳十四实验室.碳十四年代测定报告(一〇)[J].文物,1996(6):91-95.

[39]北京大学考古实习队,河南省南阳市文物研究所.1991年唐白河流域及淮源史前遗址的考古调查[J].江汉考古,1996(2):1-10.

[40]北京大学考古学系,南阳地区文物研究所.河南邓州市八里岗遗址1992年的发掘与收获[J].考古,1997(12):1-7.

[41]北京大学考古学系,驻马店市文物保护管理所.驻马店杨庄:中全新世淮河上游的文化遗存与环境信息[M].北京:科学出版社,1998.

[42]河南省文物考古研究所.河南邓州市穰东遗址的发掘[J].华夏考古,1999(2):7-24.

[43]北京大学考古学系,南阳市文物研究所,方城县博物馆.河南方城县八里桥遗址1994年春发掘简报[J].考古,1999(12):16-27.

[44]中国社会科学院考古研究所.偃师二里头[M].北京:中国大百科全书出版社,1999.

[45]湖北省荆州博物馆,湖北省文物考古研究所,北京大学考古学系.肖家屋脊[M].北京:文物出版社,1999.

[46]北京大学考古文博院,南阳地区文物研究所.河南邓州八里岗遗址1998年度发掘简报[J].文物,2000(11):23-31.

[47]荆州市博物馆,钟祥市博物馆.钟祥乱葬岗夏文化遗存清理简报[J].江汉考古,2001(3):38-43.

[48]国家文物局三峡考古队.朝天嘴与中堡岛[M].北京:文物出版社,2001.

[49]湖北省文物考古研究所.盘龙城:1963—1994年考古发掘报告[M].北京:文物出版社,2001.

[50]湖北省文物考古研究所.宜都城背溪[M].北京:文物出版社,2001.

[51]北京大学考古文博学院.洛阳王湾:田野考古发掘报告[M].北京:北京大学出版社,2002.

[52]襄石复线襄樊考古队.湖北襄阳法龙王树岗遗址二里头文化灰坑清理简报[J].

江汉考古,2002(4):44-50.

[53]刘士莪.老牛坡:西北大学考古专业田野发掘报告[M].西安:陕西人民出版社,2002.

[54]长江水利委员会.宜昌路家河:长江三峡考古发掘报告[M].北京:科学出版社,2002.

[55]湖北省文物考古研究所.秭归王家坝遗址发掘简报[C]//湖北库区考古报告集:第1卷.北京:科学出版社,2003:719-736.

[56]河南省文物考古研究所.禹州瓦店[M].北京:世界图书出版社北京公司,2004.

[57]张成明.丹江口市熊家庄二里头文化时期和楚文化遗址[C]//中国考古学年鉴2005.北京:文物出版社,2006:269-270.

[58]武汉大学考古与博物馆学系.郧县辽瓦店子遗址[C]//湖北省南水北调工程重要考古发现Ⅰ.北京:文物出版社,2007:116-123.

[59]北京大学考古文博学院,河南省文物考古研究所.登封王城岗考古发现与研究(2002—2005)[M].郑州:大象出版社,2007.

[60]襄樊市考古队.襄樊市牌坊岗新石器时代遗址发掘简报[J].江汉考古,2007(4):3-11.

[61]湖北省文物考古研究所,湖北省文物局南水北调办公室.湖北郧县大寺遗址2006年发掘简报[J].考古,2008(4):3-13.

[62]中国社会科学院考古研究所考古科技实验研究中心碳十四实验室.放射性碳素测定年代报告(三四)[J].考古,2008(7):85-87.

[63]湖北省文物考古研究所.房县七里河[M].北京:文物出版社,2008.

[64]北京大学震旦古代文明研究中心,郑州市文物考古研究院.新密新砦:1999—2000年田野考古发掘报告[M].北京:文物出版社,2008.

[65]杨文胜.淅川县水田营新石器时代和东周时期遗址[C]//中国考古学年鉴2008.北京:文物出版社,2009:274-275.

[66]梁法伟.河南淅川龙山岗发掘取得重要收获[N].中国文物报,2009-10-23.

[67]靳松安,郑万泉,曹艳朋,等.河南南阳淅川沟湾遗址考古发掘取得重要收获[N].中国文物报,2009-02-04.

[68]张弛.邓州市八里岗新石器时代遗址[C]//中国考古学年鉴2008.北京：文物出版社,2009:268-269.

[69]荆州博物馆.荆州荆南寺[M].北京：文物出版社,2009.

[70]靳松安,郑万泉,曹艳朋.淅川县沟湾新石器时代遗址[C]//中国考古学年鉴2009.北京：文物出版社,2010:262-264.

[71]武汉大学考古系,湖北省文物考古研究所.湖北郧县青龙泉遗址2008年度发掘简报[J].江汉考古,2010(1):15-31.

[72]湖北省文物研究所.郧县辽瓦店子遗址2007年的发掘[C]//湖北省南水北调工程重要考古发现Ⅱ.北京：文物出版社,2010:180-186.

[73]河南省文物考古研究所,河南省文物局南水北调文物保护办公室.河南淅川县下寨遗址2009—2010年发掘简报[J].华夏考古,2011(2):3-20,105.

[74]王宏.淅川县六叉口龙山时期遗址[C]//中国考古学年鉴2010.北京：文物出版社,2011:289-290.

[75]余西云,赵新平.淅川县马岭新石器时代至清代遗址[C]//中国考古学年鉴2010.北京：文物出版社,2011:285-286.

[76]武汉大学考古系,湖北省文物局南水北调办公室,郧县博物馆.湖北郧县店子河遗址发掘简报[J].考古,2011(5):16-30.

[77]湖北省文物考古研究所,随州市曾都区考古队.2000—2001年随州厉山余家老湾遗址试掘报告[J].江汉考古,2011(4):3-32.

[78]陕西省考古研究院,商洛市博物馆.商洛东龙山[M].北京：科学出版社,2011.

[79]湖北省文物考古研究所,随州市博物馆.随州金鸡岭[M].北京：科学出版社,2011.

[80]湖北省荆州博物馆,北京大学考古学系,湖北省文物考古研究所,等.谭家岭[M].北京：文物出版社,2011.

[81]张弛.邓州市八里岗新石器时代遗址[C]//中国考古学年鉴2011.北京：文物出版社,2012:302-303.

[82]湖北省文物考古研究所,北京大学考古文博学院.湖北天门市石家河古城三房湾遗址2011年发掘简报[J].考古,2012(8):29-41.

［83］河南省文物考古研究所.郾城郝家台［M］.郑州:大象出版社,2012.

［84］北京大学考古文博学院,南阳市文物考古研究所.白河流域史前遗址调查报告［M］.北京:文物出版社,2013.

［85］湖北省文物局,湖北省移民局,南水北调中线水源有限责任公司.湖北南水北调工程考古报告集:第1卷［C］.北京:科学出版社,2013.

［86］湖北省文物局,湖北省移民局,南水北调中线水源有限责任公司.湖北南水北调工程考古报告集:第2卷［C］.北京:科学出版社,2013.

［87］湖北省文物局,湖北省移民局,南水北调中线水源有限责任公司.湖北南水北调工程考古报告集:第3卷［C］.北京:科学出版社,2014.

［88］湖北省文物局,湖北省移民局,南水北调中线水源有限责任公司.湖北南水北调工程考古报告集:第4卷［C］.北京:科学出版社,2014.

［89］国家文物局.河南淅川下寨遗址仰韶晚期至石家河文化时期墓葬［C］//2013中国重要考古发现.北京:文物出版社,2014:22-24.

［90］中国社会科学院考古研究所.二里头:1999—2006［M］.北京:文物出版社,2014.

［91］武汉大学考古系,郧阳博物馆.湖北郧县李营遗址二里头文化遗存发掘简报［J］.江汉考古,2014(6):3-16.

［92］郑州大学历史学院考古系,河南省文物局南水北调文物保护管理办公室.河南淅川申明铺东遗址文坎沟东地点龙山与西周遗存发掘简报［J］.文物,2017(3):4-18.

［93］南阳市文物考古研究所.河南南阳市王营二里头文化水井发掘［J］.华夏考古,2019(3):14-17.

［94］武汉大学历史学院,湖北省文物局南水北调办公室.湖北郧县肖沟遗址发掘简报［J］.江汉考古,2019(4):3-12.

［95］中国社会科学院考古研究所.淅川下王岗:2008—2010年考古发掘报告［M］.北京:科学出版社,2020.

［96］湖北省文物局,湖北省移民局,南水北调中线水源有限责任公司.郧县店子河遗址［M］.北京:科学出版社,2020.

［97］武汉大学历史学院考古学系,河南省文物局南水北调办公室,河南省文物考

古研究院.河南淅川县马岭遗址煤山文化遗存的发掘[J].考古,2020(2):34-49.

[98]首都师范大学历史学院,河南省文物局南水北调文物保护管理办公室,南阳市文物考古研究所.河南省淅川县姚河遗址新石器时代遗存发掘简报[J].华夏文明,2020(2):13-23.

[99]河南省文物考古研究院,河南省文物局南水北调文物保护办公室.河南淅川金营遗址新石器时代遗存发掘简报[J].中原文物,2022(1):4-14.

三、学术著作

[1]邹衡.夏商周考古学论文集[M].北京:文物出版社,1980.

[2]中国社会科学院考古研究所.新中国的考古发现和研究[M].北京:文物出版社,1984.

[3]徐旭生.中国古史的传说时代[M].北京:文物出版社,1985.

[4]中国社会科学院考古研究所.中国考古学中碳十四年代数据集 1965—1991[M].北京:文物出版社,1992.

[5]张绪球.长江中游新石器时代文化概论[M].武汉:湖北科技出版社,1992.

[6]孟华平.长江中游史前文化结构[M].武汉:长江文艺出版社,1997.

[7]孙华.四川盆地的青铜时代[M].北京:科学出版社,2000.

[8]董琦.虞夏时期的中原[M].北京:科学出版社,2000.

[9]赵春青.郑洛地区新石器时代聚落的演变[M].北京:北京大学出版社,2001.

[10]栾丰实,方辉,靳桂云.考古学:理论·方法·技术[M].北京:文物出版社,2002.

[11]伦福儒,巴恩.考古学理论、方法与实践[M].中国社会科学院考古研究所,译.北京:文物出版社,2004.

[12]靳松安.河洛与海岱地区考古学文化的交流与融合[M].北京:科学出版社,2006.

[13]中国社会科学院考古研究所.中国考古学·新石器时代卷[M].北京:中国社会科学出版社,2010.

四、学术论文

[1]夏鼐.碳-14测定年代和中国史前考古学[J].考古,1977(4):217-232.

[2]李仰松.从河南龙山文化的几个类型谈夏文化的若干问题[C]//中国考古学会第一次年会论文集1979.北京:文物出版社,1980:32-49.

[3]郑杰祥.河南龙山文化分析[J].开封师院学报(社会科学版),1979(4):35-45.

[4]俞伟超.先楚与三苗文化的考古学推测:为中国考古学会第二次年会而作[J].文物,1980(10):1-12.

[5]方酉生.略论河南龙山文化的社会性质[J].江汉考古,1980(2):73-76.

[6]何介钧.长江中游原始文化初论[J].湖南考古辑刊1.长沙:岳麓书社,1982:47-67.

[7]高天麟,孟凡人.试论河南龙山文化"王湾类型"[J].中原文物,1983(2):15-21.

[8]李伯谦.论造律台类型[J].文物,1983(4):50-59.

[9]罗彬柯.略论河南发现的屈家岭文化:兼述中原与周围地区原始文化的交流问题[J].中原文物,1983(3):11-18.

[10]林春.宜昌地区长江沿岸夏商时期的一支新文化类型[J].江汉考古,1984(2):29-38,22.

[11]李龙章.浅议石家河文化[J].江汉考古,1985(3):41-49.

[12]严文明.龙山文化和龙山时代[J].文物,1986(6):41-48.

[13]赵芝荃.试论二里头文化的源流[J].考古学报,1986(1):1-19.

[14]卢德佩.鄂西发现的古文化遗存[J].考古,1986(1):16-21,15.

[15]李龙章.下王岗晚二期文化性质及相关问题探讨[J].考古,1988(7):638-644.

[16]李伯谦.论文化因素分析方法[N].中国文物报,1988-11-04.

[17]裴安平.鄂西"季石遗存"的序列及其与诸邻同期遗存的关系[C]//考古类型学的理论与实践.北京:文物出版社,1989:36-72.

[18]卜工.庙底沟二期文化的几个问题[J].文物,1990(2):38-47.

[19]李维明.二里头遗址二里头文化陶器编年辨微[J].中原文物,1991(1):32-38.

[20]张绪球.石家河文化的分期分布和类型[J].考古学报,1991(4):389-412.

[21]严文明.龙山时代考古新发现的思考[C]//纪念城子崖遗址发掘六十周年国际学术研讨会文集.济南:齐鲁书社,1993:39-45.

[22]何介钧.石家河文化浅析[C]//纪念城子崖遗址发掘六十周年国际学术研讨会文集.济南:齐鲁书社,1993:136-144.

[23]白云.关于"石家河文化"的几个问题[J].江汉考古,1993(4):41-48.

[24]罗新,田建文.庙底沟二期文化研究[J].文物季刊,1994(2):67-77.

[25]孟华平.白庙早期遗存及相关问题[J].江汉考古,1994(1):92-100.

[26]梁星彭.试论客省庄二期文化[J].考古学报,1994(4):397-424.

[27]何驽.荆南寺遗址夏商时期遗存分析[J].考古学研究(二).北京:科学出版社,1994:78-100.

[28]杨新改,韩建业.禹征三苗探索[J].中原文物,1995(2):46-55.

[29]蒋志龙.釜形斝研究[J].考古与文物,1995(4):50-63.

[30]赵春青.中原龙山文化王湾类型再分析[C]//洛阳考古四十年:1992年洛阳考古学术研讨会论文集.北京:科学出版社,1996:95-115.

[31]韩建业,杨新改.王湾三期文化研究[J].考古学报,1997(1):1-21.

[32]樊力.丹江流域新石器时代遗存试析[J].江汉考古,1997(4):27-37.

[33]严文明.聚落考古与史前社会研究[J].文物,1997(6):27-35.

[34]樊力.乱石滩文化初论[J].江汉考古,1998(4):41-48.

[35]安金槐.试论河南"龙山文化"与夏商文化的关系[M]//安金槐考古文集.郑州:中州古籍出版社,1999:1-7.

[36]樊力.论石家河文化青龙泉三期类型[J].考古与文物,1999(4):50-61.

[37]樊力.豫西南地区新石器文化的发展序列及其与邻近地区的关系[J].考古学报,2000(2):147-181.

[38]张天恩.试论关中东部夏代文化遗存[J].文博,2000(3):3-10.

[39]杨权喜.关于鄂西六处新石器时代晚期遗存的探讨[J].考古,2001(5):40-47.

[40]栾丰实.关于聚落考古学研究中的共时性问题[J].考古,2002(5):65-73.

[41]江章华,王毅,张擎.成都平原先秦文化初论[J].考古学报,2002(1):1-22.

[42]何驽.长江中游文明进程的阶段与特点简论[J].江汉考古,2004(1):52-58.

[43]许宏.略论二里头时代[C]//三代考古(一).北京:科学出版社,2004:58-65.

[44]井中伟.老牛坡类型及相关遗存再探讨[C]//边疆考古研究 第2辑.北京:科学出版社,2004:182-194.

[45]冰白.三峡新石器时代至商周时期考古的新局面和新课题[].武汉大学学报(人文科学版),2004(6):701-706.

[46]郭京宁.王湾三期文化研究历程评述[J].华夏考古,2005(1):62-71,96.

[47]常怀颖.淅川下王冈龙山至二里头时期陶器群初探[J].四川文物,2005(2):30-38.

[48]徐燕.豫西地区夏文化的南传路线初探[J].江汉考古,2005(3):54-62.

[49]王青.西方环境考古研究的遗址域分析[N].中国文物报,2005-06-17.

[50]袁广阔.二里头文化研究[D].郑州:郑州大学,2005.

[51]常怀颖.龙山时期至二里头早期的社会复杂化进程初探:以河南中、西、南部为观察中心[D].成都:四川大学,2005.

[52]王立新.从嵩山南北的文化整合看夏王朝的出现[C]//二里头遗址与二里头文化研究:中国·二里头遗址与二里头文化国际学术研讨会论文集.北京:科学出版社,2006:410-426.

[53]陈冰白.从龙山晚期的中原态势看二里头文化的形成:兼谈对早期夏文化的若干认识[C]//武汉大学历史学集刊 第3辑.武汉:湖北人民出版社,2006:445-459.

[54]何驽.试论肖家屋脊文化及其相关问题[C]//三代考古(二).北京:科学出版社,2006:98-145.

[55]张昌平.夏商时期中原与长江中游地区的文化联系[J].华夏考古,2006(3):54-60.

[56]燕生东.关于判定聚落面积、等级问题的思考[N].中国文物报,2007-02-16.

[57]高江涛.陶寺遗址聚落形态的初步考察[J].中原文物,2007(3):13-20.

[58]裴安平.史前聚落的群聚形态研究[J].考古,2007(8):45-56.

[59]王劲.后石家河文化定名的思考[J].江汉考古,2007(1):60-72.

[60]王然,傅玥.湖北郧县辽瓦店子遗址夏商时期文化遗存[C]//石泉先生九十诞辰纪念文集.武汉:湖北人民出版社,2007:170-199.

[61]马保春,杨雷.新石器时代晚期鄂豫陕间文化交流通道的初步研究[J].江汉考古,2007(2):42-51.

[62]于孟洲.峡江地区夏商时期考古学文化研究[D].吉林:吉林大学,2007.

[63]李伯谦.关于考古学文化互动关系研究[J].南方文物,2008(1):14-20.

[64]徐燕.豫南地区二里头时期遗存的相关问题试析[J].华夏考古,2009(2):80-88,92.

[65]张天恩.论关中东部的夏代早期文化遗存[J].中国历史文物,2009(1):17-24.

[66]靳松安.王湾三期文化的南渐及其相关问题[J].中原文物,2010(1):31-38.

[67]于孟洲.鄂西峡江地区朝天嘴文化研究[J].考古,2010(3):57-70.

[68]尹弘兵.禹征三苗与楚蛮的起源[J].武汉科技大学学报(社会科学版),2011(2):136-142.

[69]王子孟.洛阳盆地二里头文化期聚落形态考察[D].济南:山东大学,2011.

[70]向桃初.二里头文化向南方的传播[J].考古,2011(10):47-61.

[71]王青.豫西北地区龙山文化聚落的控制网络与模式[J].考古,2011(11):60-70.

[72]王富国.汉水中游地区石家河文化研究[D].郑州:郑州大学,2012.

[73]裴安平.山西临汾盆地史前聚落群聚形态研究[J].南方文物,2013(4):42-51.

[74]孙凯.淅川单岗遗址先秦文化遗存研究[D].郑州:郑州大学,2013.

[75]王洪领.淅川下寨遗址龙山晚期遗存及相关问题研究[D].郑州:郑州大学,2013.

[76]胡刚.汉水流域夏商时期考古学文化研究[D].西安:西北大学,2013.

［77］靳松安,张贤蕊.从豫西南鄂西北地区史前文化的变迁看华夏与苗蛮集团的关系［J］.黄河·黄土·黄种人,2016(14):12-22.

［78］李鹏飞.试论石家河文化对中原地区的影响［J］.黄河·黄土·黄种人,2018(16):14-21,33.

［79］陈晖.龙山时代晚期至二里冈时期中原文化向南方的扩张研究［D］.武汉:武汉大学,2019.

［80］钟雪."后石家河文化"研究综述［J］.文博学刊,2019(4):24-33.

［81］韩建业.龙山时代:新风尚与旧传统［J］.华夏考古,2019(4):47-51.

［82］袁飞勇.煤山文化研究［D］.武汉:武汉大学,2020.

［83］韩建业.新石器时代战争与早期中国文明演进［J］.社会科学战线,2020(10):99-107.

［84］韩建业.龙山时代的文化巨变和传说时代的部族战争［J］.社会科学,2020(1):152-163.

［85］张海."后石家河文化"来源的再探讨［J］.江汉考古,2021(6):118-134.

［86］韩建业.肖家屋脊文化三题［J］.中华文化论坛,2021(4):14-19.

［87］张弛.龙山化、龙山时期与龙山时代:重读《龙山文化与龙山时代》［J］.南方文物,2021(1):62-69.

［88］孙卓.试论二里头晚期中原文化对江汉地区的扩张［J］.华夏考古,2021(5):52-59.